FISCHER

Katja Kraus

MACHT

Geschichten
von Erfolg
und Scheitern

FISCHER

Erschienen bei FISCHER
2. Auflage April 2013

© S. Fischer Verlag GmbH, Frankfurt am Main 2013
Satz: Fotosatz Amann, Aichstetten
Druck und Bindung: CPI – Clausen & Bosse, Leck
Printed in Germany
ISBN 978-3-10-038504-8

Inhalt

Vorwort   7

Die Erkenntnis   17

Der Antrieb   21

An der Spitze   40

Machtausübung   80

Die Auflösung   134

Der Tag X   177

Das Leben danach   200

Die Gesprächspartner   247

Danksagung   251

Für P

Vorwort

Ich mochte dieses Leben. Ich mochte es, morgens in mein Büro zu kommen. Jeden Tag aufs Neue die bei einem Fußballbundesligaclub üblichen, aufgewühlten Nachwirkungen des vergangenen Wochenendes zu spüren. Oder die ultimative Anspannung vor dem allwöchentlich »wichtigsten Spiel« am bevorstehenden. Und den nahtlosen Übergang vom einen ins andere. Ich mochte meine Aufgabe, Management, den rasanten Rhythmus. Ich mochte Entscheidungen treffen, Verantwortung tragen und gestalten.

Nun mag ich ein anderes Leben. Eines, das mich fordert und manchmal straucheln lässt. Das mir mehr Zeit gibt, aber weniger Sicherheit. Ich habe Macht verloren und Selbstbestimmung gewonnen. Positionsgebundene Autorität aufgegeben und eine neue Form der Anerkennung gefunden. Die Liste meines ganz persönlichen Tauschhandels ließe sich unendlich fortführen und verändert sich mit jedem Tag. Unter dem Strich steht kein Reingewinn, kein unanfechtbares Ergebnis, wie am Ende eines Fußballspiels.

Ich habe mit dem Einschnitt die Chance gehabt, die Leidenschaft für das Schreiben, für den Blick auf Menschen in mir zu wecken. Aufzurütteln vielmehr, weil ich sie brauchte, als Freundin in der widrigsten Phase der Veränderung. Und als Antrieb in den Momenten, als ungekannte Unsicherheiten mich manchmal beinahe hätten verzagen lassen.

In den vergangenen Jahren hatte ich in verschiedenen Managementfunktionen die Gelegenheit, viele Frauen und Männer mit exponierten Lebensläufen, einflussreichen Positionen und bedeutungsvollem Auftreten zu beobachten und auch kennenzulernen. Menschen, die politisch gestalten, Unternehmen zu Erfolgen führen, Meinung machen oder mit besonderen Fähigkeiten, Gedanken oder Werken unser Leben beeinflussen und bereichern. Oft habe ich mich gefragt, was diese Menschen antreibt. Wann die Entscheidung fällt, den Weg, gleich in welchem Umfeld, bis ganz an die Spitze zu gehen. An welcher Stelle der Weg selbst zum Antrieb wird.

Wann entsteht die Bereitschaft, die eigene Fähigkeit, das Selbstverständliche, die innere Leidenschaft, die Überzeugung für eine Sache der öffentlichen Bewertung auszusetzen? Oder ist die Resonanz auf das eigene Tun, Beachtung und Bestätigung von außen vielmehr die Droge, die zunehmend ihre Wirkung entfaltet? Ab wann und wofür sind Menschen bereit, unaushaltbaren Druck auszuhalten, feststehende Werte zu modellieren, unvermeidliche Persönlichkeitsveränderungen zu akzeptieren? Gibt es diesen Moment der Entscheidung überhaupt, oder entwickelt sich in jedem Prozess eine Dynamik, die eine ganz eigene Kraft entfaltet? Was vermag diese Kraft zu beeinflussen? Wann schubst der Zufall den Erfolg in eine Lebensbahn? Welche Voraussetzung eint all diejenigen, die nach Macht und Bedeutung streben? Sind sie alle Anstifter, Klassensprecher und Zaunrüttler gewesen? Wann prägen sich Siegermentalität, Führungsverhalten, Gestaltungswille, Machtanspruch aus?

Welche Kraft ist es, die eine junge Frau, deren Introvertiertheit sie zum Studium einer verborgenen Wissenschaft bewegte, zur Kanzlerin werden lässt, der öffentlichsten Aufgabe des Landes? Und wie hoch ist der Preis für die Überwindung nach wie vor erkennbarer Persönlichkeitsschranken? Ist es die Macht, die verliehen wird, von uns, die wir gleichermaßen bewundernd wie skeptisch zu denjenigen aufschauen, die Einfluss haben und nehmen, die Konzerne oder Ministerien lenken? Oder ist es der Wunsch zu gestalten, wie diejenigen sagen, die machtvoll Entscheidungen treffen, weil sie dazu imstande sind? Wie ist das Verhältnis zwischen der Gestaltungsfreiheit der machtvollen Rolle und der Enge der steten Beobachtung und Beurteilung? Wann beginnt dieser Aspekt inhaltliche Überzeugungen zu korrumpieren?

Was motiviert die Schülerin, die den Aufruf der Lehrer so sehr fürchtet, dass jede Schulstunde zur Qual wird, dazu, erste Solistin eines renommierten Ballett-Ensembles zu werden? Allabendlich bereit, sich bis auf den Kern der eigenen Leidenschaft zu entkleiden und ihr Innerstes dem Publikum hinzugeben.

Veranlasst reiner Machtwille den Konzernchef, der den Privatisierungsauftrag eines Staatsunternehmens nach politischen Vorgaben erfüllte und dennoch am Ende einsam entgleiste, das Geschenk seiner Privatheit aufzugeben und mit beinahe siebzig Jahren einen neuerlichen Sanierungsfall zu übernehmen?

Wenn es eine innere Kraft gibt, die so stark ist, dass sie nicht nur zu besonderer Leistung und herausragenden Karrieren führt, sondern dabei auch die eigenen Grenzen und Wesensgrundierungen zu überwinden imstande ist, was passiert dann, wenn diese Kraft an Wucht verliert? Wenn sie nicht mehr genährt wird von Anerkennung und Erfolgen? Wenn Zweifel an ihre Stelle treten, Kritik und Kontrollverlust? Wird dann das Innerste wieder nahbar oder der Machtwille umso größer, wenn der Status von außen bedroht oder von eigener Unsicherheit angenagt ist? Beginnt ein Aufbegehren mit dem Bewusstsein, dass die Macht zu schwinden droht, oder setzt an dieser Stelle sogar Erleichterung ein? Und wie verändert sich im jeweiligen Fall die Ausübung der Macht? An welcher Stelle beginnt man, den Nachlass zu regeln, dem Gesichtsverlust entgegenzuwirken? Welchen Einfluss haben die Karrierebegleiter, die Kollegen, die Trainer, die Berater? Werden sie im Krisenfall zu verlässlichen Vertrauten oder vielmehr zu Statisten des immer fremdbestimmteren Rollenspiels? Haben sie sich allzu sehr mit dem Erfolg und seinen Gesichtern verwoben, um auf dem Weg in die Veränderung objektive Ratgeber zu sein?

Wie bereitet man sich vor, wenn der Ausstieg ein zwangsläufiger Prozess ist, wenn Alter oder körperliche Leistungsfähigkeit das Ende vorgeben? Wird der Übergang durch Bewusstheit und Vorbereitungszeit erleichtert? Und bedeutet das gleichfalls, dass die Unterscheidung zwischen selbstgewähltem und fremdbestimmtem Abschied das entscheidende Zufriedenheitskriterium bei der Selbsterneuerung ist?

Ich habe diese Fragen, wie viele andere, die mich in diesem Zusammenhang bewegen, ganz unterschiedlichen Menschen mit besonderen Karriere- und Lebensläufen gestellt, neugierig darauf, ob die Antworten einander gleichen. Ob es verbindende Wesensmerkmale für Erfolg und simultane Handlungsmuster im Misserfolg tatsächlich gibt. Wie sehr sich Frauen von Männern, Sportler von Politikern und Journalisten von den Protagonisten ihrer Berichterstattung unterscheiden. Im Umgang mit Macht und Bedeutung, mit Siegen und Niederlagen, mit beruflichen Zäsuren und der Notwendigkeit einer Neuorientierung. Vor allem aber in der Beobachtung des eigenen Weges und all dessen, was eine exponierte Karriere orchestriert.

Jede Biographie kennt ihre Brüche. Es gibt unzählige Bilder erfolgsverlassener Leistungsträger, gefallener Helden und orientierungsloser Lenker. Wir alle erleben alltäglich Situationen des Scheiterns und beinahe jeder berufliche Weg ist mit Rückschlägen und Enttäuschungen, auch mit Statusverlust und unangemessener Beurteilung verbunden. Und doch bleibt das publikumsbegleitete Scheitern ein unauslöschbarer Makel, führt die eigene Erfahrung selten zu Verständnis und Mitgefühl bei der Bewertung der prominenten »Fälle«. Dabei sind es ganz ähnliche Gefühle, ist es dasselbe Spektrum, das die »großen« Karrieren mit den »kleinen« vergleichbar macht. Das

Bedürfnis nach Wertschätzung, die Begegnung mit Ängsten und Zweifeln, Überforderungssignale und Selbstüberlistungen sind Faktoren des beruflichen Alltags, die unabhängig sind von Rang und Status. Weil in der Funktion der Mensch bleibt, der mit seiner Funktion und manchmal auch mit sich selbst in den Dialog geht, in den intimen Momenten.

Auch weil eine bedeutende Laufbahn in der nachträglichen Bewertung allzu oft nicht in ihrer Gesamtheit gesehen wird, sondern der Tabellenstand zum Zeitpunkt des Abschieds ausschlaggebend für die Bilanz ist, war es nicht einfach, Menschen zu finden, die bereit waren, über ihre Erlebnisse zu sprechen. Es bedarf einer besonderen Offenheit, einen Blick von außen auf die ganz persönlichen, behüteten Momente scheinbar transparenter Karrieren zuzulassen. Und damit auch hinzunehmen, dass das mühevoll geschaffene, öffentlich etablierte Bild angetastet wird, durch das Bekenntnis zu Niederlagen, oder gar der eigenen Verletzung.

Ich bin froh, sie dennoch gefunden zu haben. Diejenigen, die bereit sind zu erzählen, was es für sie bedeutet, bedeutend zu sein. Wie es sich anfühlt, herauszuragen, anstoßen und entscheiden zu können, hofiert zu werden, auch aus den falschen Gründen. Wie sich Beziehungen verändern, wenn man an Einfluss und Status gewinnt. Und verliert. Was bleibt, wenn die Funktion auch den Menschen eingenommen hat, und wie man zurückfindet zum eigentlichen Kern. Was sich tatsächlich verändert, wenn das Leben eine andere Richtung nimmt, weil eine Zäsur gewollt oder aufgezwungen wird. Und was der Gewinn ist und was der Verlust, in der Zeit nach dem Ablegen einer machtvollen Rolle.

Ich traf Menschen, die nun glaubhaft erleichtert ohne berufliche Verantwortung und öffentliche Resonanz leben. Die es nicht drängt, eine neue Aufgabe zu finden, sondern für die das Leben selbst genug ist. Solche, die nach wie vor mit dem Abschied hadern. Manche so sehr, dass sie über der Beschäftigung mit dem Verrat und den Verrätern die eigene Verarbeitung vernachlässigen und den Veränderungsprozess nach Jahren nicht abgeschlossen oder noch gar nicht begonnen haben. Diejenigen, die nach der Aufgabe oder dem Verlust ihrer Berufung keine Kompensation gefunden haben, die sie auf gleiche Weise erfüllt, und die seither als Suchende durch die Welt gehen. Andere, die scheinbar unberührt pragmatisch mit den Begleitern der Macht und deren Einbuße umgehen und doch in ihrem Auftreten ganz anderes offenbaren. Ich traf Menschen, die noch Jahre nach dem Ausscheiden ganz und gar Funktionsträger waren. Solche, die sich auf ein neues Terrain wagen, das doch immer vom vorherigen Glanz überstrahlt wird, und andere, die sich an neuen Inhalten oder einfach an der Substanz ihrer Selbst erfreuen.

Die Zeit der Neuorientierung wird in den positiven Fällen gelenkt von der konstruktiven Auseinandersetzung mit dem Vorherigen, der Versicherung des eigenen Wertes und der äußerlichen Unbeschadetheit. Wird der Aufprall des Scheiterns zudem durch eine neue Aufgabe mildernd gefedert, verläuft der Übergang mitunter reibungslos, oft sogar positiv aufgeladen durch wertvolle Erfahrungen.

In manchen Fällen allerdings erfährt die neue Aufgabe auch eine Idealisierung, die zum hastigen Übersprung verleitet, um den Prozess der Verarbeitung zu verkürzen oder ganz und gar auszulassen. Bleibt die Zeit jedoch ungefüllt, die eigene Tauglichkeit fraglich, das Schweigen des Telefons hörbar, so wird die Revision ein Schatten vieler Tage.

Trotz aller Bereitschaft, den Spalt zu einer oft leidlich beleuchteten Kammer zu öffnen, bleibt in all diesen Interview-Begegnungen das Ungewisse. Die Wahrhaftigkeit der offenbarten Gedanken und Gefühle kennt nur der Befragte selbst.

Mein Anspruch ist es nicht, eine objektive Wahrheit zu finden, die exakten Umstände des individuellen Erfolges oder Misserfolges zu recherchieren. Es erfolgt keine Überführung in den Momenten naheliegenden Selbstbetrugs, kein Versuch, die verborgenen Täuschungen aufzuspüren. Es ist die subjektive Wahrheit des Einzelnen, die sich in den Erzählungen wiederfindet. Die persönliche Wahrnehmung, die Selbsterklärung, manchmal die Selbstverklärung, die Basis ist für das Leben mit der eigenen Geschichte.

Ich habe versucht, die Reisen ein Stück zu begleiten, die die einen nach innen, die anderen nach außen führten. Für manchen schien sie noch kein klares Ziel zu haben. Manchmal haben neue Stationen sie bereits willkommen geheißen. Manche Reise braucht es einfach, um das Gefühl von Bewegung zu vermitteln, von Lebendigkeit. Unweigerlich bin ich dabei auch mit mir selbst gereist, habe mir diese und andere Fragen gestellt, manch eigene Antwort gefunden, manche revidiert, in der Spiegelung meiner Gesprächspartner.

Im Verlauf der Gespräche wurde mir klar, dass ich sie nur auf diese Weise führen konnte, weil es meine eigene Geschichte gibt. Ohne dass ich meinen Status gemein machen möchte mit denjenigen, die erhebliche Bedeutung für das Land, die Wirtschaft oder das Glück eines Publikums an unzähligen furiosen Abenden hatten. Die Vergleichbarkeit findet sich allein im Faktum, nicht in der Dimension der Erfahrungen. Sie ist erkennbar im Mechanismus der Verarbeitung, in den intrinsischen Auseinandersetzungen, im Innenleben.

Meine Erfahrungen mit Täuschungsmanövern, mir und anderen gegenüber, haben mir erleichtert, die Ausweich- und Rückzugsbewegungen meiner Gesprächspartner zu verstehen, die kleinen Augenblicke einzufangen, die Großes sichtbar machen. Manchmal musste und manchmal mochte ich den Gesprächspartner in seinem Kokon lassen, manchmal fühlte ich in der Begegnung, in einem Augenblick des Innehaltens, dass gerade eine Erkenntnis Raum nahm. Oft war Offenheit an der einen Stelle der Mantel, der anderes sorgsam bedeckt halten sollte.

Beim Versuch, Parallelen zu finden zwischen den so unterschiedlichen Menschen, Zeiten und Berufungen, sollte der Erkenntnismoment den Ausgangspunkt bilden. In jeder Biographie gibt es diesen Moment, der den Bruch kennzeichnet. Er passiert leise, im erstmaligen Bewusstsein für die kleinen Hinweise darauf, dass sich der gesetzte Rahmen verändert, die Hoheit über das eigene Handeln verlorengeht und der Einschnitt unausweichlich ist. Er kommt laut und brachial daher, mit einem Ereignis, das keine Wahl lässt und alles auf einen Schlag verändert. Manchmal ist er von außen längst unübersehbar, während der Betroffene noch versucht, Konstrukte zu bauen und Tatbestände zu leugnen. Selbst dann, wenn ein Sachverhalt faktisch unausweichlich ist, wie das berühmte Beispiel eines deutschen Bundeskanzlers am Wahlabend zeigt.

Die Realisierung eines notwendigen Schlusspunktes und die Art und Weise, wie man diese Einsicht umsetzt, sind maßgebliche Faktoren für den Verlauf der weiteren Karriere und die Beurteilung von außen. Die Dramaturgie und der Zeitpunkt des Endes entscheiden darüber, an welcher Stelle der Biographie die Bilanzierung erfolgt. Margot Käßmanns idealisierter Rücktritt hat ihre Karriere zunächst unterbrochen, ihre Person jedoch weit über die Funktion erhoben und in neue Bedeutungssphären gehievt.

Die ehemalige Bischöfin ist eines dieser Beispiele ehrenhaft Zurückgetretener, die zur rechten Zeit Verantwortung übernommen und mit der Konsequenz des Schrittes unterstrichen haben. Wenn die Verantwortung für das eigene Handeln oder eine Entwicklung, die man repräsentiert, nicht mit dem Eingeständnis von tatsächlicher Verantwortlichkeit einhergeht, bleibt der Abschied umso schmerzhafter. Der durch öffentlichen Druck oder internes Drängen erzwungene Rücktritt macht das erbrachte Opfer zum treuen Wegbegleiter des Veränderungsprozesses. Ein selbstgewähltes, wenn auch nicht von inhaltlicher Überzeugung getragenes Ende lässt hingegen oft den Spielraum der aktiven Gestaltung und damit den Schutz der eigenen Integrität.

Doch auch wenn das Ansehen in diesen Fällen häufig sogar

wächst, vermag es allzu oft nicht das Konto der inhaltlichen Leere zu füllen.

Immer bleibt es schwer, den richtigen Zeitpunkt für den eigenen Bühnenabgang zu finden. Vielleicht weil es zum richtigen Zeitpunkt keinen Grund gibt zu gehen. Weil der richtige Zeitpunkt sich, wenn überhaupt, erst im Rückblick definieren lässt.

Es gibt viele Klischees rund um das Thema Macht, Sendungsbewusstsein und das Streben nach Reichtum und Status. Viele davon habe ich bestätigt gefunden, auch weil Klischees nun mal keine Fiktion sind, sondern genährt werden von frappierenden Anhäufungen realer Verhaltensmuster. Trotzdem hat jeder Mensch seine eigene, ganz persönliche Geschichte, jenseits klischeehafter Zuschreibungen, die eine differenziertere Betrachtung verdient.

Diejenigen, deren Lebenskurven ich auf den folgenden Seiten begleite, sind auf ihrem Erfolgsweg an eine Gabelung geraten. Ich habe versucht, sie in ihrer Funktion, aber vor allem als Individuen zu sehen, unabhängig davon, in welcher Rolle sie mir begegnet sind. Es ist mir kein Anliegen zu bewerten, mein Interesse gilt derjenigen Wahrheit, die meine Gesprächspartner mich in einem kleinen Lebensausschnitt haben sehen lassen.

Keiner von ihnen hat sich selbst als mächtig oder machtorientiert gesehen oder beschrieben. Ohne Koketterie, sondern vielmehr in arrivierter Noblesse vermeiden allesamt das Bekenntnis zur Macht oder zum Machtanspruch, als sei es ein vergifteter Orden. Vielmehr scheint es eine Tugend, die eigene Exponiertheit lediglich am Entscheidungs- und Gestaltungsraum zu messen.

Macht hat viele Assoziationen, Synonyme und ebenso viele Erscheinungsformen: Die Macht der Tänzerin ist der Bann, in den sie das Publikum allabendlich zu ziehen vermag; die des Politikers der Auftrag seiner Wähler zur Gesellschaftsgestaltung; die des Chefredakteurs die Legitimation zur Deutungshoheit; die des Wirtschaftsvertreters die unternehmerische Entscheidungsgewalt; die des Sportlers die Fähigkeit, Anhänger zu versammeln und Massen zu bewegen.

Die Zuschreibung von außen jedoch kennt keine Schnörkel und Interpretationsformen. Macht ist eindeutig.

Die Erkenntnis

»Die Ära Hoffmann/Kraus ist beendet!«
Hamburger Abendblatt

Der Moment, in dem eine fehlende Tube Zahnpasta eine besondere Bedeutung in meinem Leben bekam, war ein kalter, spätwinterlicher Märzabend. Am Tag vorher erreichte mich die nach monatelangem Zerren erwartete Nachricht, dass mein auslaufender Vertrag nicht verlängert werden sollte. Der Aufsichtsrat hatte sich nach einer endlosen Sitzungsreihe auf eine endgültige Abstimmung geeinigt und dabei ein Votum erzielt, das mehrheitlich zu meinen Gunsten ausfiel, allerdings die erforderliche Satzungsmehrheit verfehlte. Die ebenso schnöde wie erfolgversprechende Formel der reinen Fußballlehre lautet: am Ende ein Tor mehr schießen als der Gegner. Sie sollte in diesem Fall nicht ausreichen. Das Ergebnis stand fest. Mit 7:5 Stimmen war das Spiel verlorengegangen. Eine karge Nachricht, lakonisch überbracht nach einem gewöhnlichen Bundesligaspiel. Einem Spiel, das ebenfalls verlorenging, weil der Gegner, Mainz 05, ein Tor mehr geschossen hatte. Und doch blieb die Erschütterung an diesem Tag aus. Acht Jahre und zwei Tage lang bin ich bis dahin Vorstand für Marketing und Kommunikation des Hamburger SV gewesen. Meine Aufgabe war es, aus einem traditionsreichen Fußballverein eine moderne, »emotionale Marke« zu machen. Die Attraktivität zu erhöhen, Vermarktungsergebnisse zu steigern. Und dabei die kommerziellen Anforderun-

17

gen eines wettbewerbsorientierten Wirtschaftsunternehmens mit den Eigentümlichkeiten eines Sportvereins in Einklang zu bringen. Vor allem aber war es mir eine Herzensangelegenheit. Doch besonders in den letzten beiden Jahren hatten die Vereinspolitik, das Ringen um den richtigen Weg, die internen Diskussionen um Bewahren und Entwickeln überhandgenommen.

Der Abend der Entscheidung endete wie viele jener Tage zuvor bei einem Glas Wein gemeinsam mit denjenigen, die weiterhin kämpferisch, den Fakten trotzend, nach Lösungen suchten, das Spiel zu drehen. Ich war müde. Nicht geschockt von der Brachialität der Nachricht, nicht verletzt von der darin liegenden Missachtung, nicht mal aufgewühlt von Adrenalin. Zu jedem anderen Ereignis der vorausgegangenen acht Jahre habe ich in diesen Situationen eine Strategie zu entwickeln versucht, Szenarien entworfen, Erklärungen und Sprachregelungen gefunden. In dem Moment, der mich am persönlichsten betraf, war ich einfach zu müde. Wortlos.

Am nächsten Tag fuhr ich ins Büro, um den Mitarbeitern zu sagen, was die Hamburger Zeitungen schon großflächig verkündeten: »Die Ära Hoffmann / Kraus ist beendet!«

Nach einer aufgewühlten Versammlung war die stumme Fassungslosigkeit, die unsere Büroräume ausfüllte, unerträglich für mich geworden. Wie so oft in Ausnahmesituationen wollte ich auch diesmal zunächst mit mir allein einen Umgang mit der Erkenntnis finden, die mich nun nach und nach mit ihrer ganzen Kraft erreichte. Ich fuhr an die Ostsee.

Der Wintergarten des kleinen Hotels in einem vergessenen Dorf in Mecklenburg-Vorpommern war auf eine romantische Weise einsam. In den vergangenen Jahren bin ich häufig an diesem Ort gewesen. Meistens mit Kollegen, in kleinen und größeren Gruppen, um Zukunftsperspektiven festzulegen, Konzepte zu entwickeln, Teamgeist zu stärken. Vor allem um die Rahmenbedingungen zu schaffen für das Ziel, das über allem stand: die Erhöhung der Wahrscheinlichkeit des sportlichen

Erfolges. Gewonnene Bundesligaspiele. Ein Tor mehr als der Gegner, möglichst oft.

Die Bedächtigkeit der Szenerie, die Stille des Sees waren effektvolle Kontraste zum überdrehten Alltag des Fußballgeschäftes. In den vorausgegangenen Monaten war es mir immer schwerer geworden, die Getriebenheit als Normalität zu akzeptieren. Ich zweifelte zunehmend daran, ob diese Aufgabe mir und ich der Aufgabe imstande bin weiterhin zu geben, was wir einander für Jahre gegeben hatten. Immer wieder in den vergangenen Jahren gab es diese Tage des Haderns mit den Irrationalitäten der Branche, den unzähligen Einflussfaktoren, der stetigen Selbstüberhöhung und den Erfordernissen des Machterhaltes. Wie alle Menschen in Positionen, die eine erhebliche Entscheidungsgeschwindigkeit fordern und deren Beurteilung durch die Öffentlichkeit mindestens gleichermaßen die Handlungsoptionen bestimmt wie die inhaltliche Überzeugung, habe ich die Abnutzungserscheinungen längst gespürt. Und doch gab es immer Kräfte, die schwerer wogen. Die Bindung an liebgewonnene Menschen und eine prägende Aufgabe. Das wohlige Gefühl der eigenen Bedeutung für die Sache. Die Sicherheit, die berechenbare Herausforderungen, ein bekanntes Umfeld und etablierte Strukturen bieten. Der Status einer Position mit erheblicher Entscheidungskompetenz. Die Attraktivität, die eine öffentlich begleitete Funktion mit all ihren Vorzügen ausmacht. Insbesondere in guten Zeiten. Aber vor allem die Angst davor, dass es vielleicht keine Aufgabe mehr geben wird, die mich auf diese Weise ausfüllt, die ich in ähnlicher Weise auszufüllen imstande bin.

Die rührende Umtriebigkeit, mit der sich das Restaurantpersonal um die Betreuung des einzigen Gastes mühte, machte mich glauben, die Last, die ich gerade in ihren idyllisch katastrophenfreien Ort gebracht hatte, war für alle Anwesenden fühlbar. Nachdem die umliegenden Tische zum Frühstück gedeckt, die Serviettenkränze zum wiederholten Mal in die richtige Stellung geschoben waren, folgte ich der stillen Aufforderung und verabschiedete mich.

Auf dem Weg zu meinem Zimmer war aus dem ruhigen Ort ein verlassener geworden. Der Gasthof inzwischen verschlossen, andere Gäste hatte ich an diesem Montagabend nicht gesehen. Wie so oft in Situationen emotionaler Aufruhr suchte ich Linderung in Musik. Kurz nachdem ich mich, von Leonard Cohen einfühlsam dramatisch begleitet, in meinen Gedanken verloren hatte, holte mich ein unbarmherziges Hämmern an meiner Zimmerwand in die Welt zurück. Die Vehemenz dieses unerwarteten Aufbegehrens gegen die störende Musik schreckte mich auf, wie ein beim Schummeln ertapptes Kind. Ich nahm den iPod aus dem Verstärker und kehrte in die Stille zurück. Schlaf war unvorstellbar, bei der Schwere meines Kopfes, also versuchte ich mich stattdessen mit Ritualen zu beruhigen. Ich ging dazu ins Bad, wegen der ungeplanten Übernachtungsflucht nur unzulänglich ausgestattet, und bemerkte das Fehlen der Zahnpasta in meinem Notkosmetikfundus. An anderen Abenden wäre eine solche Entdeckung ärgerlich gewesen, an diesem warf sie mich aus der mühevoll gehaltenen Bahn.

Das Personal hatte das Haus lange schon sich selbst überlassen, nur die unsichtbaren Leonard-Cohen-Gegner konnten mir aus dieser Lage helfen. Ich klopfte an die Tür des Nachbarzimmers. Laut, über meine Scham hinweg. Doch die Tür blieb verschlossen. Dahinter wohnten Menschen, die ich nicht kannte und die ihrerseits nicht ahnen konnten, dass sich für mich in ihrem Zimmer die stille Aggression, die Unerreichbarkeit des Gegenübers, die unterdrückten Kränkungen der vergangenen Wochen versammelten. Dass die jahrelang von mir geforderte Lautstärke hier jäh unterbrochen wurde. Die Tür blieb verschlossen. Und öffnete damit alle Schleusen.

Der Antrieb

»Wenn ich alles richtig mache, bin ich vorn.«

Sven Hannawald

Bei der Bestellung der zweiten Portion Pommes frites in einem
Hamburger Nobelhotel gelingt es ihm nicht mehr, die Ausschweifung unkommentiert zu lassen. Zu lange schon ist sich
Sven Hannawald der aufmerksamen Beobachtung seiner Ess-
gewohnheiten bewusst. Wenn er über das Thema spricht, das
ihn in seiner Karriere so konsequent begleitete wie die Vierschanzentournee, schleicht sich ein Schatten in sein strahlen-
des Jedermanns-Lieblingsgesicht. Dass die professionelle Um-
sicht in seinem Essverhalten als Magersucht missverstanden
wurde, hat ihn immer irritiert und geärgert. Euphorisch wurde
er für seinen historischen Triumph gefeiert, als er als erster
Springer alle vier Wettbewerbe einer Tournee gewann. Dass
manche Menschen semantisch nicht unterscheiden können
zwischen dem Gesamtsieger der Vierschanzentournee, den es
in jedem Jahr gibt, und seinem einzigartigen Erfolg, kränkt ihn.
Schließlich ist es das, »was am Ende stehenbleibt, wofür man
all das macht«. Oder eben Selbstverständliches nicht macht.
Wie essen. Jetzt, da lange schon nicht mehr jedes Gramm weniger an seinem Körper die Sprungweite erhöht, die am Ende
über seinen Seelenfrieden entscheidet, empfindet er Erleichterung. Es ist diese Sehnsucht nach der inneren Zufriedenheit,
nach der Erfüllung des eigenen Anspruchs, die ihn zu einem
Superstar gemacht hat. Und zum Getriebenen. Für Athleten

sind Erfolg und Misserfolg am unmittelbarsten messbar. Gewinnen oder verlieren, Held oder Versager unterscheidet sich in Hundertstelsekunden, Millimetern oder eben Gramm.

Das Gespräch mit Sven Hannawald ist mir durch meine eigene Zeit als Fußballtorhüterin auf eine besondere Weise vertraut. Es gibt ein intimes Verständnis zwischen Sportlern, insbesondere denjenigen, die für ihre Leistung allein aus sich heraus Verantwortung tragen. Die keine äußeren Umstände als Erklärung finden für den zu kurzen Sprung oder das haltbare Gegentor. Die Offensichtlichkeit jeder Blöße ist Antrieb und Bedrohung zugleich. Die Überzeugung: »Wenn ich alles richtig mache, bin ich vorn« kehrt sich auf ungnädigste Weise um und lässt keine Linderung durch die Erklärung der Bedingungen zu. Es ist der eigene Anspruch, der den Maßstab setzt, der verhängnisvolle Glaube an die Hoheit über die eigene Leistung.

Sven Hannawald hat immer versucht, den perfekten Sprung zu springen. Als Kind hat er geweint, wenn ihm nicht der weiteste Satz gelungen ist. Heute zeigt er seinem Manager stolz ein Foto von einem Fußballspiel, bei dem er gerade drei Tore geschossen hat. Sein Verein spielt in der Kreisliga, die lokale Zeitung berichtete darüber. Fußball ist sein Hobby. Sein Beruf ist es jetzt, Autorennen zu fahren. Wenn er verliert, weint er nicht mehr. Dazu gewinnt er zu selten. Aber er hat wieder einen Inhalt, der ihm hilft, mit der Vergangenheit abzuschließen. Nach seinem letzten Sprung versuchte er als TV-Kommentator eine neue Rolle in seiner vertrauten Welt zu finden. Das hat nicht funktioniert. Weil er nicht funktionierte. Als Beobachter am Rande der eigenen Leidenschaft zu stehen, in Sichtweite der selbstgewählten Leerstelle, das hat er nicht ausgehalten.

Erst seit er im Motorsport eine neue Aufgabe fand, traut er sich wieder an die Schanze. Seit er eine Vorstellung davon hat, sein Auto auf eine ähnliche Weise zu beherrschen, wie es ihm mit seinem Sprungski von klein auf selbstverständlich war, empfindet er wieder Sinn und Lebensfreude. Vielleicht sogar eine ganz neue Form der Lebensfreude, eine, die ihn befreit vom Druck der eigenen Verantwortlichkeit. Und er hat jetzt verstanden, was seine Faszination ist: Das Adrenalin, das seinen Körper auf eine einzigartige Weise ausfüllt, ihn eins mit dem umkämpften Partner sein lässt, das spürt er auf der Rennstrecke auf eine Weise, wie er es bis dahin nur auf der Schanze zu spüren vermochte.

Sein Perfektionismus hat Sven Hannawald zum besten deutschen Skispringer aller Zeiten werden lassen. Der Preis war seine Gesundheit. Zu seiner Burnout- Erkrankung hat er sich öffentlich bekannt, weil er »keine Schwäche darin sieht, dazu zu stehen, dass ein glamouröses Leben auch seine Schattenseiten hat«. Aber er mag nicht darauf reduziert sein, in der Nachbetrachtung seiner Karriere zur Symbolfigur der Salonfähigkeit psychischer Erkrankungen gemacht zu werden.

Die Bereitschaft, für den Erfolg einen Preis zu zahlen, der über das natürliche Quantum dessen, was das Leben an jedem Tag an Handel verlangt, hinausgeht, ist vielleicht der kleinste gemeinsame Nenner der Erfolgreichen.

In einer Zeit, in der nur noch die Wenigsten in ein Amt hineingeboren werden, liegt selbst den aufsehenerregenden Karrieren meist kein klarer Plan zugrunde. Kaum einer meiner Gesprächspartner hat seinen unvermeidlichen Erfolg schon im Kindesalter verkündet. Sie wollten einfach ihre Traumrolle tanzen, eine Idee verwirklichen oder gleich die ganze Welt verändern und waren dafür bereit, geschundene Körper, ermüdende »Wahlkampf-Tingeltouren«, den Verlust der Privatheit, Bindungslosigkeit und auch das Scheitern in Kauf zu nehmen. Das Bewusstsein, Grenzen zu überschreiten, tritt dabei fraglos hinter den eigenen Anspruch zurück und bleibt oft lange, manchmal ganz und gar unbemerkt. Doch wird der Preis gezahlt für das Versprechen auf ein Ziel, eine Beförderung, eine Medaille, einen Wahlsieg? Oder auf die Erfüllung des Versprechens? In welchen Momenten findet die Belohnung statt?

Bei seinem Lauf zur Eckfahne, nachdem der Ball im Tor zappelte, habe er für vier oder fünf Sekunden uneingeschränktes Glück empfunden, schildert der ehemalige Fußball-Nationalspieler Thomas Hitzlsperger ergriffen seine ganz persönliche Belohnung. Die Szene, die er als kleiner Junge nächtelang geträumt, auf der Straße im verschwitzten Nickipulli tausendfach vorgespielt hatte. Das entscheidende Tor im entscheidenden Spiel. Der Treffer, der den VfB Stuttgart 2007 am letzten Spieltag der Bundesligasaison zum Deutschen Meister machte. Eine tollkühne Bolzplatzphantasie und deren spektakuläre Verwirklichung.

Er schaut sich die Aufnahmen heute noch manchmal an. Die vom Tor, dem Jubel und den Momenten danach. Doch das Gefühl kommt nicht zurück. Das bedauert er. Aber er erinnert sich daran, dass er diesen Tag als Belohnung empfunden hat. Dass alles Erfüllung fand, in einem beherzten Schuss auf das Cottbusser Tor. Alles, was er vermeintlich geopfert hat, in seiner Jugend als angehender Fußballprofi. Partys mit Klassenkameraden, sommerlange Interrailreisen, Schulhofturteleien und exzellente Mathenoten. Vermisst hat er all das damals nicht. Er wollte einfach Fußball spielen, besser als andere und besser auch als er selbst.

Lange war der Perfektionismus sein Freund. Sein innerer Ansporn, sein strengster Trainer. Mit achtzehn Jahren ging er nach England, angezogen von der rauen Ehrlichkeit des Kick-and-Rush-Fußballs. Diese britischen Jahre beschreibt er als einen Rausch: die ersten Profieinsätze; die Premiere-League, das begehrenswerteste Anstellungsverhältnis für einen Berufsfußballspieler; Berufung zur Deutschen Jugendnationalmannschaft; der besondere Status, schon als Jungprofi aus dem Ausland eingeflogen zu werden; die ersten aufmerksamen Zeitungsberichte; die ständigen Besuche von bewundernden Freunden aus Deutschland.

Er stockt jetzt, nach jedem einzelnen Satz, so, als würde er sich beim Aufzählen nachträglich vor jeder Station und vor seinem eigenen Mut verbeugen wollen. Vor der ambitionierten Neugierde, die ihn in die Fremde hat ziehen lassen, heraus aus der beschaulichen Provinz und der behüteten Großfamilienidylle mit den sechs Geschwistern. Heute, da ihm alles so viel mehr Kraft und Opfer abverlangt, wirkt er beim Erzählen dieser lebensleichten Phase so leuchtend, als fabuliere der kleine Thomas von damals über seinen Traum von der ruhmreichen Profilaufbahn.

Thomas Hitzlsperger hat sich nicht ausgeruht auf seiner aufsehenerregenden Leistung im Teenageralter. Er hat sich nicht bremsen lassen durch die Bejubelungen seines Umfeldes, das ihn schon früh an der Spitze sah. Auch die Verlockungen der Popularität konnten ihn nicht ablenken. Er wollte besser werden, der Beste sein. »Ich habe immer wieder die Geschichten gehört, von David Beckham, der nach dem Training noch stundenlang Freistöße übt, obwohl er längst ein Superstar ist.« Also hat er auch Freistöße geschossen. Schüsse, die ihn zum nächsten Verein, einem Top-Club, bringen sollten, und in die Nationalmannschaft. Es gab immer noch eine Station weiter oben. Ein gewonnenes Spiel war gut, »aber zufrieden war ich erst, wenn ich ein Tor geschossen oder das Spiel maßgeblich beeinflusst hatte«. Der Druck, sagt er leise, sei immer aus ihm selbst heraus entstanden.

Sven Hannawald spricht auch über widrige Phasen und kalte Winter in gleichbleibender Lautstärke und ohne hörbare Nachdenklichkeit. Er ist überhaupt ein extrem entspannter Gesprächspartner. Keine Vorsicht, kein Argwohn hemmen ihn beim geteilten Blick auf seine außergewöhnliche Sportlerlaufbahn. Das Urteil der Öffentlichkeit hat er nie gefürchtet, dazu weiß er zu genau, dass die Menschen ihm wohlgesonnen sind. Selbst unter Journalisten gibt es viele »kleine Hannawald-Fans«. Er macht es ihnen auch leicht. Während unseres Gesprächs nimmt er kurz einen Anruf an. Der Termin für ein Fotoshooting am nächsten Tag soll um zwei Stunden, auf 7 Uhr frühmorgens, vorverlegt werden. Wegen des besseren Lichtes. Sven Hannawald hört kurz zu, lässt sich überzeugen und kündigt sein pünktliches Erscheinen so umgänglich an, als sei die Verlegung seine Idee gewesen. Frühstück, sagt er der Frau am anderen Ende der Leitung, nein danke, das brauche er um diese Zeit noch nicht. Er hält Konzilianz nicht für seine professionelle Pflicht, sondern für eine Selbstverständlichkeit. »Diejenigen, die Ärger mit Leuten haben, sind immer die, die Leuten Ärger machen.« Dazu will er nicht gehören.

Die unzähligen Zeitungsartikel, die es über ihn gab, hat er allesamt gesammelt, aber seither noch nicht angesehen. Aus Zeitgründen. Gelesen hat er sie ohnehin selten. Sein Image zu gestalten, sich immer wieder neu zu erfinden, wie es für viele Künstler und Kunstfiguren ein stetiges Trachten ist, das brauchte es für ihn nicht.

Sven Hannawald hat es dennoch genossen, auf der Schanze zu stehen und mitzuerleben, wie clevere TV-Manager aus einer seit Jahrzehnten verbindenden deutschen Familienfeiertags-Veranstaltung ein Medienereignis gemacht haben. Wie sich Zeitungsseiten und Zuschauerraum synchron füllten und aus einer Gruppe von Athleten, Kontrahenten und Kameraden eine Boygroup wurde, deren »Shining Star« er war. Die Skispringer haben diese Entwicklung damals gern mitgenommen, die Aufmerksamkeit hat ihnen Fans, Sponsoren und Geld gebracht, »aber mit der Realität hatte das natürlich nichts zu tun«. Er hat es als Teil seines Jobs verstanden. Nachdem er erstmal seinen Sport als Job verstanden hatte. Wenn er sagt, »man hört als erwachsener Sportler mit einem anderen Verhältnis zu seinem Sport auf, als man als Junge damit anfängt«, drückt er die Anerkenntnis all der Kräfte aus, die zu wirken beginnen, wenn Talent und Leistung sich über die Masse erheben. Aber er erklärt zugleich die Entzauberung, die Entfernung vom Ursprünglichen. Auch von der reinen Freude am gelungenen Sprung.

Zum Genuss oder zum Glücksempfinden bleibt oft keine Zeit, weil selbst der Erfolg nach einer Erklärung verlangt, nach öffentlich geteilten Gefühlen und spektakulären Bildern. Magdalena Neuner, Deutschlands Biathlonheldin mit dem Engelsgesicht, hat dieser Befremdung für sich nur mit dem Ausstieg begegnen können. Als ihr selbst ein Olympiasieg nichts mehr bedeutete, weil die eigene Bedeutung zu schwer auf ihr lastete, verkündete sie mit fünfundzwanzig Jahren lächelnd ihr Karriereende.

Für all diejenigen, die sich vor dem Fernseher über deutsche Medaillen und geliehenen Gesprächsstoff freuen, wird nur das andere Bild erkennbar. Das des bewunderten Helden, der für Ruhm und Reichtum springt, schießt und rennt und ein privilegiertes Leben führt. Und dabei die Spielfreude verliert, die ganz früher der erste Antrieb war. Oft habe ich mich darüber gewundert, dass Männer, die sich den Kindheitstraum beinahe jedes kleinen Jungen erfüllt haben und im Trikot ihres Lieblings- oder wenigstens eines Profivereins in der Kabine sitzen, ihr Spiel plötzlich als Last empfinden, die Begeisterung nach und nach aus den Augen schwindet.

Von außen betrachtet strebt der Herausragende zwangsläufig nach Popularität und Exponierung: »Die haben sich das doch so ausgesucht«, oder »dafür haben sie Millionen auf dem Konto«, sind die obligatorischen Parolen beim Sichtbarwerden leidvoller Aspekte überbordender Aufmerksamkeit. Oftmals führen diese erwartbaren Reaktionen zum Schweigen der Betroffenen. Zur Akzeptanz inakzeptabler Bewertung, zur Inkaufnahme oder zum Vertuschen der Auswirkungen des unaushaltbaren Drucks. In den seltensten Fällen ist zu Beginn einer Laufbahn vorhersehbar oder gar angestrebt, dass aus der Begabung überragende Erfolge und damit publizistisches Interesse und unbegrenzte Vereinnahmung folgen. Diejenigen, die nichts suchen als Öffentlichkeit und schnellen Ruhm, sind die, die parasitäre Beziehungen suchen oder in Castingshows um Beachtung buhlen. Selten jedoch die, deren Idealismus, Talent oder Gestaltungswille sie frühzeitig prägt und auf Basis derer sie eine belastbare Karriere aufbauen. Steffi Graf ist ein

Beispiel für die Last der Durchleuchtung und Bewunderung, die zum anhänglichen Begleiter und im Laufe ihrer Karriere zum unüberwindbaren Gegner der Freude am Tennis wurde. Irgendwann war die Anstrengung nicht mehr nur in ihrem Gesicht, sondern auch in ihrem Spiel ablesbar. Ihr Mann Andre Agassi, zeitgleich mit ihr Nummer 1 der Weltrangliste, bringt diese abseitigen Phänomene der Popularität in seiner vielbeachteten Biographie »Open« mit dem Satz: »Ich hasse Tennis« auf den Punkt. Wie schwer Steffi Graf die Überwindung ihrer Schüchternheit aufgrund der ständigen Präsenz von Journalisten, Fotografen und distanzloser Fans während ihrer phantastischen Tennis-Ära tatsächlich gefallen ist, hat sie erst im Rückblick offen bekannt. Und durch die Zurückgezogenheit ihres nun selbstgewählten Lebens unterstrichen.

Ganz ohne Frage gibt es auch die anderen Beispiele. Diejenigen, die angesichts der Vorzeichen des Ruhmes in Ekstase über sich selbst geraten. Die beim Hecheln nach Anerkennung die Aufgabe aus dem Blick verlieren. Der Gefahr der Realitätsverzerrung erliegen. Es sind diese Beispiele, die das öffentliche Bild dominieren. Aber es bedarf der Bereitschaft zur Unterscheidung und zum genaueren Hinschauen, um die Dynamik der Popularität zu erkennen, die beinahe jeder anfangs freundlich begrüßt, auf seine Weise an einer Stelle befördert und an einer anderen durchbricht.

Manchmal misslingt die Verortung der eigenen Bedeutung, manchmal die Entschlüsselung der »Déformation professionelle«, weil die Rolle im Außen so selbstverständlich interpretiert oder gar gefordert wird.

Die Insignien des Erfolges sind verlockend und in vielen Biographien sind es deren drogengleiche Wirkung, die zu besonderer Leistung und auch zum Verlust der Leichtigkeit führen, der Ursprung herausragender Karrieren sind sie jedoch in der Regel nicht.

Als Ron Sommer als junger Mann durch New York schlenderte, orientierungslos auf den Boulevards und im Blick auf seine Zukunft, ausgestattet mit dem »falschen Studium« für das, was ihn tatsächlich interessierte, galt sein erster Ehrgeiz festem Schuhwerk. Im stetigen Anblick der Geschichte des amerikanischen Traums, der jedem alles möglich – und damit jeden selbst zum Architekten seines Lebens macht, suchte er nach einer Aufgabe, die seine Grundbedürfnisse sicherstellt. »Keine nassen Füße zu bekommen und auf Dauer lieber Auto fahren als U-Bahn«, waren die ersten Zielsetzungen seines folgenden Karriereweges.

Was im Blick auf den weiteren Verlauf Ron Sommers und anderer vielbeachteter Lebensgeschichten nach Koketterie klingen mag, ist die unprätentiöse und verbindende Wirklichkeit vieler vermeintlicher Helden.

Keiner meiner Gesprächspartner erzählte mir von einem Karriereplan, der dem eigenen Weg als Motor oder Leitlinie diente. Selten war die Strahlkraft von Macht und Status treibender Impuls, sich auf die Strecke zu begeben. Ganz im Gegenteil: Die Freiheit der Unbedarftheit, die Unkenntnis der Anforderung einer Position und der Radikalität der begleitenden Faktoren machten den Start oft überhaupt erst möglich.

»Es gab mehrere Situationen in meinem Leben, in denen ich, hätte ich gewusst, wie groß die Aufgabe ist, gar nicht losgegangen wäre«, beschreibt die Fraktionsvorsitzende der Grünen, Renate Künast, in einem Radiointerview eine wiederkehrende Situation ihrer beruflichen Laufbahn. Abgehalten haben diese Gedanken sie jedoch nicht davon, sich in ihrem politischen Leben immer wieder um neue Positionen zu bewerben. Auch, als die Größe der Aufgaben und der Verantwortung längst fassbar für sie geworden war und damit auch das Ausmaß des Risikos. Irgendwann setzt eine Kraft ein, die stärker ist als die eigenen Zweifel. Die durch Erfahrungen gewonnene Verlässlichkeit der eigenen Fähigkeiten. Und eine Dynamik, die den

Werdegang über das eigene Tempo hinaus zu beschleunigen vermag.

Eine besondere Begabung verleiht eine Identität, die den Begabten über seine eigentliche Persönlichkeit erhebt. Oder die eigene Persönlichkeit erst zu entdecken hilft. Die Balletttänzerin Heather Jurgensen, achtzehn Jahre lang erste Solistin an John Neumeiers gefeiertem Hamburger Ballett, hat nie daran gedacht, Berufstänzerin zu werden. Obwohl tanzen längst viel mehr als ihre Berufung war. In der Schule wurde sie rot, wenn sie aufgerufen wurde. Forderten die Lehrer sie gar zu mündlicher Mitwirkung auf, kamen ihr die Tränen. Sie hat sich nirgends richtig gefühlt, »alles war eine Qual«. Mit dem Tanz findet sie Sicherheit, eine Identifikation. »Ich wurde ein anderer Mensch, als ich tanzen konnte.« Wenn die Bedeutung der Leistung für die Persönlichkeit ein solches Gewicht hat, definiert sich daraus auch der Maßstab: »Mein Anspruch war immer viel höher als mein Leistungsvermögen«, erzählt die Primaballerina von ihrem Drang nach Perfektion, der sie zu ergreifenden Aufführungen und zu psychischer Dauerbelastung führte. Das Ideal habe sie nie erreicht, aber manchmal, wenn sie in die Nähe kam, hat sie Zufriedenheit empfunden. Bis zum Training am nächsten Tag. Nach einer ihrer Meinung nach mäßigen Vorstellung hat sie mit sich gehadert, auch wenn das Publikum hingerissen war. »Ich habe immer die ideale Interpretation angestrebt, das war mein Antrieb. Tanz ist so persönlich, ich stand nackt vor den Menschen auf der Bühne.« Rot wurde sie dabei nie. Sie hat sich in eine andere Person hineingetanzt, mit ihrer ganzen Hingabe. Das Publikum sollte die totale Verschmelzung mit ihren Figuren fühlen. Jeden Abend. Acht Vorstellungen in der Woche.

Warum sie, das angstbesetzte Mädchen, bereit war, für das Ballett ihre Familie in der Provinz zu verlassen und sich in New York einer hochcompetitiven Tanzakademie anzuschließen, kann sie sich heute nicht mehr erklären. Vermutlich, weil es keine Erklärung gibt. Ihr Talent zeigte ihr einen Weg auf, der keine Entscheidung verlangte, der einfach vor ihr lag. Auf einmal war alles so, wie es in ihre Welt gehörte. Kein Gefühl der Fremdheit beim Bemühen zu verstehen, was ihre Mitschülerinnen beschäftigte, keine Scham über den zu knabenhaften Körper, keine Anstrengung mehr, dazugehören zu müssen. Hier waren alle wie sie. Alles war Tanz. Und sie war mit allem, was sie tat, Tänzerin.

In Heather Jurgensen gab es keine Disposition für ihre Kunst, auch keine Vorbilder. Sie hatte die Bereitschaft, sich ihrer besonderen Begabung ganz und gar hinzugeben und dabei über Grenzen, auch schmerzvolle, zu gehen.

Das Glück derjenigen, die eine vergleichbare Lebensleidenschaft für sich entdecken, liegt darin, dass die Grenzüberschreitungen für sie selbst nicht fühlbar sind. Oder aufgewogen werden durch Anerkennung, Erfolg oder einfach die ganz eigene Zufriedenheit. Zumindest für eine Zeit.

Als begünstigender Karrierebegleiter spielen Vorbilder bei meinen Gesprächspartnern nahezu keine Rolle. Zumindest für den Zeitpunkt, an dem Weichen gestellt werden, ist der Stellenwert einer einzelnen Orientierungsperson gering. Erst in der Retrospektive wird dem Werdegang, oft zum Zwecke der Aufhübschung, das passende Idol hinzugefügt. So fühlen sich Generationen von Politikern je nach Gesinnung beeinflusst von Konrad Adenauer oder Willy Brandt. Als Impulsgeber mehr denn als Vorbildfigur werden Eltern genannt, zumeist Väter, die das charakterliche Rüstzeug für die Ausbildung des Talentes erzieherisch geformt haben.

Udo Röbel ist ohne leiblichen Vater groß geworden. Sein Rüstzeug für eine spektakuläre Reporterkarriere war das lebensbegleitende Ringen um Anerkennung. Aufgewachsen in den fünfziger Jahren mit einer alleinerziehenden Mutter in der »unteren Mittelschicht« und mit dem quälenden Gefühl, eine Belastung zu sein, erlebt sich der ehemalige *Bild*-Chefredakteur als »ein ungewolltes Kind, das immer um seinen Stellenwert und Liebe kämpfen musste«. Diese Prägung hat sich manifestiert. Zwei Möglichkeiten habe er gehabt: zu verkümmern oder Knöpfe zu drücken. Er hat sich für die zweite, aktive Variante der Lebensgestaltung entschieden. Doch das Defizit ist immer sein Antrieb geblieben. Journalismus sollte ihm Ruhm und Ehre bringen. Und ein vernünftiges Auskommen, zur Linderung seiner von klein auf erlernten Existenzangst.

Ein Beispiel von vielen aus Milieus mit einer wirtschaftlich gebeutelten Nachkriegskindheit. Der Wunsch, etwas Besseres zu erreichen, unabhängig zu sein, Ansehen zu genießen, motiviert zu enormer Leistungsbereitschaft. Und einer erheblichen Härte gegen sich selbst.

Die zugrundeliegende Angst und das Gefühl von Unzulänglichkeit sind ein wichtiger Treiber für herausragende Karrierewege. Der Mangel verlangt nach Kaschierung durch überdurchschnittlichen Einsatz. Oft ist das die Grundlage besonderen Formates. Allerdings kann aus der eigenen Antastbarkeit und der Fragilität des Selbstwertes auch eine verhängnisvolle Überkompensation entstehen.

Im Sport sind es oft die von Zweifeln, kritischer Reflexion und Nachdenklichkeit Getriebenen, die hohe Ziele erreichen, weil sie ihre Form präzise analysieren und akribisch an ihren Schwächen zu arbeiten bereit sind. Um jedoch dauerhaft ganz an der Spitze zu stehen und den Erfolg und seine Begleiter dabei uneingeschränkt genießen zu können, braucht es eine Angstfreiheit, die gewisse Bewusstseinsprozesse auszuschalten vermag.

Rudi Kargus, ehemaliger Meistertorwart des Hamburger SV, inzwischen als Künstler erfolgreich und dem Profifußballgeschäft trotz aller Titel und Rekorde in liebevoller Distanz verbunden, ist nachhaltig beeindruckt von einer trefflichen Beobachtung der wortkargen Trainerlegende Branco Zebec: »Ich war immer ein Zweifler, in diesem zweifelsfreien Geschäft, auch wenn es niemand bemerkt hat, niemand merken sollte, damit ich nicht noch mehr zum Sonderling wurde. Einmal sagte mein Trainer Zebec während einer Trainingseinheit in ungewohnter persönlicher Hinwendung zu mir: ›Rudi, bist du sensibel, ist schlecht für Fußball, aber ist gut für Leben.‹«

Außergewöhnliche Fähigkeiten, eine identifizierte Leidenschaft, die Freiheit und der Mut, ihr zu folgen, sind die Ausgangspunkte eines Weges, auf dem auch der Zufall ein gewichtiger Starthelfer sein kann. Konkrete Wegweiser einer zwangsläufigen Karriere finden sich vor allem bei Politikern. Halbstarke »Ich will die Welt verbessern«-Attitüden oder auch feinere ideologische Positionen suchen nach Gesinnungsgenossen und münden oft frühzeitig in Ämtern und Parteistrukturen. Vor allem bei der Generation von Politikern, die von Eltern großgezogen wurden, die durch das Erleben von Kriegen und »totalitären Regimen« oder Demokratiebewegungen und epochalen Gesellschaftsreformen geprägt sind.

Aufgewachsen mit einem Vater, der zu den Gründern der CDU gehörte, wurde der langjährige Hamburger Bürgermeister Ole von Beust von klein auf politisch und auch parteipolitisch sozialisiert. Er war zehn Jahre alt, als ihn die täglichen häuslichen Wohnzimmerdebatten, zumeist über Nazideutschland und die daraus resultierende Pflichtschuldigkeit des Einzelnen, herausforderten, seinen Beitrag zum Wohl der Gesellschaft zu leisten.

Schon als knabenhafter Unionsnachwuchs erkannte er die Kraft des Marketings. Ausgestattet mit dem Fischer-Weltalmanach, schrieb er alle identifizierbaren Parteien an und bat um Zusendung ihrer Wahlprogramme und Werbeplakate. Ein gewichtiger politischer Frühstart zum Unbill des Briefträgers, der unaufhörlich Paketrollen ins Beust'sche Haus zu tragen hatte. Und zum Entsetzen der Mutter, die das mitsamt der Decke mit Parteiwerbung tapezierte Zimmer ihres Jungen ebenso absonderlich fand wie dessen launige Politikerparodien. Damals simulierte er am liebsten Ulbricht und Honecker, heute hat er sein Repertoire um den ein oder anderen ehemaligen Kollegen erweitert.

Roland Koch gehört nicht dazu. Der ist sein Freund. Und erinnert sich gleichfalls an seine politische Früherziehung: »Ich habe so manches am Frühstückstisch erfahren, was andere später erst mühsam lernen mussten.« Heute glaubt der streitbare Ex-Politiker, die Unumstößlichkeit seines Vertrauens in die eigene Meinungsbildung gehe auf seinen profunden, frühkindlich wertgefestigten Kern zurück.

Die so konsequent gestellten Weichen hat Ole von Beust dann über vierzig Jahre nicht mehr verlassen. Mit sechzehn Jahren trat er in die Junge Union ein und begann den Gang durch die Instanzen, den er heute als »Aneinanderreihung von Zufällen« bezeichnet. Stets sei er gerade da gewesen, wenn irgendwo einer ausfiel, und dann hieß es: »Dann soll es doch der Ole machen.« Aber er hatte immer schon das richtige Gefühl dafür, wo er gerade sein musste. Als es der Partei nach jahrzehntelanger, zermürbender Oppositionszeit so richtig lausig ging und einer gesucht wurde, der leidensfähig genug war, den langen Marsch aus dem Desaster anzuführen, hat er seine Chance erkannt und den Zufall an die Hand genommen. Längst war der Defätismus in der zersplitterten Hamburger CDU so gewaltig, dass es hieß: »Jetzt kann es auch der Ole machen.« Aber diesmal war es ihm nicht genug, einfach da zu sein. Er wollte die Menschen begeistern und aus Überzeugung zum Fraktionsvorsitzenden gewählt werden. Dafür feilte er mit zwei Freunden über Wochen an seiner Rede und bereitete den Auftritt bis ins letzte Detail vor. Die Beispiele gelungenen Marketings und gewinnender Rhetorik, die sein Aufwachsen begleiteten, hatte er dabei sicher vor Augen.

Sven Hannawald hat sein herausragendes Talent entdeckt, als er die ersten Kinderwettkämpfe gewann, und sich daran gefreut, dass er weiter springen konnte als andere, symbiotischer war mit seinem Ski als seine Kumpels. Er hat es gemocht, Jugendmeister zu werden, von Sieg zu Sieg zu springen und spürte zugleich mit jeder Medaille den Druck, beim nächsten Mal wieder vorn sein zu müssen. Der Erfolg ist das Ergebnis seiner Besessenheit, seines Perfektionismus, nicht aber sein Antrieb.

Mit dem Erwachsenwerden veränderte sich für ihn das Verhältnis zwischen Talent und Arbeit, und der Vergleich mit seinen Springerkollegen kehrte sich um. Gewinnen hing nun in erster Linie von den körperlichen Voraussetzungen ab, und er sah seine Überlegenheit vor allem in dem, was er nicht am Körper hatte. Während seine Kontrahenten mit einem stabilen Niveau aus der Winterpause kamen, »musste ich Jahr für Jahr bei Null anfangen«. Das ist sein Bild. Bei einem Körperfettwert unter fünf Prozent hatte er die Leichtigkeit, sich von seinen Skiern durch die Luft tragen zu lassen, aber es fehlte ihm die Masse für den kraftvollen Abdruck. Sven Hannawald suchte die Lösung dieses Dilemmas, indem er »eben noch mal zwei Kilo abnahm«. Wenn er über die Berichterstattung zu seiner möglichen Magersucht spricht, wird er für einen Moment auf eine unerwartete Weise unwirsch. Er ist sich bewusst, dass Gewichtsreduktion in einem besorgniserregenden Maße das Thema dieser Zeit im Skispringen war. Ein abstruser Wettkampf, neben dem eigentlichen Wettbewerb. Er wollte auch darin der Beste sein.

Wenn er die Bilder von damals jetzt anschaut, erschrickt er bei seinem eigenen Anblick. Aber er sieht in den hartnäckigen Nachfragen auch eine Missachtung seiner Professionalität. Bei der Suche nach Perfektion war einfach »an dieser Stelle Luft nach oben«. Also hat er versucht, sie auszufüllen, hat sich mit Ernährung beschäftigt, viel gelesen und wenig gegessen. Er hielt es immer für ein vertretbares, ein unstrittiges Maß. Eine Art Opfergabe an den Sport, der sein Leben bestimmt hat. Disziplin ist nicht nur Last, sondern vor allem auch ein verlässlicher Partner. Und die Ergebnisse bestätigten seinen Weg.

Aber er war oft müde. Auch der Winter, der ihm mit seinen vier Schanzensiegen den Legendenstatus brachte, war einer, in dem die Erschöpfung die Leichtigkeit beschwerte. Hinter den Kameras, die er mit strahlendem Siegerlächeln beglückte, war er belastet vom Druck und, noch schlimmer, fern von dem Gefühl, das ihn ansonsten in guten Tagen für seinen Aufwand und den Verzicht entschädigte: dem kleinen Genuss, auf der Schanze zu stehen und in den vollbesetzten Zuschauerraum zu schauen. »Das Gefühl, auf Wolke Sieben zu schweben, wenn alles von allein geht.« Die Belohnung.

Dass aus der Erschöpfung eine Burnout-Erkrankung wurde, hat er nicht direkt verstanden. Er hat viele Höhen und Tiefen erlebt und nach jeder schlechten Saison mit sich und dem Weitermachen gehadert. Dennoch sah er irgendwann wieder das grüne Licht. Diesmal blieb es zu lange rot. Er fühlte sich wie unter einem Schleier, der Körper taub. »Alles war wie in Trance, ich habe die Tage erlebt, aber ich habe nicht teilgenommen.« Er ist Vater geworden in dieser Zeit, aber auch das konnte den Schleier nicht lüften. Bis heute kann er kein angemessenes Gefühl dazu entwickeln, gibt es kaum Kontakt zu seinem Sohn. Er beruhigt sich damit, dass es dem Kind gutgeht. Und nennt es sein offenes Kapitel, eine Aufgabe, an sich zu arbeiten und daran, dass es sich vielleicht irgendwann stimmig anfühlt, wenn er sich sagt: »Ich bin Vater«.

Als die Taubheit im Körper ebenso zum täglichen Begleiter geworden war wie das negative Gefühl beim Training, ging er in die Klinik und ließ sich behandeln. Er bekannte sich zu seiner Krankheit, machte die Therapie öffentlich und empfand erstmal nur Entlastung. Die Bewertung von außen, eine Neudeutung des Heldenbildes nach der offengelegten Schwäche, hat ihn nicht gesorgt. »Ich bin ein normaler Mensch und hatte eine schlechte Zeit. Und wenn ich krank bin, gehe ich zum Arzt wie jeder andere.« Dass sich sein Image dadurch verändert hat, mag er nicht glauben, auch wenn sein Name untrennbar mit dem Thema Burnout verbunden scheint. Darüber, dass seine

Offenheit ihn menschlicher, fassbarer und damit noch größer gemacht haben könnte, hat er noch nicht nachgedacht. Er genießt die ungebrochene Sympathie der Menschen, die sein Manager ehrfürchtig eine »einzigartige Hysterie« nennt.

Dass sein Manager für Sven Hannawald eine ebensolche Bedeutung hat wie er für ihn, wird deutlich, wenn sich beide in sturmerprobter Vertrautheit mit der Aneinanderreihung von Jungswitzen necken. So einsam der Athlet auf der Schanze ist, so augenscheinlich wohl fühlt er sich an diesem Nachmittag, eingebunden in eine Gemeinschaft, die später durch einen weiteren Sportsfreund, einen bekannten Bobfahrer, komplettiert wird. Sven Hannawald ist das Zugpferd, das unterstreicht die geduldige Aufmerksamkeit, mit der die beiden Freunde stundenlang dessen Erinnerungen lauschen. Und die Bereitschaft, mit der sie sich bei ihren wenigen kurzen Wortwechseln von ihm zur Ordnung rufen lassen. Die unsanften Hinweise auf die Störungen sind immer flachsend, aber unmissverständlich im Ton.

Die Klinik verließ Sven Hannawald mit dem Gefühl, gesund zu sein. Nach und nach verdichtete sich die Sehnsucht nach einer Rückkehr auf die Schanze. Irgendwann spürte er ein »Lächeln auf den Lippen« beim Gedanken daran, wieder zu springen. Während der Behandlung hatte er sich nicht damit beschäftigt, ob es ein Comeback geben würde. In dieser Zeit schien der Sport unendlich fern. Noch ferner war die Frage, was er tun könnte außer Skispringen. Insgeheim liebäugelte er noch damit, Olympiasieger zu werden, dieser Titel fehlt ihm ebenso wie der Gewinn des Gesamtweltcups. Er hatte noch Ziele und er wurde herzlich willkommen geheißen, als er seine Rückkehr in den Weltcupzirkus ankündigte. Doch als er zum ersten Mal wieder zum Training ging, kam unmittelbar das negative Gefühl zurück, der Gang zur Schanze wurde erneut zur Qual.

Noch an diesem ersten Tag des Comeback-Versuches fiel die Entscheidung, endgültig aufzuhören. Er traf sie allein. Mit wem er zuerst darüber gesprochen hat, wie er das Ende öffentlich machte, an all das kann oder mag er sich nicht mehr erinnern. Die ersten konkreten Gedächtnisfragmente sind die der monströsen Leere, die ihn einnahm, als er realisierte, dass er nun keine Aufgabe mehr hat. Der Verlust einer vertrauten Umgebung, seit er ein kleiner Junge war. Der Rückzugsort, an dem alles bekannt, berechenbar und so vieles kontrollierbar gewesen ist, auch wenn die Sicherheit, die er darin fand, eine trügerische war.

Entsprechend verzweifelt ist seine Suche nach einem Ersatz in den Wochen und Monaten danach. Ein Springer, der der Schanze den Rücken kehrt, trifft eine finale Entscheidung. Es gibt keinen leisen Ausklang in dieser Sportart, keinen sanften Ausstieg, wie er vielen anderen Athleten möglich ist. Der Mut, den Moment der Bodenlosigkeit im Wettkampf um Weite maximal zu verlängern, wird zur Tollkühnheit, wenn die absolute Fitness und damit die totale Selbstbeherrschung fehlen.

Sven Hannawald sagt, heute würde er sich nicht mehr auf die Schanze trauen. Aber er bekommt wieder Gänsehaut, wenn er unten steht und seinen Nachfolgern zuschaut. Er kann sie gut haben inzwischen, die Reaktionen seines Körpers und auch die Leere schreckt ihn nicht mehr, seit er das Adrenalin wieder fühlt. Zunächst war er skeptisch, als sein Manager ihn von seiner Tauglichkeit für den Motorsport zu überzeugen versuchte. Er probte jahrelang, bis er sich bereit fühlte, sein erstes offizielles Rennen zu fahren. Zu einem Hintergrundgespräch mit Journalisten, in dem er seinen Einstieg in die GT 3 – Serie ankündigte, ging er mit einem flauen Gefühl, »wie bei einem Bewerbungsgespräch«. Die Resonanz war wohlwollend, so, wie er es gewohnt war, und er spürte, dass sich der Schleier nun endlich zu lüften begann. Er wird es als Wendepunkt in seiner Biographie festhalten und als den Moment, der ihm die Lebensfreude zurückgab.

Er lebt nun ein anderes Leben, eines fernab von Medaillendruck und zehrender Selbstdisziplin. Öffentliche Auftritte genießt er inzwischen, seit er sie sich aussuchen kann. Auch, weil er es mag, ab und an mit seiner schönen Freundin über rote Teppiche zu gehen.

Die Zweifel an sich selbst sind geblieben. Wenige Wochen nach unserem Gespräch wird er die Rennsport-Serie für den Rest der Saison unterbrechen: Er ist noch nicht einverstanden mit seinem Fahrverhalten bei Regen.

An der Spitze

»Es gab keinen Ort, an dem ich lieber hätte sein wollen.«

Thomas Hitzlsperger

In dem ersehnten Moment, als sich für Joschka Fischer nach jahrelangem Kampf um politischen Einfluss, nach mancherlei gelaufenen Kilometern und noch mehr ab- und zugenommenen Kilos seine Lebensrolle zeremoniell manifestierte, empfand er keinen Triumph. Die Bilder seiner Vereidigung als Außenminister offenbaren kein Hochgefühl. Der Druck der Verantwortung wirkte stärker als die Erfüllung seines Traumes.

Als Hera Lind nach Erscheinen ihres jüngsten Bestsellers die Rolltreppe in der kaufhausgroßen Buchhandlung betrat, fühlte sie sich für einen kurzen Moment erhaben. Beim Blick auf die vertrauten Buchtitel, die links und rechts in opulenten Stapelbauwerken ihren Weg nach oben flankierten, hielt sie inne und dachte an ihre Mutter. Und an den Satz, den sie sich so sehr von ihr zu hören wünschte: »Ich bin stolz auf dich«. Er blieb auch an diesem Tag ungesagt.

Für ihre Leserinnen war Hera Lind längst zum Superweib geworden. Sie hatte strahlend zeitgemäße Heldinnen geschaffen, Rollenmodelle für Millionen Frauen: selbstbewusst, kess, erfolgreich und unabhängig. Wie ihre Figuren, so wollte sie auch selbst sein. Und so war sie jetzt. Auf den Bestsellerlisten thronend, hofiert von Fernsehsendern und Filmproduzenten, zugleich Managerin einer blondfröhlichen Großfamilie.

Manchmal ist Erfolg eine Parallelwelt. Hera Lind ist das mittlere von drei Kindern streng katholischer Eltern, eines Arztes und einer Musikpädagogin. Mit einer besonderen Stimme beschenkt, sang sie jahrelang um Anerkennung, gewann Gesangwettbewerbe, reiste als Solistin und als Mitglied des Westdeutschen Rundfunk-Chors durch die Welt und machte sich als Konzertsängerin einen Namen. Doch das ersehnte Lob ihrer Eltern hörte sie nie. Der familieninterne Vorrat an Zuspruch und Förderung wurde an die beiden Brüder verteilt.

In der Überzeugung der eigenen Unzulänglichkeit wird die Karriere unwirklich, das Misstrauen zum treuen Begleiter. So entstand auch der Erfolg in Hera Linds Augen zwangsläufig aus einem Zufall. Mit dem Schreiben begann sie, als sie zum ersten Mal schwanger war, aus Langeweile, das erzählt sie ganz ohne Koketterie. Mit ihrer lebenszugewandten Frauenmagazin-Literatur schafft sie ein neues Genre und verkauft neben fünfzehn Millionen Büchern auch ein Lebensgefühl. Große Regisseure werben um die Filmrechte für ihre Stoffe. Bernd Eichinger überzeugt sie auf der Terrasse seines Hollywood-Anwesens; da fühlt sie, die Rolltreppe ist ganz oben. Katja Riemann, Veronika Ferres, Iris Berben, die Stars der deutschen Filmbranche, füllen die von ihr geschaffenen Figuren aus. Und ihr Selbstwertgefühl. Sie zählt die roten Teppiche, sammelt die Zeichen der Bedeutung ein, verliert die Skepsis für Momente, berauscht sich sogar manchmal an ihrem Erfolg und kehrt doch immer an ihren inneren, mit Zweifeln gedeckten Familienabendbrottisch zurück.

Der Teebeutel windet sich gefügig unter dem straffen Zug des Fadens, als Hera Lind mir ihre Geschichte erzählt. Sie kommt direkt von ihrer täglichen Laufeinheit, uneitel frisiert, aufgeweckt und zugänglich. Die Einladung einer regionalen Fernsehsendung, in der sie gleich für ihr neues Buch werben wird, hat sie dankbar angenommen und zu einem Wochenendausflug nach Hamburg inklusive Musical-Besuch mit ihren Töchtern genutzt. Die kurzen Stippvisiten der beiden Mäd-

chen, die die Errungenschaften des großstädtischen Shopping-
angebotes präsentieren, sind die einzigen Ablenkungen, sonst
bleibt das Fernsehgesicht an diesem Nachmittag unerkannt.
Liebevoll registriert sie den umsichtigen Einsatz ihrer Töchter der ihnen anvertrauten Kreditkarte. Achtsam, beinahe be-
schützend, nehmen die beiden Teenager die Szenerie um ihre
Mutter auf, erkennbar sensibilisiert dafür, Bedrohung zu erspüren. Hera Lind genießt die Nähe zu ihren Kindern und
ganz besonders genießt sie, dass mir diese Nähe auffällt.

Es war kein großer Moment, der ihr Leben verändert hat.
Kein medienwirksamer Skandal, kein abgestürzter Börsenkurs,
keine verlorene Wahl. Es war der Abend einer halbprivaten
Geburtstagsfeier. Der Tag, an dem sie sorglos ihr frisches Liebesglück in die Welt tanzte. Und damit die Rolle der Heldin
verließ und zur tragischen Figur ihres eigenen, ganz persönlichen Stückes wurde.

Verstanden hat sie diesen Einschnitt bis heute nicht. Sie hat
eine neue Liebe gefunden. Eine Lebensentscheidung getroffen. Wie Millionen andere auch. Die Behauptungen, sie habe
die vier Kinder bei ihrem Ex-Partner zurückgelassen, um ihr
neues Glück zu leben, waren Falschmeldungen. Die Töchter
leben nach wie vor bei ihr in Salzburg, die beiden Söhne,
längst erwachsen, schauen regelmäßig vorbei und sind ihr so
verbunden wie in all den Jahren nach der Trennung von ihrem
Lebensgefährten. Und doch hat sie einen Großteil ihrer Anhängerinnen mit dieser Entscheidung verloren. Zu eklatant
unterschied sich das öffentlich gezeichnete, von Hera Lind
unbedarft ausgemalte Bild von den Rollenmodellen der nach-
geeiferten Heldinnen. Es passiert ihr noch heute, dass sie
gefragt wird, ob sie ihre Kinder inzwischen wieder regelmäßig
sehe. Auch wenn sie nie voneinander getrennt waren. Wie
auch immer das Bild der Rabenmutter entstand, die allzu
laut ihr Liebesglück feierte, der Bruch, der daraus folgte, war
radikal.

Hera Lind versucht nicht mehr, Erklärungen zu finden für

die Wucht, mit der sie das mediale Urteil ebenso traf wie der Liebesentzug ihrer Leserinnen. Sie hat sich eingerichtet. In einer neuen Stadt, in der sie seltener angesprochen wird, aber immer freundlich. In einer kleinen Wohnung, die niemand kennt, nicht mehr in einem glamourösen Haus, in das sie die Boulevardleserinnen bis in den begehbaren Kleiderschrank einlud. Sie wirkt gefestigt, auch wenn der Einschnitt tief in ihr Leben hineinreicht. Ihr neuer Mann verlor seinen Manager-posten auf einem namhaften deutschen Kreuzfahrtschiff. Das Publikum sei zu konservativ für solch öffentliche Liebeleien. Obwohl genau das die Storyboards der Filme sind, die auf dem Schiff gedreht werden. Aber es ist nur eine Traumschiffwelt, »die Wirklichkeit darf so nicht sein«. Sie erzählt diese Groteske ohne Angriffslust. Der Hotelmanager blieb sechs Jahre ohne Job, bis er bei einem Arbeitgeber fern der deutschen Yellow-Press-Magazine eine Anstellung fand. Inzwischen verbringt er acht Monate des Jahres bei dieser Reederei in den USA. Nur vier Monate im Jahr ist er zu Hause bei seiner Familie.

Erfolg multipliziert sich auf so rasante Weise, dass der Erfolg-reiche oft selbst zum außenstehenden Beobachter des eigenen Aufstiegs wird. Manchmal bleiben die begünstigenden Fakto-ren dieser Dynamik dabei selbst für den Profiteur diffus. Die Weggefährten des Misserfolges hingegen sind in jedem Augen-blick sichtbar.

Die Bestsellerautorin hat sich nicht an sich selbst entzückt. Sie erkennt ihre Täuschungen inzwischen schonungslos klar. Ihre Karriere in die Hände ihres Lebensgefährten zu geben, war fraglos naiv. Geld und Karriere, das ist Männersache, so war sie erzogen worden. Er hatte den Ehrgeiz, der ihr fehlte. Während sie schrieb und sich um die Kinder kümmerte, arbei-tete er an der Strategie für die Maximierung ihres Erfolges. Die nächste Treppenstufe nahm er schon, als sie noch damit beschäftigt war, sich an die Höhe zu gewöhnen und für Mo-mente die Aussicht zu genießen. Auf Partys schob er sie zu den Mächtigen. Dorthin, wo die wichtigen Gespräche geführt und die Besetzungen entschieden wurden. Aus der Bestsellerautorin wurde eine TV-Moderatorin. Für den Titel ihrer Show reichte längst ihr Name, Erfolg vervielfältigt sich. Die nächste Stufe sollte die Kuppelsendung »Herzblatt« sein, eine Vorabendinstitution der ARD. Die Stufe war ihr zu hoch, doch sie rebellierte nicht. Auch nicht, als sie sich von Sendung zu Sendung quälte mit der gehassten »Mutter-Beimer-Frisur« und der Angst vor der fehlenden Schlagfertigkeit. Der Blick auf die Quoten am Samstag war für ihren Partner zur Manie geworden, der Schlüssel zum nächsten Karriereschritt. Wie gebannt saß er vor den Einschaltquoten, während die Hauptdarstellerin seines Regieplans »mit den Kindern im Stadtwald Verstecken spielte«. Von der Entscheidung der ARD, den Moderationsvertrag nicht zu verlängern, erfährt Hera Lind beim Geburtstag der Schwiegermutter. Sie fastete sich gerade zur Wunschvorstellung der Fernsehverantwortlichen und nahm sich im Augenblick der vermeintlichen Enttäuschung einen randvollen Teller vom Büfett. Die Tränen, die ihr Lebensgefährte weinte, als er ihr »die Hiobsbotschaft« überbrachte, bleiben ihr so fremd wie ihre vorherige Moderatorinnen-Rolle. »Ich fühlte mich so frei wie lange nicht mehr.«

Sie lacht häufig an diesem Vormittag, und die Offenheit der Begegnung unterstreicht die Glaubwürdigkeit ihrer unvorstellbaren Naivität, die die Karriere geprägt hat. Später wird sie erschrecken vor der Vertraulichkeit des Momentes und die Freigabe unseres Gespräches überdenken. Sie ist vorsichtig geworden. Nicht misstrauisch.

Nach der Trennung vom Vater ihrer Kinder hat sie sich Hilfe gesucht, um einen Umgang mit der Hysterie des Boulevards zu finden. Wieder hat sie sich in die Hände eines Mannes begeben, diesmal in die eines PR-Managers. Er rät ihr, ihre neue Liebe exklusiv auf bunten Magazinseiten auszubreiten, um die Hoheit über die Geschichte zu behalten. »Ich war viel zu verwirrt von allem, was auf mich einbrach, um strategische Schritte zu durchdenken.« Sie lässt sich überreden. Auch dazu, den Verlag zu verlassen, der sie seit Jahren unterstützt und auf dem Weg in die Bestsellerlisten begleitet hat.

Dass ihre damalige Lektorin nie wieder mit ihr gesprochen hat, bedauert sie noch heute sehr. Sie hat sich die Telefonnummer geben lassen, unsicher, ob sie sie wählen wird. »Ich habe lange nicht auf mein Herz gehört, sondern mich Beratern untergeordnet, denen menschliche Bindungen egal waren«, versucht sie Erklärungen zu finden für Verhaltensweisen, die sie heute beschämen. Aber sie hat in den vergangenen Jahren gelernt, dass sie die Konsequenzen ihrer Entscheidungen selbst zu tragen hat. Und allein.

Auch ihr neuer Verlag war entsetzt über die Geschichten, die nun andere über seine Erfolgsautorin schrieben. Er bangte um das eigene Image und vor allem um die sicher geglaubten Umsatzzahlen. Als die Verlagsmanager eine entsprechende Vertragsklausel nutzen, um den üppigen Vorschuss zurückzuverlangen, wird aus dem PR-Unfall eine »Lebenskatastrophe«. Groß angelegte Bankgeschäfte werden zur Lawine »unter der ich mich wie begraben fühlte«. Sie muss nun gegen die Schulden anschreiben, die ihr in diesem Moment erstmals in ihrem ganzen Ausmaß bewusst werden. Wie ihre Karriere hat sie auch ihr Geld anderen anvertraut. Das öffentliche Urteil wird endgültig gefällt, als sie private Insolvenz anmeldet. Ihre ganz persönliche Katastrophe ist noch viel größer. Als ihre Kinder in der Zeitung von der Pleite lesen, bieten sie ihrer Mutter das Taschengeld zur Unterstützung an.

Ein halbes Jahr war Hera Lind ohne Verlag, sie nennt es »die grausamste Zeit« in einer drastischen Lebenswende. Aber sie hat weitergeschrieben, »weil ich nichts anderes kann«. Zwei Bücher im Jahr veröffentlicht sie derzeit. Sie könnte mehr. Das Schreiben ist neben ihrer Familie ihre Festung. Für ihr neues Format, Romane auf der Vorlage von realen Alltagsgeschichten, hat sie eine stabile Fangemeinde gefunden. Ihr jetziger Verlag weiß die verlässliche Qualität der Autorin und auch die berechenbaren Verkaufszahlen zu schätzen. Seit sieben Jahren funktioniert die Zusammenarbeit. Zwei Spiegel-Bestseller waren auch wieder dabei. Nicht mehr auf Platz Eins und nicht mehr über Monate. »Aber eine positive Tendenz ist erkennbar«, sagt sie mit engagierter Selbstermutigung.

Das Streben nach Anerkennung, das seit ihrer Kindheit tief in ihr steckt, sie in der ersten Zeit nach dem Bruch zur Teilnahme an »Dancing Stars« und bis an die Grenze der eigenen Scham geführt hat, hat sie hinter sich. Kürzlich zitierte ein Fremder, den sie beim Joggen traf, Epikur: »Lebe im Verborgenen«. Und diesmal fühlt sie sich gut beraten. Sie ahnt, dass es kein gefeiertes Comeback auf den roten Teppichen geben wird, wie es so manchen nach gravierenden Vergehen gelingt. Aber sie weiß auch, dass ihre Bücher nicht schlechter geworden sind. Ob das den Fall leichter macht oder schwerer, darüber mag sie nicht nachdenken. Vielleicht hat auch jedes Lebensgefühl seine Zeit und damit auch seine Heldinnen. Dass ihre Kinder immer wieder mal ihre Bücher aus den hinteren Regalreihen der Buchhandlung nach vorne rücken, rührt sie. Lesungen vor dreißig Frauen sind ihr erst mal peinlich. Sie entschuldigt sich bei den treuesten Anhängerinnen dafür, dass so wenige gekommen sind. Und dann wird es doch immer ein lustiger Abend.

Sie wirkt zufrieden mit sich und ihren vier gutgeratenen Kindern, »das Einzige, worauf ich wirklich stolz bin«. Morgen kommt ihr Mann heim, nach viereinhalb Monaten auf See.

Und kürzlich war sie bei ihrer Mutter, die bat sie etwas für sie zu singen. »Du hast doch eine so schöne Stimme.«

Ob sie dieser Satz glücklich gemacht hat, so oder so ähnlich, wie die Minute auf der erfolgsumrankten Rolltreppe? Vielleicht. Vielleicht sogar auf eine verlässlichere Weise, weil er das Innerste meint, ihre ureigene Begabung.

Er hatte diesen Pass abertausende Male geübt. Und einmal in Perfektion gespielt. Thomas Hitzlsperger auf Philipp Lahm. Das 3:2 gegen die Türkei in der letzten Minute des Europameisterschafts-Halbfinales 2008. Ein Spiel, das Sportreporter mit leichtsinnigem Pathos noch Jahre danach als »denkwürdige Schlacht« adeln. Der krönende Moment einer Fußballerlaufbahn.

Gerade ist wieder Europameisterschaft, die Euphorie der Menschen ist verlässlich an den deutschlanddekorierten Autos und überfüllten Public-Viewing-Plätzen abzulesen. Thomas Hitzlsperger ist nicht im EM-Fieber. Er hat Knieschmerzen. Nein, er denkt nicht oft daran, dass er 2008 noch mittendrin gewesen ist. Und 2006, als sich die ganze Nation an den Sommermärchenhelden berauschte. Teil eines Märchens zu sein, das allein teilt sich dem Selbstwertgefühl kaum mit. Und da waren ja auch immer »Poldi und Schweini für die ganz große Welle«. Aber 2008, da ist er Stammspieler gewesen, wichtig für das Team, nicht nur für den Teamgeist, sondern auf dem Platz, für das Ergebnis.

»Dieser Pass«, sagt er mit strahlenden Augen, »der ganze Spielzug, das war alles so, wie der Trainer es immer wieder gefordert hat. Und dann macht der Philipp den auch noch rein, in der letzten Minute, das war der Wahnsinn«. Sein genialster Ball, gespielt vor den Augen von Millionen Zuschauern, da legt er für Sekunden seine Vorsicht ab und gerät über sich selbst ins Schwärmen. Seine beste Zeit sei das gewesen. »Da war ich einfach gut«.

Der Philipp hat jetzt auch wieder ein wichtiges Tor geschossen, das hat Thomas Hitzlsperger mitbekommen. Wer den Pass gespielt hat? Daran erinnert er sich nicht. Er war im Urlaub, in Kalifornien, und hat das erste EM-Spiel seiner ehemaligen Mitspieler verpasst. Die anderen Auftritte hat er mehr oder weniger aufmerksam verfolgt, je nachdem, was er »auf dem Zettel hatte«. Das muss man verstehen, versucht er sich sofort zu rechtfertigen, seine eigene Situation beschäftige ihn gerade so sehr, dass es ihm schwerfällt, auf die Kollegen zu schauen. Es ist viel passiert in diesen Jahren, seit er den Meisterschaftsschuss geschossen und den perfekten Pass gespielt hat. Zu viel, um weiterhin zu glauben, »alles sei nur wunderbar in diesem Leben als Fußballprofi«.

Thomas Hitzlsperger gilt als einer der »etwas anderen Fußballprofis«, was auch immer das sein mag. Er jedenfalls ist ein junger Mann, der nachdenkt, bevor er spricht, und sich dann um die Vermeidung von Worthülsen bemüht. Der Bücher liest, Kolumnen schreibt und beim Jubeln keine Botschaften versendet oder mit exzentrischen Gesten brüskiert, sondern bekennt, sich ziemlich blöde zu fühlen, für zwei oder drei Sekunden im Fokus und nicht zu wissen wohin mit sich und seiner Freude. »Ich treffe ja auch nicht so oft«, sagt er dann und man weiß nicht recht, ob er damit Bedauern oder Erleichterung ausdrückt.

Vieles in ihm bleibt auf diese Weise ambivalent. Der nachdenkliche Mann mit der Faszination für die britische Raubeinigkeit. Ein Individualist, der gegen den Konformitätszwang aufbegehrt und seine Bücher nach den ersten flapsigen Sprüchen zu Hause lässt. Die tiefe Verletzlichkeit, die die Einschnitte seiner Karriere hinterlassen, und der tapfere Pragmatismus, mit dem er stets darüber hinwegzugehen imstande ist. Die Lust, mit Leistung herauszuragen, und das Bedürfnis, im Schutz des Teams unsichtbar zu bleiben. Die Scheu im professionellen Kontakt mit der Öffentlichkeit und die Sehnsucht danach, als Person wirklich erkannt zu sein.

Er hat sich auseinandergesetzt mit den Erwartungen und mit seiner Rolle, »die sich im Verlauf meiner Karriere häufig veränderte«. Nach der Europameisterschaft 2008 hat ihn sein Trainer zum Kapitän gemacht. Eine Auszeichnung nicht nur als Sportler, sondern auch als Persönlichkeit. So sieht er das. Doch die Anspruchshaltung wurde schnell zur Last. Vor allem seine eigene. »Da gingen die Probleme los«, benennt er den Wendepunkt in seiner Bilderbuchkarriere. Er wollte ein guter Kapitän sein, einer, der sich kümmert und Einfluss nimmt, nicht einfach die Armbinde spazieren trägt. »Ich habe mich aufgerieben, zwischen all den Erwartungen und meinen eigenen Gedanken.« Es hat ihm nicht mehr gereicht, der Beste auf dem Feld zu sein. Als es über Wochen schlecht lief, das Team unter seiner Führung häufiger verlor als gewann, nahm ihm der Trainer das Amt und damit in seinen Augen die Würde. »Einfach so«, erzählt er noch immer ungläubig, »er sagte mir, ich sei der ideale Kapitän, aber irgendwas müsse verändert werden.« Die Außenwirkung hat ihn schwer gekränkt. In seinem Inneren war der Riss nicht mehr zu kitten.

Der Trainer konnte sich mit dieser Maßnahme nicht aus dem Schlamassel ziehen. Unter dem neuen Mann, mit einem neuen Kapitän, begann der VfB wieder häufiger zu gewinnen. Thomas Hitzlsperger war verletzt in dieser Zeit und verzichtbar geworden. Auf der Tribüne verfolgte er die Siege seines Teams »irgendwie unbeteiligt«. Es war kein Platz mehr für den Nationalspieler, für den idealen Kapitän. Nebenbei hat man ihm das gesagt, irgendwann kurz vor Weihnachten. Nicht so ganz deutlich, aber eben so, dass er verstand. »So ist nun mal das Geschäft«, konstatiert er mit der ihm eigenen Disziplin, die im Widerspruch zu den Zweifeln steht, die ihn mehr und mehr von seiner Lieblingsbeschäftigung entfernen.

Es ist ihm ein bisschen unangenehm, wenn er allzu offen über die Schattenseiten des Traumjobs aller kickenden Jungs spricht. Die versteht auch niemand, selbst wenn er sich mal ein Herz fasst und versucht, sich zu erklären. Und so relativiert er sich immer wieder selbst. Umdribbelt die eigene Entfremdung, jongliert mit mildernden Floskeln. Es geht eben nicht um den Einzelnen in diesem Geschäft. Der Erfolg steht über allem. Und doch agiert jeder für sich allein. Er verdient viel Geld, das sei schon so. »Aber durch Geld allein empfindet man kein Glück.« Der immense Druck wird dadurch nicht gepolstert. Auch nicht das unausgesprochene Gesetz, keine Schwäche zeigen zu dürfen, weil selbst der Mitspieler eher Konkurrent ist als Freund.

Um seine Teilnahme an der WM 2010 zu retten, ist er nach Italien gegangen, zu Lazio Rom. Eine verheißungsvolle Zukunft sollte es sein, und es wurde »ein mittleres Drama«. Der Trainer, der ihn ausgesucht hatte, war nach dem ersten Spiel bereits entlassen, der nächste hatte keine Verwendung für ihn. Geschichte wiederholt sich. Er kämpft um die WM, trainiert sich in die »Form seines Lebens« und erhält den befürchteten Anruf des Bundestrainers, der niemanden brauchen kann, der im Verein keine Rolle spielt. »Ich habe lange auf meine Chance gehofft, aus der Ferne beobachtet, wie die anderen Jungs so drauf sind, die für meine Position infrage kamen.« Der Bundestrainer hatte sie für besser befunden.

Er war enttäuscht, aber auch auf eine Weise befreit, erlöst vom Druck und der Verwundbarkeit, nach dieser niederschmetternden Italien-Eskapade. Erstmals fühlt er sich selbst und die Möglichkeit, vielleicht ein ganz anderer sein zu dürfen. Einer, der er noch nie war, weil der Fußball ihn geformt hat zu jemandem, »den der Fußball verträgt«.

Nach einigen vereinslosen Wochen verpflichtet ihn West Ham United. London, da ist er zu Hause. Da ist er »the hammer«, der mit dem unaufhaltsamen Schuss. Er verletzt sich und fällt ein halbes Jahr aus. Aber er wird gebraucht, seine Rückkehr aufs Feld herbeigesehnt, das hat er lange nicht gespürt. Am vorletzten Spieltag spielt er noch mal Fußball, so wie er ihn liebt. Strömender Regen, leidenschaftlicher Kampf, unbändiger Wille. Seine Mannschaft führt 2:0 zur Halbzeit, beide Tore bereitet er mit Freistößen vor, die er stundenlang nach dem Training geübt hatte. »Es gab keinen Ort, an dem ich in diesen neunzig Minuten lieber hätte sein wollen.« Er sagt das voller Emphase und offenbart gleichfalls die so vertrauten Fluchtphantasien. Das Spiel geht 3:2 verloren und damit das Leben in London, seiner Lieblingsstadt. Er sei zu gut für die zweite Liga entscheidet sein Verein. Er war bereit, das anders zu sehen, um bleiben zu können.

Er wechselt dann noch mal zurück in die Bundesliga, nach Wolfsburg, vielleicht das drastischste Kontrastprogramm zu London und der dortigen Ungezwungenheit. Aus Vernunft viel mehr als aus Überzeugung. Sein Körper lässt sich im Gegensatz zu seinem Kopf nicht disziplinieren und verweigert die Gefolgschaft. Nach einer Saison löst er den Vertrag auf, zwei Jahre vor Vertragsende. Und fühlt sich endlich wirklich frei.

Wann die Begeisterung gekippt ist, die Erfüllung seines Traums zu einer Anstrengung wurde, darüber hat er oft nachgedacht. Bei jedem sei das anders. Bei den einen ist es der Punkt, an dem sie ihr Ziel erreicht haben und plötzlich andere Dinge in den Vordergrund rücken. Popularität, Autos, die Verlockungen sind groß. Bei ihm war es der Perfektionismus, der irgendwann vom Freund zum Gegner wurde. Mit den ersten Rückschlägen. »Der Job ist großartig, wenn alles gut läuft. Dann ist jeder Tag ein Freudentag, jede Trainingseinheit macht Spaß.« Aber er ist hart, wenn der Misserfolg Gesichter braucht. Wenn das Denken beginnt, die Zweifel am eigenen Spiel, das Interpretieren des Verhaltens des Trainers, das Zermartern. Warum spielt der andere und nicht ich? Werde ich noch gebraucht? Wie werde ich gesehen? Viele Fragen und selten eine Erklärung. Das Feedback ist laut, Degradierung, Schlagzeilen, Noten, Pfiffe. Zeugnisse am schwarzen Brett. Wer den Druck einmal auf diese Weise gespürt hat, verliert die Unbefangenheit. Und die Fähigkeit zum ungetrübten Genuss.

Deshalb wünscht er sich so, er könnte die Sekunden des absoluten Glücks nach dem Meisterschaftstor ab und an wieder hervorholen, das Gefühl reproduzieren. Die Freude hat damals immerhin ein paar Tage angehalten. Dann stand mit dem Pokalfinale der nächste Höhepunkt bevor. Der frischgekürte Meister verlor, eine Enttäuschung. Inzwischen sei das alles noch viel extremer geworden, es gibt kaum Nischen der Zufriedenheit. Aber er mag nicht zu kritisch sein mit seinem Beruf und dem gesamten Geschäft. Eine Krankenschwester habe auch einen anstrengenden Job und verdient viel weniger Geld, zitiert er den Vergleich, den er in den vergangenen Jahren hundertmal so oder ähnlich gehört hat. Und schließlich liebt er den Fußball, das ehrliche Spiel. Aber er will auch

51

nicht unangetastet stehen lassen, dass es immer nur ein Privileg ist, Profi zu sein.

Viermal umziehen in drei Jahren, heute gefeiert und morgen nicht mehr gebraucht zu werden. Manchmal ohne Erklärung. Führungsspieler sein, Typen werden gefordert, aber bitte nicht zu sehr, nicht zu anders. Verunglimpft, vor den Augen von Millionen, allein mit der Scham. Und mit der Wut. Weil es zum Anforderungsprofil gehört, mit dem Gehalt abgegolten ist. So wie jetzt während der EM. Er beobachtet das und fühlt sich hinein in seine Kollegen. »Bei all dem, was der Beruf zu recht von einem Profi verlangt, bleibt am Ende immer noch der Mensch.« Mit menschlichen Reaktionen. Auf unflätige und geschmacklose Kritik. Auf die Ausprägung eines unveränderbaren, wenn auch verfälschten Bildes: »Bei den Leuten bleibt immer etwas hängen.«

So oder ähnlich versucht er sich all denjenigen zu erklären, die seinen Abgang nicht verstehen wollen. Die ihn anstacheln, über die Zeichen seines Körpers und seiner Seele hinweg, dabeizubleiben. Weil man nicht aufhört mit etwas, von dem viele träumen, dabei sein zu dürfen. Er glaubt, dass es viel mehr Spieler gibt, die fühlen wie er. Aber die meisten haben nichts anderes gelernt, wollen im Fußballgeschäft bleiben nach der aktiven Karriere. Da sagt man nicht: »Ich mag nicht mehr mitspielen.« Sonst gehen gleich die Spekulationen los. »Dann zieht man es lieber durch.«

Entscheidende Pässe spielt Thomas Hitzlsperger derzeit keine, auch wenn er noch zaghaft nach einem neuen Club sucht. Einen, der auf seine Bedürfnisse zugeschnitten ist, sagt er und schmunzelt beim Versuch der Konkretisierung dieser Utopie. England sollte es am liebsten sein, dort wo man ihn in guter Erinnerung hat. Wo die Fans selbst beim Abstieg applaudieren, wenn sie spüren, dass eine Mannschaft ihr Bestes gegeben hat.

Aber wenn es nichts wird, dann ist es auch in Ordnung. Er genießt die Rückkehr zu seinem Innersten, oder vielleicht dessen Entdeckung. So genau vermag er das alles noch nicht zu beschreiben. Aber überhaupt Genuss zu empfinden, das sei schon mal ein Gewinn. Länger als die vier Sekunden, die es vom Torschuss bis zur Eckfahne braucht.

Für Ole von Beust war der 29. Februar 2004 der Tag, an dem ganz und gar er gemeint war. Seine Substanz. Der Tag der Neuwahlen in Hamburg, nach dem Rausschmiss seines umstrittenen Stellvertreters Roland Schill und dem Bruch der Regierungskoalition. Die Bewertung seiner dreijährigen Amtszeit: Ein 47,2%iges, absolut mehrheitliches Bürgervotum in Kenntnis seiner ganz persönlichen Tugenden. Und Untugenden. Seiner Bereitschaft, im Sinne des Machtgewinns mit Unwürdigen zu koalieren, wie dem diabolischen Rechtspopulisten Schill. Und der Entschiedenheit, diesen mit dem Risiko des Machtverlustes auch wieder herauszuwerfen, zum Schutze seiner Integrität.

Es war natürlich ein grandioser Abend, erinnert sich Ole von Beust an den vielleicht größten Tag seiner Amtszeit, auch wenn die Umfragen ihn bereits täglich auf den Triumph vorbereitet hatten. Keinesfalls habe er an dieses bravouröse Ergebnis geglaubt, als er impulsiv entschied, seinen Innensenator rauszuschmeißen und die aufsehenerregende Entlassung im Rahmen einer Pressekonferenz bekanntzumachen. Der hatte ihn zu erpressen versucht, weil Ole von Beust einen Schill nahestehenden Staatsrat wegen Dienstvergehen in den Ruhestand versetzte. Mit der Offenlegung von Beusts sexueller Präferenz und einer angeblichen intimen Beziehung zu einem befreundeten Senator. Eine Räuberpistole eigentlich. Zumal mit der gediegenen Hansestadt als Kulisse. Aber auch die Chance für den ganz großen Befreiungsschlag. »Der Rausschmiss von Schill war eine spontane Reaktion, mir war klar, dass ich nicht erpressbar sein wollte.« Dann habe er intuitiv gehandelt. Und ist damit vom »kleinen Ole«, den alle »lieb und nett, aber auch ziemlich weichgespült« fanden, zum »knallharten Entscheider« geworden. Dass ihm manche die Koalition mit Schill heute noch mächtig übelnehmen, weiß er wohl. Aber es habe nun mal keine andere Möglichkeit gegeben, eine vierundvierzigjährige sozialdemokratische Regentschaft zu beenden. Und selbst an die Macht zu kommen. Beim Versuch der Rechtfertigung schlawinert er auf seine unnachahmliche Weise: »Schill war charakterlich schwierig, aber ich dachte, er fängt sich im Amt.« Später tuschelten dessen Weggefährten, dass Schill mit Pistole zur Rauswurfpressekonferenz gekommen sei. Und dass er Sitzungen nicht etwa ständig verlassen habe, weil ihm unter der schusssicheren Weste so warm wurde, sondern weil er in den ehrwürdigen Rathaustoiletten seinen Kokainvorrat verstaut haben sollte. Von Beust erzählt es wie eine heitere Episode, man weiß ja nicht, ob es tatsächlich wahr ist. Viele haben über die Verniedlichung dieses politischen Teufelspaktes nicht gelacht.

Dennoch haben es die meisten schnell vergessen. Sie haben ihm seinen Mut höher angerechnet als sein unerwartetes Machtkalkül. Aus Respekt und aus Dankbarkeit. Der Bürgermeister von Beust hat Hamburg die Chance gegeben, das Tor zur Welt einen Spalt weiter zu öffnen, liberaler zu scheinen, modern und aufgeschlossen. Vor allem im Wettstreit mit der ungeliebten Bundeshauptstadt.

In seiner Partei wurde er lange der Zauberer genannt, weil er imstande war, seine Positionen auch den vermeintlich Unbekehrbaren mit gewinnender Gelassenheit zu vermitteln. Dabei ist Ole von Beust kein Menschenfänger im klassischen Sinne. Die Größe, die er dem Amt ebenso verlieh, wie das Amt ihm, lag vielmehr in dem Raum, den seine Zurückgenommenheit den Betrachter mit dessen Phantasie zu füllen überließ.

Ole von Beust war ein guter Bürgermeister, da sind sich fast alle einig. Er hat seine strahlend schöne, manchmal etwas behäbige Stadt wachgeküsst. Das Selbstverständnis und die Stimmung, die er entfachte, sind vor allem aus seiner Amtszeit in Erinnerung geblieben. Auch wenn er zahlreiche Bauprojekte forciert und Privatisierungen vorangetrieben hat. Er bescherte den Bürgern ein monumentales Opernhaus, das ein bisschen teurer wird als geplant und bislang noch auf den ursprünglich für 2010 vorgesehenen Eröffnungstermin wartet. Ertrug stoisch die komödiantischen Auftritte der Schill-Bande, ließ sich bei der Besetzung des Kultursenats zu verwegenen Personalien hinreißen und bastelte zugleich erfolgreich an einer wachsenden Metropole und an seiner eigenen Unverzichtbarkeit.

Dass er nicht wirklich zaubern kann, weiß Ole von Beust am besten. Er ist ganz und gar unsentimental in der Bewertung seiner eigenen Bedeutung. Und der Vergänglichkeit des Ruhmes. Er hat seine Popularität genossen und erinnert sich gern an die Momente des Überschwangs. Vor allem nach gelungenen Reden, da war er in seinem Element. Aber er braucht die Beachtung jetzt nicht mehr, um sich gut zu fühlen. Es war ja auch immer anstrengend. Und »inzwischen zählen andere Dinge«. Zur Bekräftigung dieses kleinen Satzes, der seine Rücktrittsentscheidung maßgeblich beeinflusste, erzählt er von dem Gleichnis, das ihm seine Mutter immer vorgebetet hat, weil er früher so ein Tausendsassa gewesen ist. Der mit den meisten Geburtstagseinladungen, der Lieblingsspielkamerad, keine Feier auslassend, »vordergründig alles toll und nichts bleibt nach.« Er zitiert aus Hugo von Hofmannsthals »Der Tor und der Tod«. Die Geschichte eines Mannes, der zur Abrechnung vor dem Tod steht und um Zeit bittet, weil er doch noch so vieles erleben will. Als der Tod ihm aufzählt, was sein Leben an Fülle für ihn bereithielt, stellt er fest, dass bis dahin alles nur an ihm vorbeigezogen ist, ohne etwas zu halten, ohne innere Bindung. Nun ist es zu spät. Und dann, in dieser sentimentalen Stimmung, fügt Ole von Beust noch eine Weisheit hinzu: »Älter werden heißt, tiefer binden und schärfer trennen.« Das gefällt ihm. Die Pizza ist fertig, selbstgemacht, freut er sich.

In der Betrachtung von außen sind Machtmenschen stets auf der Jagd nach Beliebtheit und Beachtung, auf der Hatz von Erfolg zu Erfolg, umgeben von hingebungsvollen, kritiklosen Gefolgsleuten und in der Gefahr der permanenten Selbstüberhöhung. Sicher gibt es auch die Hauptdarsteller genau dieses Bildes. Diejenigen, für die öffentliche Aufmerksamkeit Schlüssel zur Selbstwahrnehmung ist, die ihr Ansehen zum Mittelpunkt ihres Wirkens machen und sich allzu bereitwillig an diesem flüchtigen Hochgefühl berauschen. Je größer die Bekanntheit jedoch ist und je bedeutender der Wirkungsgrad, desto dunkler überschatten die Last der Verantwortung und der Druck der permanenten Bewertung die Fähigkeit zur Glücksempfindung. »Wenn es möglich wäre, Ministerpräsident zu sein, mit dem gleichen Stellenprofil, ohne mediale Durchleuchtung und der daraus resultierenden Überzeichnung und Fremdbestimmung, hätte ich lieber diese Variante gewählt«, malt Roland Koch ein Phantasiegemälde, wohl wissend, dass all das in der Herausgehobenheit untrennbar miteinander verbunden ist.

Ron Sommer hat lange gedacht, er sei ein ganz normaler Manager. Unbemerkt von der Öffentlichkeit, erfolgreich, mit glänzenden Zukunftsperspektiven, das konnte jeder in seinem Lebenslauf nachlesen. Er ist einer von denen, die an den mittelgroßen Rädern drehen und längst wissen, dass sie auch für die großen Räder taugen. Smart, gutaussehend, welt- und sprachgewandt.

»Das Angebot«, das sich in der Betonung des »das« von allen anderen unterscheidet, erreicht ihn über einen Personalberater, wie viele vorher. Der Auftrag: die Telefonsparte der Post privatisieren, also aus einer betulichen Behörde ein gewinnorientiertes Wirtschaftsunternehmen zu machen. Chef der deutschen Telekom AG. Baumeister des bis dahin größten Börsengangs eines deutschen Unternehmens. Und erster Managerpopstar des Landes.

Er sitzt jetzt im Garten seines Hauses in Düsseldorf, einem, das man gemeinhin Anwesen nennt. Die Akkuratheit seines

Zuhauses bildet eine eindrucksvolle Synthese mit seiner Erscheinung und dem aufgeräumten Geist. Mehr als ein Dutzend Arbeiter wuseln herum, nach vierjähriger Bauzeit emsig mit der Vollendung des imposanten Bauwerks beschäftigt. Dass er für den Umbau seines Hauses länger brauchen könnte als für den der Telekom, mag er so nicht bestätigen. Er hoffe doch, dass sein Haus irgendwann mal fertig sein wird, plänkelt er lachend. Ron Sommer ist extrem gelassen. Auch wenn er ab und an mal unvermittelt aufspringt, um das handwerkende Orchester neu zu dirigieren, wirkt er so souverän, als folgten selbst die Abweichungen einem exakten Plan.

Der Tag, als er verstanden hat, was es heißt, Vorstandsvorsitzender eines deutschen Volksunternehmens zu sein, war Silvester 1995 / 96. An diesem Tag sollte die größte Gebührenreform der Telefon-Geschichte vonstattengehen. Eine Umstellung, ebenso notwendig wie störungssensibel. Es wurde der größte anzunehmende Unfall für einen reformwilligen Unternehmenslenker und der schlechtestmögliche Einstieg in seine neue Lebenswirklichkeit.

Irgendein kleiner Softwarefehler, noch dazu von einem Dienstleister verursacht, führte dazu, dass Tausende Deutsche, die beim fernmündlichen Verteilen ihrer Neujahrswünsche die Bewegung des Zählrädchens an ihrem Telefonapparat aufmerksam verfolgten, feststellen mussten, dass das Drehtempo einem normalen Wochentag, nicht etwa dem gemäßigten Feiertagstarif, entsprach. Ein Aufschrei der Empörung ging durchs ganze Land. Telefonieren ist eine Volksbefindlichkeit. Die *Bild*-Zeitung machte sich zum Organ des nationalen Zornes und zum Anwalt der unzähligen Großmütter, die es sich nun nicht mehr leisten konnten, mit den Enkeln an fernen Studienplätzen zu plaudern. Die ausschneidbare Postkarte an Ron Sommer: »Nehmen Sie diese Reform zurück, mit der *Bild* titelte, erreichte ihn tonnenweise. Auch Grüße, die drastischer formuliert waren als der nicht eben zimperliche Boulevard-Vordruck. Anrufe von zürnenden Politikern, die bestens munitioniert gegen die Privatisierung Sturm liefen. Und Morddrohungen zuhauf.

Nun brauchte das Unheil einen Repräsentanten. Und das Unternehmen einen Anführer, dem es gelingt den eingeschlagenen Weg zu verteidigen, Fehler einzuräumen, auf die Empörten zuzugehen, ohne dabei den Kurs zu verlieren. Den veränderungsgeschüttelten Mitarbeitern, die längst noch damit beschäftigt waren, die unterschiedlichen Systeme der wiedervereinigten Länder anzugleichen, Orientierung zu geben. Veränderung verursacht Verunsicherung. Die Stimmung war lausig. Nach der vorausgegangenen Teilprivatisierung der Briefzustellungssparte der Post sprachen sich zwei Drittel der Telekombelegschaft gegen die Nachahmung dieses Vorgangs in ihrer Firma aus.»Beim ersten Börsengang zeichneten dann zwei Drittel unserer Mitarbeiter Telekom-Aktien«, skizziert Ron Sommer den Stimmungsumschwung bei seinen Angestellten mit leidlich unterdrückter Genugtuung. Zahlen, die die fulminante Entwicklung der Telekom und die Belastbarkeit seiner Vorhersagen belegen, hat er zuhauf parat.

Zur Befriedung der Nation und der Ermutigung seiner eigenen Leute wählte er das Fernsehstudio.»Talk im Turm« mit Erich Böhme, sein erster Auftritt in einem solchen Format. Neben dem wütenden Oppositionspolitiker und Privatisierungsgegner Kurt Beck und einer repräsentativen Großmutter, um den Kontakt mit ihren Angehörigen beraubt, blieb ihm von vornherein nur die Rolle des Prügelknaben. Er bereitete sich Tage auf den Showdown vor, probte seine Argumente und einen verständnisvollen Ton, frickelte sich in die kleinsten Details seines undurchdringlichen Großunternehmens. Und ging als Gewinner aus dem scheinbar vorentschiedenen Spiel. »Damit war die entscheidende Schlacht geschlagen«, radikalisiert er den Auftritt, der den wankenden Privatisierungsplänen den Weg ebnete. »Zweihundertfünfzigtausend Mitarbeiter haben gefühlt: Da stellt sich einer vor uns.« Und er hat verstanden, wie es ist, ganz vorne zu stehen. Erleichtert sei er gewesen, als das Scheinwerferlicht ausging – und sein Stern auf. Und mit diesem seine Idee von einem modernen Telekommunikationsunternehmen. »Vor allem aber«, erinnert er sich, »fiel der Druck ab, in Anbetracht all dessen, was auf dem Spiel stand.«

Für Menschen in vielbeachteten Positionen sind die Momente des Erfolgs häufig die der Erleichterung. Im Bewusstsein der Kausalitäten des Misserfolges liegt die Freude vor allem in dessen Vermeidung. Darin, dass der Erfolg einen Pulsschlag lang Spielraum verschafft, Luftholen ermöglicht, vor der nächsten Herausforderung. Pluspunkte anzusammeln, als Vorrat für die unvermeidlich folgende Fehlentscheidung, wird dem Entscheider nicht mehr zugestanden. Die Hoffnung auf eine differenzierte Abwägung des Gesamtwerkes ist längst Nostalgie. Mit der zunehmenden Geschwindigkeit aller Prozesse erfolgt die Benotung, nicht nur bei Sportlern, sondern auch bei Managern und insbesondere bei Politikern inzwischen nach Tagesform. In Erwartung täglicher Höchstleistungen werden Zensuren am Ende jedes Schultages vergeben. Der Handelnde wird zum Getriebenen. Die Bedrohung permanenter Beurteilung verführt dazu, Entscheidungsprozesse abzukürzen, um Ergebnisse vorzuweisen. Die zunehmende Notwendigkeit, Sachverhalte im Sinne der Vermittelbarkeit auf konsumierbare Häppchen zu reduzieren, steht im krassen Missverhältnis zur steigenden Komplexität der Problemstellungen.

Ron Sommer hat sich nicht darum gekümmert, sich selbst zu erklären. Er hatte keine Neigung zu antrainierter Possierlichkeit. Dafür hatte er immer viel zu viel zu tun. Auch damals, als er umjubelt wurde, als Popstar der Wirtschaftswelt, Analysten und Anleger ihn zum Börsenheld stilisierten und Politiker ihn für ihre Beratungszirkel umgarnten, schwebte er nicht auf einer magentafarbenen Wolke. »Ein so großes Unternehmen wie die Telekom steht immer unmittelbar vor der nächsten schwerwiegenden Entscheidung.« Er gewöhnte sich an die Sorge –

»wo geht die nächste Bombe hoch« – unter der Morgendusche. Und an das euphoriedämpfende Verantwortungsgefühl, das ihn täglich begleitete, weil er um seinen Einfluss »auf das Land, die Wirtschaft, die Zukunft« wusste.

Heute vermisst der in Haifa geborene Polyglotte diesen Einfluss nicht mehr. Aber jetzt in seinem prachtvollen Garten, ist er, zehn Jahre nach seinem Ausscheiden, sofort wieder Telekomchef. Wenn er über die aktuellen Herausforderungen der Telekommunikationsbranche philosophiert, verraten seine lebhaften Augen ungebrochenen Enthusiasmus. Virtuos jongliert er mit internationalen Vergleichszahlen, changiert zwischen Vergangenheitserklärung, wagemutigen Zukunftsthesen und sentimentaler Symbolik: »Wann immer ich den Telekom-Jingle höre, dann denke ich, das Unternehmen ist doch mein Baby«.

»Mein Baby« sagt er ohnehin oft, wenn er über seine »spannendste berufliche Aufgabe« sinniert. Den Widerspruch, der aus diesem Bild entsteht, zum Image des bindungslosen Managertypus, der längst nicht mehr Chef, sondern Chief Executive Officer eines Unternehmens ist, bemerkt er selbst dabei nicht. An keiner Stelle wirkt Ron Sommer bitter, aber der Verlust, den er bei seinem Abschied empfunden hat, bebt dann und wann in seiner sonoren Stimme nach: »Mein Baby war plötzlich nicht mehr in meinem Arm.« Heute spricht er davon wie ein Vater, der sich liebend verklärt erinnert an die Zeit, als ihm das Kind noch anvertraut war, er mit seiner Erfahrung und Autorität die Richtung vorgeben konnte, wohl wissend, dass es nun besser ist, getrennte Wege zu gehen.

Er wäre lieber noch ein bisschen länger geblieben, hätte den Auszug gern besser vorbereitet und als Aufsichtsratsvorsitzender dem selbstgewählten Nachfolger noch die eine oder andere Hilfestellung gegeben. Aber es kam anders.

Der Börsengang der Telekom ist das entscheidende Kapitel für Ruhm und Abstieg des Ron Sommer, aber es ist auch ein Stück gesamtdeutsche Geschichte.1996 brachte die deutsche Telekom die erste Volksaktie in einer damals beispiellosen

Werbekampagne an die Börse und machte Millionen Deutsche zu Aktionären. Die Euphorie um den Börsengang war nicht zu bremsen. Frenetisch wurde der Einzug des allumfassenden »T« in die bundesdeutschen Haushalte gefeiert. Die magentafarbenen Radprofis rasten unaufhaltsam durch die französischen Berge, TV-Liebling Manfred Krug war das Gesicht der freundlichen Geldvermehrung und trug als Makler dieses gesamtdeutschen Einheitsthemas zur Beschleunigung der Wiederverbundenheit bei.

Ron Sommer zieht die Augenbrauen zusammen und eine eindrucksvolle Falte gräbt sich auf seiner Stirn ein, wenn er an diese Tage denkt, die eigentlich sein Meisterstück sein sollten. Ob er damals, im Taumel der allgemeinen Glückseligkeit bereits vorhergesehen hat, dass darin auch sein Ende liegen könnte? Nein, das wäre nun zu viel der nachträglichen Deutungshoheit. Aber der Hype hat ihn von Anfang an befremdet: »Es gab in Deutschland zu diesem Zeitpunkt keine Aktientradition, viele Menschen haben sich zum ersten Mal für Wertpapiere interessiert.« Dass er zu dieser Überdrehtheit beigetragen, mit dem werbebotschaftsbeladenen Versprechen einer erheblichen Rendite das deutsche Spielerherz angeschubst hat, das ist ihm bewusst. Auch wenn er sich gewünscht hätte, dass ein bisschen maßvoller umgegangen worden wäre mit der Sehnsucht nach schnellem Reichtum.

Der Tag der Erstausgabe sei ein phantastisches Ereignis gewesen, schwärmt er: »Wir haben Deutschland umgebaut.« Zum Preis von 28,50 D-Mark wurde die T-Aktie in begrenzter Stückzahl zugeteilt, so groß war die Nachfrage. So mancher verdankt Ron Sommer heute sein Eigenheim oder eine komfortabel ausgestattete Zukunft. Auf über zweihundert D-Mark stieg der Kurs zwischenzeitlich, ehe der neue Markt zusammenbrach und mit ihm der Traum vieler Kleinaktionäre. Und der Heldenstatus des Managers. Im freien Fall schlug die T-Aktie bei acht Euro auf. In diesem Bereich dümpelt sie beständig. Ron Sommer weiß, dass er auch verantwortlich gemacht wird für verlorene Vermögen und dramatische Lebensgeschichten. Der Logik der Geschichte folgend, wird die verarmte Großmutter zum Symbol seines Abstiegs. Ob er sich auch verantwortlich fühlt? »Hätte ich eine Glaskugel gehabt, hätte ich anders entschieden«, verschiebt er die Unberechenbarkeit des damals vogelwilden Marktes in die Welt des Übersinnlichen.

Wenn sich Ron Sommer heute, mehr als ein Jahrzehnt danach, mühe- und lückenlos die Chronologie der Ereignisse abrufend, an diese spektakuläre Zeit erinnert, wird deutlich, wie sehr jemanden wie ihn, dessen Selbstverständnis es ist, auch das Unvorhersehbare vorherzusehen, der Kontrollverlust quälen muss: »Ich habe vieles nicht verstanden, was damals passiert ist, weder die Steigerung auf zweihundert Mark, noch den Fall auf acht Euro. Die enorme Dynamik rund um die T-Aktie war in beide Richtungen falsch.«

Dass es nicht der maximale Börsenstand ist, nicht die gelungene Privatisierung des Fernmeldedienstleisters, nicht der Aufbau eines modernen Telekommunikationsunternehmens, was man jetzt zuallererst mit ihm verbindet, das bestätigt er mit einer bedeutungsvollen Pause.

Karrieren werden immer vom Ende her bewertet. Eine abwägende Gesamtbetrachtung fällt aus, wenn das Ende als Scheitern im Bewusstsein verankert ist. Möglicherweise führt auch das dazu, dass es zunehmend Ausstiege und Rücktritte gibt, die ohne erkennbaren Anlass, ohne Druck von innen oder außen und meist ohne Gesichtsverlust frühzeitig vollzogen werden. Oftmals sogar in der Mitte der Schaffenszeit. Das Phänomen der Fluchtbewegung hat die Metapher des Sesselklebens ersetzt. Statt mangelnder Bereitschaft zur konsequenten Fehleranalyse werden fehlende Pflichttreue und Identifikation beklagt.

Ron Sommer hat sich verantwortlich gefühlt für sein Unternehmen und für den Aktienkurs. Er hätte die Aktie gern auf einem anderen Stand übergeben. Aber er hat die Telekom zum größten Kommunikationsunternehmen Europas gemacht. Darüber kann er sich freuen: »Auch wenn das nicht als Erfolgsstory gesehen wird.« Dass die wahrgenommene Bilanz seiner Vorstandszeit eine verengte Momentaufnahme des Niedergangs ist, erkennt er auch daran, dass nicht viele Personalberater angerufen haben, mit einem verlockenden Angebot. Schon gar nicht mit einem adäquaten. Er erzählt das mit einem selbstbewussten Impetus, denn er ist sich sicher, dass er noch wichtige Impulse hätte geben können für die Wirtschaft in diesem Land. Aber er weiß auch um die Hemmnisse in den Köpfen derjenigen, die über Besetzungen bestimmen: »Nach meinem Abgang fehlte vielen Aufsichtsräten der Mut, über das öffentliche Urteil hinweg zu entscheiden.«

Er ist nicht verprellt wegen der ausbleibenden Rufe aus der deutschen Wirtschaft, sondern hat sich seine Wirkungsnischen im Ausland geschaffen. Er managte in verschiedenen Funktionen ein mächtiges russisches Unternehmen und ist jetzt Aufsichtsratsvorsitzender der größten Telefongesellschaft dieses Landes. Zudem in gleicher Funktion bei einem indischen Großkonzern. Mobilität und Kommunikation entwickeln sich schnell und grenzenlos. Sein angeschlagenes Image ist lokal.

Die Ernsthaftigkeit, mit der Ron Sommer seine Telekom-Ära mit all den begleitenden Faktoren analysiert, die Verve, mit der er über Führung und Management fabuliert, und die Offenheit, mit der er einen Blick in sein Haus und seine Seele gewährt, sind so widersprüchlich zum Bild des unterkühlten Sonnenkönigs, das mit dem abstürzenden Börsenkurs von ihm gezeichnet wurde wie diese Zuschreibung in sich. Ist die verbindliche Revisionsbereitschaft ein Ergebnis der Selbstanalyse nach dem aufsehenerregenden Abstieg? Mitgefühl mit denjenigen, die Geld verloren haben? Ein Ausdruck der Demut nach den Jahren der Verschmähung aus den eigenen Kreisen? »Nein, dafür brauchte es nicht die Erkenntnisse des Scheiterns«, versichert er. Er sei eigentlich immer schon jemand gewesen, der sich Gedanken gemacht hat über sich und seinen

Führungsethos. Auch wenn das nicht immer so rüberkam. Korrekturversuche, Imagebildung, das hat er den Experten im Konzern überlassen. Obwohl ihm nicht alles gefiel, was im Sinne des Unternehmens richtig gewesen ist: »Ich habe eine dicke Haut, deshalb habe ich nie versucht, meinen Wikipedia-Eintrag zu beeinflussen«, versinnbildlicht er seine fehlende Bereitschaft zur Retusche. Aber vor seiner Frau hat er die ungnädigen Zeitungsartikel oft versteckt. Sie sei viel empfindlicher als er bei ungerechter Kritik, aber auch beherzter im Schutz ihres Privatlebens. Als junger Sony-Manager hat er mal ein paar Journalisten zu sich nach Hause eingeladen, die darauf folgende Geschichte war lausig, das war ihm eine Lehre. Seine Frau hatte das kommen sehen. Danach hörte er auf sie. Und ließ fast alle Türen verschlossen.

»Man ist so abgeschottet als Telekom-Chef und bekommt oft gar nicht mit, was um einen herum für Storys gebaut werden.« Ob es stimmt, dass in Hotels Fahrstühle für ihn gesperrt wurden? Er überlegt und erinnert sich an manch einsame Liftfahrt. Durchaus möglich, aber wenn dann nur aus Sicherheitsgründen, forciert von seinen eifrigen Beschützern. Dass der Eindruck, der daraus entsteht, ein anderer sein könnte, macht ihm dieses Beispiel sofort klar. Es habe »eine Firewall« um ihn herum gegeben, die irgendwann in beide Richtungen hielt. Das Magazin *Wirtschaftswoche* hat mal so etwas wie eine Karikatur von ihm gedruckt, erzählt er dann zum Beleg seines allzu festgeschnürten Korsetts, »alles andere als geschmackvoll, aber durchaus im Rahmen«. Die Telekom-Anwälte haben dennoch geklagt, er glaubt, sie tun es heute noch. Ein statuiertes Exempel, nie in seinem Sinne, aber mit der Konsequenz eines statuierten Urteils: »Was bleibt ist: Der Ron Sommer ist eitel.«

Also eitel sei er nun wirklich nicht, versichert er mit Überzeugung, aber er weiß wohl um die Wirkung seiner eigenen Unnahbarkeit, die sich aus der Machtaura ergibt und früher oder später auch aus Selbstschutz: »Macht macht einsam und schafft Distanz.« Und auch, dass jeder einzelne seiner Kontakte, ob bewusst oder unbewusst, ein Multiplikator ist. Dass selbst unbemerkte Begegnungen Beachtung finden, in fremden Unterhaltungen. So wie es bei allen prominenten Menschen der Fall ist, die auch in den kleinen, unbewussten Momenten auf der Straße ihr Image beeinflussen. Der Grad der Bekanntheit bestimmt den Faktor der Multiplikation.

»Ich bin von Natur aus nicht redselig, aber damals war ich auch oft total getunnelt mit all dem, was so in meinem Kopf vor sich ging.« Er glaubt, dass die natürliche Distanz zwischen Vorstand und Mitarbeiter ein wechselseitiges Phänomen ist: »Mir war schon klar, dass nicht alle ins Hotel gingen nach einer Tagung. Aber es ist eben lustiger, ohne den Chef unterwegs zu sein.« Einmal tadelt ihn sein Sohn nach einem Besuch im Telekom-Büro wegen all der übersehenen Mitarbeiter beim Gang durch das Gebäude. Er denkt schmunzelnd an die effektive familiäre Zivilisationsnachhilfe. Und ist froh darüber, dass seine Mitarbeiter ihn trotzdem als guten, vor allem ehrlichen Anführer wahrgenommen haben.

Inzwischen fällt es ihm leichter, mit den Menschen ins Gespräch zu kommen. Gerade heute hat ihn ein Mann am Parkhausschalter mit Namen angesprochen und sich für die Verzögerung entschuldigt, die es gar nicht gab. Dann plauderten sie kurz miteinander. Auch beim Wandern auf dem Berg wird er heute freudig begrüßt, anders als früher. Er sagt, er findet es toll und »Ohne Macht ist man mehr Mensch.« Unflätig war bisher nur einer, alle anderen sind höflich. An seinen Namen erinnern sich immer wenigere und manchmal fehlt denen sogar die Zuordnung. Kürzlich wurde er für einen Serienstar gehalten. Lindenstraße, nicht seine Sendung. Aber die Entwicklung sei doch insgesamt erfreulich.

Peter Kabel bewundert Ron Sommer. Nicht weil den die Aura eines TV-Stars umgibt. Aber wie er die Telekom aufgebaut hat, der Börsengang, das grandiose Marketing, das sei schon eine ganz große Nummer gewesen. Ein paar Gemeinsamkeiten sieht er, auch wenn das natürlich ziemlich hochgegriffen sei.

Er war ein Star der New Economy. Einer, dessen Foto die Kühlschränke unzähliger Informatikstudenten-WGs zierte. Sein Unternehmen Kabel New Media eines der Lieblingskinder der Börse. Peter Kabel zieht die Worte beinahe unendlich in die Länge, so als wolle er mit jeder Silbe dorthin zurückfühlen, in diese aus heutiger Sicht unwirkliche, für ihre Galionsfiguren so atemberaubende Zeit. »Ich war eine Ikone für Unternehmertum«, etikettiert er seinen Interims-Status, »ein Held der Digitalbranche.«

Die Medien rissen sich um ihn, wurden nimmermüde, die Geschichte des famosen E-Rabauken zu erzählen, der seinen Laden von null auf hundert geführt hat. Die Wirtschaftsteile der großen Zeitungen wurden verdoppelt, ständig seien neue Magazine auf den Markt gekommen, um den Börsenhype angemessen publizistisch zu begleiten und mit blühenden Werbelandschaften von der New Economy-Blase zu profitieren. »Stopp«, unterbricht er sich selbst rüde, das mit der Blase das sei auch so ein Unsinn. Zumindest könne es für seine Kabel New Media nicht gelten. Er habe echte Geschäfte mit echten Kunden gemacht.

Ein schönes Beratungsunternehmen hatte er aufgebaut, mit einem soliden Wachstum zwischen 1990 und 1997. Hundert Mitarbeiter, zwölf bis fünfzehn Millionen Mark Umsatz und »einer schönen Rendite hintendran«. Seine dritte eigene Firma ist das schon gewesen, er besitzt den Mut, seine Ideen umzusetzen. Schon als es noch etwas Missionarisches hatte, durch die Gegend zu laufen und den Leuten zu erzählen, dass die Zukunft im Internet liegt. »Viele hielten mich in dieser Zeit für einen Nerd«, beschreibt er seine holprigen Anfänge und auch seine Überzeugungskraft: »Ich habe die Leute mit auf eine Reise genommen, die haben sich damit wohlgefühlt.« Er war ein Enthusiast. In der Welt der virtuellen Luftikusse, verschrobenen Programmierer und Tüftler hat er den Kontakt zur analogen Wirklichkeit gehalten. Die Balance geschaffen »zwischen visionärer Kreativität und qualitativem Kundennutzen«.

Die dankten es ihm mit wachsendem Interesse und opulenten Auftragsbüchern.

»Schauen Sie mal raus«, deutet er mir mit einem seitlichen Kopfnicken in Richtung des Fensters, ohne seinen Blick dorthin zu wenden, »der BMW da draußen, der wurde mit unserem Betriebssystem konfiguriert«. Auch andere deutsche Großunternehmen gaben ihre internetbasierten Kundensysteme in die Hände des Branchengurus. Die Produkte sind bis heute gut, die haben Substanz. So wie er. Er sagt das über sich selbst. Er habe Substanz, deshalb seien die Leute auf ihn »abgefahren«. »Später«, fügt er schnell hinzu, um einen möglichen Einwand vorwegzunehmen, »gab es dann auch kritische Aspekte.«

Später sollte aber noch eine Weile und einen gehörigen Hype lang dauern. In diesen Tagen, da selbst die *Tagesschau* mit dem Börsenkurs der New Economy aufmachte, überholte sich Kabel New Media beinahe stündlich selbst. Ein besonderes Gefühl war das, vor allem, weil es keine Unterscheidung gab zwischen ihm und seinem Unternehmen. Peter Kabel war Kabel New Media und umgekehrt. Er hat versucht »den Brand zu gestalten«, und damit auch sein eigenes Image. Auch wenn er keinen Spaß daran gehabt haben will. »Ich habe das Interesse an meiner Person genutzt, um die Firma bekannter zu machen«, skizziert er seine ganz persönliche Vermarktungsstrategie. Aber richtig getroffen fühlte er sich in den unzähligen Porträts sowieso nie. Nicht mal in den Huldigungen, die es in dieser Zeit fast ausschließlich gab.

Irgendwie sei doch alles abstrakt gewesen. Man habe geglaubt, New Economy sei sowas wie ein riesiges Ferienlager, »die Arbeit wurde nicht gesehen«. Dabei gehört eine Menge dazu, ein Unternehmen zum Erfolg zu führen. Da gibt es ärgerliche Nickeligkeiten und bei weitem nicht nur Sonnentage. Gezeichnet wurden aber Wolkenkuckucksheime, ausschweifende Partysessions, verwegene Arbeitsbedingungen. Peter Kabel verdreht genervt die Augen, während er die gängigen Vorurteile aufzählt. Immer die gleichen langweiligen Geschichten, diese oberflächlichen Betrachtungen. »Wenn man mit eintausendzweihundert Mitarbeitern ein Sommerfest feiert, dann ist das nun mal eine ziemlich große Party«, entgegnet er dem vertrauten Vorwurf des Größenwahns, »aber es gab keinen Kaviar.« Ein harter Kampf um Mitarbeiter habe bestanden, deshalb kamen am Abend auch schon mal Masseure in die Büros oder die Waschfrau, die sich um die Reinigung der Workaholic-Wäsche kümmerte. Auch Personal-Trainer für die Erfrischung von Körper und Geist. Das sei doch wirklich nicht obszön, bei achtzehn Stunden Arbeit am Tag. »Gehen Sie mal zu Google, dagegen war Kabel ein Witz.«

Dass die Old Economy selten gelacht, sondern vielmehr mit Neid auf die Emporkömmlinge reagiert hat, das habe er natürlich registriert: »Wir waren selbstbewusste Typen, wir wussten, dass unsere Themen Schlüsselthemen dieser Zeit waren.«

Er hätte diese Zeit genießen können, mit heutigem Wissen auch sollen. Die Auftragslage konsolidieren und weiterhin substantielle Produktlösungen ausklüngeln. Aber dieser abgedrehte Neue Markt und der wachsende Wettbewerb ließen keine Verschnaufpausen zu: »Der Erfolg musste jeden Tag neu errungen werden, genossen habe ich ihn eigentlich nie.«

Dabei sieht Peter Kabel wirklich aus wie ein Genießer, auch wenn er nur grünen Tee trinkt. Gepflegt, braungebrannt und mit gestärktem weißen Hemd. In diesen Tagen hat er wieder mal eine Party gefeiert, seinen fünfzigsten Geburtstag. Einige ehemalige Mitarbeiter waren eingeladen, fast alle sind gekommen. Es gab schon einen besonderen Geist damals. Das sei sein Motor gewesen, vor Menschen zu stehen, der lebendige Austausch, den eigenen Biss weitervermitteln. Heute spricht er sehr abwägend, überlegt lange und tastet sich immer wieder vor und zurück, auch wenn ihm dabei regelmäßig Sätze rausrutschen, die den Peter Kabel auf dem Gipfel des Erfolges zum Vorschein kommen lassen.

Der Börsengang sei schon gigantisch gewesen, auch wenn sie nicht so recht wussten, wie ihnen geschah. Die Kontrahenten aus dem Ausland buhlten mit »astronomischen Summen« um die gleichen Aufträge. »Das hat uns zur Expansion gezwungen. Ein unglaublicher Börsenwert von einer Milliarde bei hundert Millionen Umsatz«, das war Kabel New Media im Jahre 1997.

Er sei immer derselbe geblieben, in dieser Phase der unbegrenzten Möglichkeiten. »Schwäbisch und ein bisschen altbacken«, versucht er das Image des Bonvivants mit herausgestellter Bodenständigkeit zu widerlegen. Sein kleines Ferienhaus steht in Mecklenburg-Vorpommern und nicht an der Côte d'Azur und der MINI sei einfach bequemer als ein Sportwagen. Parkplätze sind auch für Börsenstars nicht größer. Die Segelyacht, die ihm immer angedichtet wurde, hat er nie besessen. Nicht mal ein Ruderboot, spottet er über ehemals bewundernde, hernach üble Nachrede.

Um ihn herum allerdings, da hatte sich alles verändert. Viele neue Leute suchten seine Nähe. Die sind längst alle wieder weg. Er blickt jetzt zurückhaltender auf Beziehungen. Dass keiner von den Jublern und Profiteuren gemahnt hat, als sein Unternehmen, vom eigenen Wachstum überfordert, mit Vollgas auf die Apokalypse zusteuerte, das wundert ihn auch heute nicht. Aber es habe überhaupt keine Instanz gegeben, die Leute wie ihn vor der abenteuerlichen Überhitzung der Börse und der überhöhten Expansionsgeschwindigkeit warnten: »Alle waren im Rausch.«

Peter Kabel will niemanden verantwortlich machen für sein Scheitern. Aber die Verachtung für den Kapitalmarkt, der ihn vor sich hergetrieben hat, mit seinen Erwartungen und all den Fallen, in die er aus Unerfahrenheit tappte, verzerrt noch heute sein Gesicht, wenn er ungelenk formuliert: »Im Nachhinein würde ich den Börsengang nicht mehr gemacht haben.«

Er sei die Katze gewesen in diesem Katz-und-Maus-Spiel. »Aber die Maus war viel versierter.« In der Rückschau auf den

Absturz schwankt er zwischen der gewinnenden Offenbarung seiner Unbedarftheit und den scharfsinnigen Erklärungen der externen Effekte. Die Aktie sei nun mal das zentrale Element eines börsennotierten Unternehmens. Auch wenn er keinen Schwachsinn gemacht habe, »nur um den Playern zu gefallen«, ein höheres Risiko sei nun mal unumgänglich, wenn man immer den Atem des Kapitalmarktes im Nacken spürt. Verrückt gewordene Kleinaktionäre, die ihm den Garaus machten, habe er bis dahin nicht gekannt und schon gar nicht einschätzen können. Und Vertrauen hat der Markt zu einem so jungen Unternehmen auch keines gehabt. Vertrauen erarbeitet man sich. Dafür hat die Zeit nicht gereicht.

Wenn vorhersehbar gewesen wäre, dass der ganze Spuk nach zwei Jahren schon wieder vorbei ist, hätte er gemütlich in seinem überschaubaren Laden weiter getüftelt und gewartet, bis die Kunden zu ihm zurückkommen.

So aber hat er Insolvenz angemeldet, sehr kurz nur nach dem Höhepunkt seines Erfolges. Und jahrelang seine Rechtschaffenheit verteidigt, die eine Strafanzeige und mehr als zwanzig anhängige Verfahren infrage stellten.

Für alle einflussreichen Akteure tritt Macht in unterschiedlicher Gestalt in Erscheinung. Macht zieht Macht an. Machtstreben forciert Konkurrenzkampf. Erhöht die Wahrscheinlichkeit des Unterliegens. Nicht nur im Moment des Absturzes, sondern auch im Alltag gibt es immer die Konfrontation mit der machtvolleren Instanz. Der Mächtige wird zum Machtlosen, Machtausübung wird von Machtempfängnis abgelöst. Vor und zurück. Die Handelnden wandeln zwischen den Rollen.

Einer der Fahrstühle zur Macht fährt in Berlin, am Axel-Springer-Platz. Udo Röbel ist drei Jahre lang der erste Liftboy gewesen, ein Eskorteur grandioser Aufstiege und fulminanter Abstürze. *Bild*-Chefredakteure machen Menschen zu Stars und Stars zu Versagern, nominieren Bundestrainer und entlassen

Präsidenten. So zumindest ist die inoffizielle Selbstbeschreibung.

Udo Röbel sagt von sich, er sei ein sensibler Kerl. Um präzise zu sein, sagt er: »Der Röbel ist ein sensibler Kerl«. Er
spricht von sich in der dritten Person. Liebevoll zumeist, der
Röbel ist ein enger Freund, die beiden haben sich eingerichtet
in ihrer harmonischen Koexistenz. Und respektieren wechselseitig ihre blinden Flecken.

Der Udo Röbel, der mir in gepflegter Schluffigkeit in einem
lauschigen Café an der Hamburger Außenalster gegenübersitzt, ist ein cowboyhafter Rock-'n'-Roller, dem die eine oder
andere ausschweifende Blues-Session ebenso anzusehen ist
wie seine pralle Lebensgeschichte.

Der Röbel, der habe ein Maß an Eitelkeit, eröffnet er offensiv die Unterhaltung. Aber Macht, »darüber wollen wir ja reden, nicht?«, damit konnte er noch nie etwas anfangen. Auch
nicht in der Zeit, als er in der bundesdeutschen Machtpyra-
mide ziemlich weit oben stand.

Er ist jetzt Autor, sein aktueller Roman »Der rote Reiter« ist
just erschienen. Und Musiker, »gerade vor allem passiv, also
Plattenaufleger«. Zudem bastelt er an einem Reise-App und an
einem Konzept für christliche Zeitungen. Dem Sonntag möchte
er zu neuer Bedeutung verhelfen. Dafür kann er sich jetzt begeistern.

Ob er früher auch Menschen zu Bedeutung verholfen hat,
als er es konnte, versuche ich mich etwas hölzern zur Aus-
gangsthese zurückzutasten. »Klar«, war er in der Lage, Macht
zu verleihen. Aber auf keinen Fall sei es so gewesen wie heute,
»mit all den scheinheiligen Allianzen«. »Da bekommen Leute
erst auf die Backe und werden danach zu Titanen gemacht«,
schnaubt er und winkt verächtlich ab. »Das ist schon lange
nicht mehr meine Welt.«

Seine Welt ist geprägt von einer Stunde in Köln. Von einer
Szene inmitten des live reportierten Gladbecker Geiseldramas,
die Zeitgeschichte geschrieben und den Begriff der deutschen

Medienethik ins Wanken gebracht hat. Noch heute diskutieren angehende Journalisten darüber, ob das Handeln von Udo Röbel ein Akt gewissenloser Sensationsgier oder couragierter Deeskalation gewesen ist.

Er hat keine eindeutige Antwort auf die Frage aller Fragen. Udo Röbel schwieg lange. Zwanzig Jahre lang. Zwanzig lange Jahre, während der erst mal für sich selbst herausfinden wollte, warum er in das Auto der Entführer gestiegen ist. Ohnehin sei vorher niemand bereit gewesen, seine Version zu hören. Heute ist er in der Lage, unumwunden zu sagen: »Ich wollte die Geschichte.« Er wünscht sich nicht mehr, nicht eingestiegen zu sein, nicht mal im Wissen all dessen, was daraufhin folgte. Das war in den schmerzlichen Jahren natürlich anders. Er habe Verantwortung gespürt, als der Entführer Rösler ihn mit der Waffe in der Hand und der verzweifelten Geisel im Auto fragte: »Kannst du uns hier rausbringen?« Heute glaubt er, er habe diese Verantwortung subjektiv überhöht. »Aber das ist alles rational.« Die Überanalyse ist ihm ein wichtiger Partner bei der Verdrängung.

Udo Röbel war das Gesicht eines unvergleichlichen Presseskandals, Symbol eines degenerierten, menschenverachtenden Journalismus, wütend angeklagt von der eigenen Zunft. »Ich bin durch die Medienmangel gedreht worden, habe die Macht von der anderen Seite auf brutalstmögliche Weise gespürt«. Und auch die Ohnmacht, wenn die eigene Sicht der Dinge keine Berücksichtigung findet. Er hat sich nicht geschont in der Aufarbeitung. »Storygeilheit« und »Selbstüberhöhung« sind nur zwei der ungnädigen Urteile seiner Selbstanklage. Aber es gab eben auch noch die andere Seite, die keiner sehen wollte. Die keiner beurteilen könne, der nicht die aggressive Unberechenbarkeit der desperaten Entführer erlebt hat. So wie er.

Der Buhmann einer ganzen Branche ist er gewesen, der »Reporter des Satans«. Er hat einen Leserbrief schreiben wollen nach dieser Headline, um sich zu wehren, »aber dann habe ich gedacht: Was für ein Schwachsinn, das musst du jetzt aushalten«. Ein Leserbrief, ein stumpfes Schwert in der Hand desjenigen, der es gewohnt ist, die Schlagzeilen der Nation zu texten.

Die entscheidende Frage sitzt längst mit uns am Tisch: Wie er nach dieser Erfahrung hat *Bild*-Chef werden können, mit all den Ebenen von Verantwortung für Menschen und Biographien? Ob er es vielmehr wegen seiner Geschichte geworden ist? Hat er die Rolle deshalb anders interpretiert? Aber für diese Gedanken braucht es ein achtsames Herantasten. Und vor allem Zeit, den Kontext zu erklären.

Heute nimmt Udo Röbel wieder viele Medienanfragen an, vor allem zu den runden Jahrestagen des Geiseldramas ist er ein gefragter Gast. Er sitzt dann in Talkshows und erträgt wieder und wieder die unerträgliche Bilderrevue, die ewiggleichen Fragen nach Motivation und Moral. Der, der da sitzt, ist er. Die Exponiertheit, die dieses unauslöschbare Momentum seiner Vita verliehen hat, verortet er indes uneingeschränkt in der dritten Person.

Der Röbel war ein echter Straßenköter, einst der begehrteste Titel einer sagenumwobenen Epoche des Reportertums. Immer getrieben von der Faszination an Abgründen, die ihn eigentlich Kriminalkommissar werden lassen wollte. Aber er ist keiner für die Beamtenlaufbahn. Keiner, der »Blumen in Poesiealben malt«. Dass er »Reporter kann«, Geschichten aufsammeln, die das Leben jeden Tag abwirft, den Puls der Zeit und der Menschen erspüren, das hat er schnell gemerkt. Der Starvolontär sei er damals gewesen, »also für Rheinpfalzverhältnisse«, versucht er das Aufblitzen von Breitbeinigkeit flugs wieder zu kassieren. Nach der Bundeswehrzeit ist er schnell Chef vom Dienst geworden, bei einem Verlag für Militärpublikationen, »eine einzige vom Karrierismus getriebene Entscheidung«. Ein Irrweg. Also hat er hingeschmissen und als freier Journalist für Agenturen gearbeitet. Mit Frau und Kind und ohne feste Aufträge. Das überschaubare Honorar hat er zur Hälfte für Zeitungen ausgegeben, um zu verfolgen, »wo überall meine Storys abgedruckt sind«.

Wenn er über die einschneidenden Veränderungen seines Lebens philosophiert, bemüht er stets das Bild einer Schwangerschaft, die ihre Ermüdungs- und Orientierungsprozesse in sich trägt und am Ende eine Entscheidung gebärt. Schwangerschaften gab es viele in seinem Leben. Mehr als Vaterschaften. »Eindeutig«. Darüber amüsiert er sich köstlich.

Udo Röbel holt gern aus und zählt die einzelnen Stationen seines zentrifugierten Lebens in aufmüpfiger Ausführlichkeit auf. Man müsse nun mal auch die Vorgeschichte zu Gladbeck kennen, genauso wie zu seiner Liaison mit *Bild* und »der Sache in Sebnitz«. Es sei wichtig zu verstehen, was für ein Mann er ist und welche Macht ihn so sehr beherrscht, dass Macht ihm immer fremd bleiben müsse.

In seinen Schilderungen beharken sich immer wieder der Mensch und der Reporter, der berufliche Antrieb mit der frühkindlichen Prägung und die professionellen Zwänge mit den Nöten eines sentimentalen Cowboys.

Eigentlich sei er ein klassischer Achtundsechziger gewesen damals, kein Radikaler, ziemlich unideologisch, aber immerhin Gesinnungslinker mit den kausalen Vorurteilen gegen Springer. Bis er zwei *Bild*-Kollegen auf der Straße traf, die seiner Vorstellung so gar nicht entsprachen. Jungs wie er waren das, das hat ihn neugierig gemacht. Irgendwann haben die gesagt: »Komm doch mit. Du hast ein Telefon, bring Geschichten.« »Da war ich drin«, verknappt er seine Springer-Sozialisation in einer *Bild*-typischen Satzkonstruktion. »Über Nacht hatte ich meinen Traumjob.« Die glücklichste Zeit seines Berufslebens sei das gewesen. Keine Hetze, kein Druck: »Eine Geschichte war eine Geschichte, wenn *Bild* sie machte.«

Er versteht meinen fragenden Blick und unterbricht sich prompt: Macht sei das, natürlich. Aber doch eine institutionelle Macht, die nicht automatisch übergeht auf Personen. Zumindest nicht, wenn man ist wie er. Der Röbel ist einer, »der auf der Seite der Davids steht, schon zu Schulzeiten der einzige Stones-Fan unter neunundzwanzig Beatles-Anhängern«.

Natürlich haben die Einflussreichen des Landes auch ihn umgarnt, als er *Bild*-Chef war. Gerhard Schröder zum Beispiel, der sei ein ganz Schlauer. »Der machte auf Kumpel«, lud ihn zum Essen ein, als er gerade mal zwei Tage Chefredakteur war. Und nach einer weinseligen Nacht auch zu seiner Hochzeit. »Schröder war ein netter Kerl, ein Rock-'n'-Roller wie ich.« Zur Hochzeit ist er trotzdem nicht gegangen. »Im Gegensatz zu allen anderen Chefredakteuren.«

Gebraucht hätte es diese Einwicklungsversuche sowieso nicht. Das Volk war des Kanzlers Kohl längst überdrüssig und »wir hätten uns lächerlich gemacht, wäre *Bild* noch mal für Helmut Kohl ins Feld gezogen«. Boulevard ist eine Hure, sagt er dann, sie rennt dem Trend hinterher. Der Trend war Gerhard Schröders Freund im Jahr 1998. Trotzdem hätten die Machtzirkel im Hintergrund behände weiter zirkuliert. Hätten Helmut Kohl und sein Vertrauter Leo Kirch unermüdlich ihre letzten Gefechte gefochten. Auch gegen ihn, glaubt er: »Der Röbel war für diese Leute ein unsicherer Kantonist.«

Die Rolle des Störenfriedes mimt er mit Genugtuung. Das war doch ehrenwert, lässt er ungesagt. Aber dass er *Bild* zu einem besseren Image verholfen habe mit seiner progressiven Haltung und der Langhaarfrisur. »Dem besten aller Zeiten.« Und das nach der abgrundtiefen Wallraff-Erschütterung. Irgendwann hat ihn eine Burda-Zeitung zum erotischsten Chefredakteur gewählt, druckst er ein bisschen um seinen Stolz herum, auf dem Foto sei er aber auch wirklich ansehnlich gewesen. Unheimlich war es ihm trotzdem.

So, wie die prätentiösen Veranstaltungen und all die Rituale der Mächtigen und Machtaspiranten, die Signale der Rangakzeptanz, »Kreti und Pleti« müssten durch Säle streunen, um Ansprechpartner zu finden und Visitenkarten zu verteilen. Wie ein Fischschwarm auf der Suche nach Nahrung. »Wenn Sie Raubfisch sind, dann brauchen Sie nicht ausschwärmen, dann kommen alle zu Ihnen.« Auch als er umschwärmt wurde, ist er lieber in seine Stammkneipe gegangen und hat für den Rest der

Nacht Musik gemacht. Dort waren alle Teile der gleichen Band. Aber genossen hat er die Raubfisch-Zeit insgeheim schon, wenn er ehrlich ist. Zu lang ist er Teil des Schwarms gewesen.

Ob er seine Brüche kennt, der David-Freund, der Goliaths Geschichten schrieb? Er war gern *Bild*-Chef. »Der Röbel hat ein Maß an Eitelkeit«, wiederholt er. Aber er hatte immer ein gesundes Misstrauen, auch sich selbst gegenüber. Mit den Zweifeln blieb er an der Spitze allein. Und auch mit seiner Angst vor Fehlern. »Ich wollte mir keine Blöße geben.« Nicht mal vor seiner Frau, die ohnehin nicht begeistert davon war, dass »der Alte« Chef der *Bild*-Zeitung ist. Die beste Therapie gegen die eigene Unsicherheit war die Größe der Buchstaben.

Große Buchstaben, da kommt er immer wieder auf Sebnitz zu sprechen, diese Geschichte des kleinen Jungen, der in einem Schwimmbad im sächsischen Ort Sebnitz ertrunken ist. *Bild* hatte getitelt, er sei von einer Gruppe halbwüchsiger Neonazis ermordet worden. Röbel hat das getitelt, da duckt er sich nicht. Und damit »die ganze Republik in Aufregung gestürzt«. Diesen Fehler, den hat er nicht überwunden, sagt er, das sei anders als Gladbeck. »Gladbeck habe ich verpackt.«

Die »Schwangerschaft« mit Namen Sebnitz trägt er seit dem Jahr 2000 mit sich herum, dem Jahr vor seiner Ablösung als Chefredakteur. Irgendwie hänge das zusammen. Er wusste schon früh, dass er weggelobt werden sollte, er hatte einfach keine Lobby im Haus. Also hat er noch ein Zeichen setzen wollen, gegen die »erzkonservative Richtung«, die der Verlag mit der Wahl seines Nachfolgers einzuschlagen versprach. Da hat er emotional entschieden und das unerlässliche Fragezeichen in der Überschrift weggelassen. Das hätte nicht passieren dürfen, auch wenn er sich auf der sicheren Seite fühlte, als nach monatelanger Untersuchung Haftbefehle gegen drei Jugendliche mit angeblich rechtsradikalem Hintergrund erlassen wurden. Ein Desaster sei das gewesen, als sich herausstellte, dass sich die Beschuldigten zur Tatzeit in einem anderen Teil des Landes aufgehalten haben. Und die Buchstaben falsch und viel zu groß waren. Auch wenn alle »mitgeritten sind auf der Welle«, der bis dato unbekannte Ort von internationalen Medienleuten belagert und tagelang Sondersendungen ausgestrahlt wurden. »Diese Falschmeldung ist meine schwerste Niederlage«, gibt er zu, und ich lasse die Frage ungestellt, ob er auch etwas Erhabenes daran fand, auf diese Weise für Aufsehen zu sorgen, einfach weil er die Macht dazu hatte. Eine Aufwertung seines Selbstwertgefühls. Diese Antwort ist noch nicht reif, auf die Welt gebracht zu werden.

Der Abschied war kurz und schmerzlos. Im Hintergrund verfestigten sich die Zeichen, die er längst schon gedeutet hatte. Die Degradierung seines Mentors und die Inthronisierung neuer Leute, auf deren Wellenlänge er sich nie sah, waren unmissverständliche Indizien für eine veränderte Ausrichtung. Er hat stillgehalten und weitergemacht, nach dem spektakulärsten Aufmacher und der brillantesten Schlagzeile gesucht, jeden Tag. Truppen baute er keine auf, um gegen das Unvermeidliche zu strampeln: »Machtspielchen waren meine Sache nicht.«

Irgendwann in den Wochen der reifenden Erkenntnis hat ihn der Vorstandsvorsitzende des Verlages zum Essen eingeladen und das Erwartete ohne Umschweife verkündet: Der Diekmann mache das übrigens jetzt. Er hingegen solle Online-Chef werden, eine neue *Bild*-Welt aufbauen. Die Zukunft des Verlages läge ohnehin im Internet. Und so weiter. Udo Röbel hat geschluckt, aber die Contenance gewahrt. In einer Stunde würde die Pressemitteilung rausgehen. »›Mach eine Redaktionskonferenz und verkünde den Wechsel‹, hat der zur mir gesagt«, erzählt er von seinem beiläufigen Rausschmiss: »und dann hat er mich gefragt, ob ich noch einen Nachtisch will«. Hart sei diese Situation gewesen, aber er hat die Zähne zusammengebissen, wollte keine Regung zeigen, als er vor seine Mannschaft trat. Wenn es ihm ganz weh wird, könne er eiskalt sein, auch wenn alles in ihm aufbegehrt. Die Gesichter habe er sich ganz genau angeschaut. Er wusste, was über ihn geredet werden würde, wenn er nicht mehr da ist. Dass »diejenigen sagen werden, der Röbel konnte es nicht, die mir vorher die Füße geküsst haben«.

Das Ende hat ihn an einer empfindlichen Stelle getroffen: »Sie wissen, meine Abhängigkeit von Anerkennung.« Er sagt, das Röbel-Kind sei empfindlich getroffen gewesen. *Bild*-Online-Chef ist eben nicht *Bild*-Chef. Überhaupt ist nichts wie *Bild*-Chef. Aber er hat sich eingelassen und wirklich für eine Zeit an die Stärke des Internets geglaubt, damals zur Hochzeit der New Media-Blase. Und wenn er ganz aufrichtig ist, räumt er ein, sei er auch »überthrillt« gewesen, nach dreißig Jahren Boulevard: »Da hatte eine Ermüdung eingesetzt, psychisch und physisch«.

Den »Thrill« hat er dann noch mal kurz gespürt, als er gesehen hat, was »abging« in der Internetbranche. Aus Geldgeilheit, gibt er zu. *Bild*.de hatte den Börsengang und er die lukrativen Aktienoptionen vor Augen: »Em-TV wäre ein Dreck dagegen gewesen.« *Bild*.de zog nach Berlin, vis-à-vis der großen Schwester. Er sollte der größte Konkurrent von *Bild* und damit seines Nachfolgers werden. »Ihr müsst euch hassen«, verkündete der neue Springer-Vorstand seine Vorstellung von erfolgreicher Unternehmenskultur.

Dann platzte die Blase und mit ihr alle glorreichen Pläne. Gesagt hat ihm das keiner. Er habe noch Verhandlungen mit Bewerbern geführt, als sämtliche Budgets längst gestrichen waren. »Dann saß ich da«, im Anblick des Debakels und vieler einstürzender Träume. Gewinnspiele solle er akquirieren und andere Sachen, die Rendite bringen. Er, der Reporter von der Straße. Der Dichter der Davids. »Da habe ich die Sollbruchstelle gesucht. Der Röbel ist keiner, der sich verbiegt.«

Er schaut jetzt ganz selig drein, da wir die Biographie beinahe durchgearbeitet haben. Natürlich könnte er noch so viel mehr erzählen. Auch über Raubfische und Schwarmtiere. Von den Mutationen und den Gesetzmäßigkeiten im Teich. Aber er sei großzügig abgefunden worden. Mit warmen Worten und einem generösen Autorenvertrag. Er ist »fein mit Springer«. Sie haben ja auch Mut gehabt, einen mit seiner Geschichte zum *Bild*-Chef zu machen. Ob er es auch ohne Gladbeck geworden wäre? Er denkt schon. In jedem Fall hat diese Sache seine Laufbahn gebrandmarkt. Aber *Bild*-Chef sei er vor allem geworden, weil es eben ein Vakuum gegeben hat. Und als wichtigster Springer-Journalist erntet man ja auch nicht nur Lorbeeren. Sie haben sich also vielleicht gegenseitig gesucht und befruchtet, wie er wechselseitigen Nutzen gerne nennt. In guten und in schlechten Zeiten, das hat er verstanden. Auch im vielleicht schlimmsten Augenblick der Zurückweisung, wie er sich zu erinnern glaubt.

Er war *Bild*-Redaktionsleiter in Köln und kam nach einem widrigen Arbeitstag in eine Musikkneipe, in der so ein alter »Blues-Fritze« spielte. Der war richtig gut, und irgendwann hat der Röbel sich getraut zu fragen, ob sie ein Stück zusammen spielen. Der perfekte Sound sei das gewesen: »Zehn oder zwölf wunderbare Minuten, in denen alles passte.« Danach haben sie ein Bier zusammen getrunken, erschöpft und mit der Welt im Einklang. Irgendwann hat sein kongenialer Partner seine *Bild*-Visitenkarte gesehen und ist wütend aufgesprungen. »›Du Sau‹, hat er geschrien, ›und mit so einem habe ich gespielt‹. Das hat unheimlich wehgetan.«

Jetzt ist er fein raus.

Machtausübung

»Dann gehe ich los und hole es mir.«

Hartmut Mehdorn

Die Assistentin empfängt mich in einem strahlend roten Kostüm am Empfang des riesigen Bürogebäudes und ihre Stimmung ist entsprechend. Den gemeinsamen Weg zur Vorstandsetage des Bau- und Dienstleistungskonzerns Bilfinger Berger nutzt sie, um mir die Freude an der Zusammenarbeit mit dem neuen Chef zu versichern. Die Vehemenz, mit der sie meine ungestellten Fragen beantwortet, soll den Eindruck korrigieren, der auch hier erst mal gesetzt ist. Roland Koch gehört zu der Gattung Politiker, deren Machthabitus zum zentralen Element ihrer öffentlichen Wahrnehmung geworden ist. In Zeiten gepflegter Entpolarisierung und agenturgesteuerter Imagebildung war der ehemalige hessische Ministerpräsident die personifizierte Zuspitzung.

Roland Koch begrüßt mich mit kräftigem Händedruck in einem zweckmäßigen Büro, in dem nur die Zeichen seiner vorherigen Karriere glanzvolle Akzente setzen. Auf dem Sideboard vermitteln unzählige Fotos, die Roland Koch mit prominenten politischen Wegbegleitern zeigen, eine Aura von Bedeutung. Der oberste Bauherr eines internationalen Baukonzerns zu sein versprüht so viel Glamour wie die Ankunft am Bahnhof der Stadt Mannheim. Und doch wirkt er ganz und gar harmonisch mit sich und seiner Welt.

Er sei einer, für oder gegen den man sein kann, eröffnet er, stolz auf eine Art, auf die Frage nach seinem öffentlichen Bild, in jedem Fall sei man es mit Emphase. Das gefällt ihm, suggeriert er. Schnell wird aus dem persönlichen Einstieg eine politische Haltung. Er glaubt fest an die Notwendigkeit von Extrempositionen bei demokratischen Wahlentscheidungen. Umso mehr, da die zu bewertenden Sachverhalte immer vielschichtiger werden. Da braucht es Leute, die Provokation im Sinne der Sache nicht scheuen, um die Menschen mitzunehmen und zu Anteilnahme und Wahlbeteiligung zu motivieren. Leute wie ihn. Dass er sich damit das Image des Politrambos eingebrockt hat, trägt er lakonisch, aber nicht gleichgültig. Er hat tausendfach gehört, dass er viel netter sei als im Fernsehen. Auf der Straße, im Wahlkampf, dort, wo er wirklich mit den Menschen in Berührung kommt.

Braucht es die Überinszenierung der öffentlichen Person, wenn die Rolle des Bösewichts erst einmal unverrückbar festgelegt ist? Ersetzt die Attacke Argumente, Lautstärke den Dialog, im Bewusstsein, dass keine Sympathiepunkte zu erringen sind? Ist Roland Kochs Naturell das eines Grenzgängers oder übertritt er Grenzen, weil er früh verstanden hat, dass ihm die Instrumente zur Herzensgewinnung nicht zur Verfügung stehen?

»Sie sind ja viel netter als im Fernsehen«, diese bedingt schmeichelhafte Einordnungsformel kennen all diejenigen, die in ihrer medial transportierten Identität stets mit kontroversen Verlautbarungen und umstrittenen Entscheidungen wahrgenommen werden. Im Verteidigen der eigenen Haltung, beim Rechtfertigen inhaltlicher Positionen unter dem scharfgestellten Scheinwerferlicht tritt zwangsläufig der Mensch hinter die professionelle Rolle und die geforderten Botschaften zurück.

Der wiederkehrende Ausdruck der Überraschung langweilt Roland Koch manchmal, aber umgekehrt zu hören, er sei vor der Kamera netter als in der realen Begegnung, wäre ihm dann doch unangenehmer. Dennoch hat er sich oft gefragt, was er in der Kommunikation falsch gemacht hat. Warum beinahe alle Menschen, die persönlich mit ihm in Berührung kommen, nicht nur seine Intelligenz und seinen Scharfsinn, sondern auch seine Herzlichkeit beteuern. Viele hochkarätige Imageberater haben sich angeboten, um diese Wahrnehmungslücke zu schließen, und »zur Beruhigung meiner Umwelt« hat er sie manches Mal auch angehört. Überzeugen konnten sie ihn nicht. Da, wo das Gestalten des eigenen Ansehens die Haltung in der Sache zu korrumpieren drohte, sei er immer ausgestiegen. Auch wenn er sich im Verlauf seiner Zeit als Ministerpräsident immer häufiger fragte, »warum muss ausgerechnet ich das jetzt wieder sagen?«. Lieber wäre es ihm schon gewesen zu gefallen. So gesehen zu werden, wie er wirklich ist. Seine Freundschaft zum Dalai Lama zum Beispiel ist keine PR-Geschichte. Aber dass die Berichterstattung dazu in den Augen mancher noch mal ein anderes Roland-Koch-Bild zeichnete, hat er gern mitgenommen. Die Stichelei zu seinen Anzügen, über die er immer wieder lesen musste, sie säßen an ihm, »als seien sie bei einem Schreiner bestellt«, hat ihn amüsiert. Er trug sie trotzig und fand sich darin völlig ok. Die Kritik an seiner menschlichen Eignung als Volksvertreter hingegen hat ihn tief getroffen, zurückschrecken lassen vor der Provokation hat sie ihn nicht.

Oft sind es diejenigen, die machtvoll entscheiden und ihre Überzeugungen und die inhaltlichen Erfordernisse ihres Handelns über die Vermittelbarkeit in der Öffentlichkeit und die darauf folgende Bewertung stellen, die mit vehementem Widerstand und einem lädierten Image zu kämpfen oder vielmehr zu leben haben. Und auch dazu bereit sind. Sie nehmen es in Kauf, meistens unter Schmerzen, auch wenn sie nicht darüber sprechen.

Roland Koch spricht jetzt über seine Schmerzen, aber er weiß auch, dass sein Image kein Missverständnis ist. Er hat sein Bild selbst gestaltet. Mit wirkungsreichen Fehlentscheidungen, wie der Falschaussage in der CDU-Parteispendenaffäre. »Eine Unachtsamkeit, die als Lüge explodierte«, wie er die

Sache nennt. »Ein politisches Großschattenereignis, das ein wochenlanges Katastrophenmanagement nach sich zog, in dem man jeden Tag sterben konnte.« Er meint sich, wenn er »man« sagt, in seinem Wortsinn gestorben ist in den Nachwehen aber sein Freund Franz Josef Jung, der damalige Chef der Staatskanzlei und spätere Bundesminister. Dessen Rücktritt, von manchen als Bauernopfer bezeichnet, habe ihn zu Tränen gerührt, erinnern sich Beteiligte. Er selbst bekennt: »Das hat mir sehr weh getan.«

Er hat sich im Sinne seines politischen Aufstiegs und des Machterhaltes immer wieder ganz bewusst zu Grenzüberschreitungen entschieden. Die Kampagne gegen die doppelte Staatsbürgerschaft war für ihn kein Wahlkampfthema, sondern eine programmatische Leitlinie. Und doch hat er Stimmen damit gewonnen, viele von den Falschen. »Hätte in dieser Zeit ein Asylbewerberheim gebrannt, Sie können sich vorstellen, was dann los gewesen wäre«, räsoniert er betont unaufgeregt über sein Spiel mit dem Feuer. Seine Personenschützer waren angespannt in jenen Tagen. Angespannter als er. Grenzen hat er in seiner Amtszeit so häufig »geschrammt« wie die eigenen Skrupel, das weiß er nur zu gut. Er wünschte sich, auch die Errungenschaften würden gesehen. Dass Hessen einen Preis für vorbildliche Integrationsarbeit vom türkischen Ministerpräsidenten bekommen hat zum Beispiel. Doch er mag sich nicht darüber grämen, dass der Applaus überschaubar bleibt, wie auch die Meldungen dieser Nachrichten in den wichtigen Magazinen. Wäre objektiv und weniger tendenziell über seine Politik berichtet, seine Interviews angemessen gedeutet worden, glaubt er, es hätte keine Facebook-Initiative gegeben, mit dem Titel: »Ich bremse auch für Roland Koch«. Dennoch schmunzelt er heute darüber, dass seine Söhne sich nächtelang in die virtuellen Diskussionen eingeschaltet haben. Als allerdings eine Tageszeitung ein Schnittmuster veröffentlichte, mit seinem Kopf und der Anleitung: »So drehen Sie Koch den Hals um«, war es mit seinem pflichtschuldigen Langmut vorbei. Er hat sich gewehrt. Und seine Frau das Abo gekündigt. Da war für ihn der Punkt überschritten, an dem legitime Kritik in Verantwortungslosigkeit abgleitet, die unabsehbare Folgen haben kann. Der Unterschied zu seinen Wahlkampfmanövern? »Ich hatte die rote Linie stets im Blick.« Auch wenn er sie dennoch bisweilen überschritten hat.

Roland Koch sagt all das mit einer konstanten Präzision und scheinbar unerschütterlicher Selbstsicherheit. Auch in seiner geschliffenen Selbstkritik lässt er keinerlei Zweifel aufkommen. Die unveränderte Sitzposition während des gesamten Gesprächs unterstützt die Statuenhaftigkeit seiner Sätze. Dass er die steigende Jugendkriminalität zum Thema machte, nachdem in der Münchener U-Bahn von jugendlichen Tätern ein abscheuliches Gewaltverbrechen verübt worden war, hält er nach wie vor für unumgänglich. Auch wenn er dafür selbst von Parteifreunden öffentlich gerügt wurde, er degradiere Integrationspolitik zum Wahlkampfthema. Die Schlagzeile »Koch steckt Kinder in den Knast« ist für ihn eine unzulässige Verknappung seiner Botschaft, eine »journalistische Leichtfertigkeit«. Aber: »Wer in der Politik überleben will, muss den Pranger aushalten«, pointiert er lapidar das Ergebnis der Auseinandersetzung mit seiner eigenen Verletzlichkeit.

Doch er räumt auch Schnitzer ein. »Es gibt zu viele kriminelle jugendliche Ausländer.« Dass er in einem Interview diesen Satz gesagt hat, der interpretierbar war und von der Opposition sofort entsprechend genutzt wurde, »hätte mir nicht passieren dürfen.« Dass er damit unfreiwillig Zündstoff geliefert hat, nicht die Haltung an sich bereut er heute. Er ist froh, dass er das Interview auch selbst gelesen – und nicht wie sonst üblich seinem Pressesprecher zur Korrektur überlassen hat. So teilen sie die Verantwortung für einen Satz, »den wir einfach hätten streichen sollen«. Und der vielleicht sein politisches Ende einleitete. Obwohl es in der isolierten Aussage womöglich einer seiner harmloseren Sätze war. Einer, der bei einem anderen mit empörtem Kopfschütteln durchgewinkt worden wäre. Da wird er zum Opfer der eigenen Ideologie. Der Resonanzboden war vorher geschaffen.

Ole von Beust ist so etwas wie der Gegenentwurf zu Roland Koch. Als strahlende Symbolfigur einer selbstzufriedenen Metropole hat er sein Bürgermeisteramt wann immer möglich konsensual interpretiert. Getragen von der herzlichen Zustimmung seiner Bürger und der absoluten Mehrheit der Wählerstimmen, die dem Ersten Mann der Stadt weit mehr galten als seiner Partei, hatte seine neunjährige, unangefochtene Amtszeit monarchische Züge. Er brauchte keine polarisierenden Kampagnen, um fehlende Wählerstimmen zu erhandeln. Der Slogan »Alster, Michel, Ole« reichte aus, um seinen Status zu zementieren. In einer Reihe mit den prachtvollen Wahrzeichen seiner Stadt. Diese Rolle und die Sympathie der Hamburger hat er allzu sehr geschätzt, als dass er sich für halbherzige Überzeugungen aufgerieben hätte. Auch wenn ihm die fehlende Neigung zur klaren Position oder gar zur Zuspitzung von manchen als Oberflächlichkeit ausgelegt wurde.

Von Beust schätzt Roland Koch für dessen Konsequenz und die Bereitschaft, dafür einen hohen Preis zu zahlen. Dass der hessische Kollege seit seiner Unterschriftenkampagne gegen die doppelte Staatsbürgerschaft den Stempel des rechten Hardliners trägt, hält er für ebenso unangemessen wie die eigene Etikettierung als syltgebräunter Lebemann. Politisch war das Image des Liberalen bei ihm so fest eingeprägt, dass selbst eine bisweilen ruppige »Law-and-Order-Politik« keine Furchen in das glatte Profil grub, sondern als bloße Parteiräson interpretiert wurde. »Wenn die Einordnung erst mal erfolgt ist, zahlt alles, was in diese Richtung geht, auf das gleiche Konto ein. Wenn man versucht auszubrechen, wird es als Charakterschwäche ausgelegt«, beklagt er resigniert die unaufziehbaren Schubladen.

Obwohl »der Stempel am Anfang unwiderruflich gesetzt wird«, hat er im Gegensatz zu Roland Koch hartnäckig versucht, gegen die Vorurteile anzugehen, die den übermächtigen CDU-Chef und Bundeskanzler Helmut Kohl vor vielen Jahren dazu brachten, ihn als Sunnyboy abzukanzeln und damit die Eignung als Bürgermeister der Hansestadt wegen fehlender hanseatischer Grundtugenden abzusprechen.

Gelungen ist ihm die Imagekorrektur nie, auch wenn er an Wahlkampfplakaten mitgearbeitet, Slogans entwickelt und die letzte Entscheidung über die Bildauswahl selbst getroffen hat. Getragene Schwarz-weiß-Motive sollten ihn seriöser, kantiger und ehrlicher wirken lassen. Doch er blieb immer der joviale Segler, obwohl er die Segelscheinprüfung vor dreißig Jahren wegen einer Flaute abbrechen musste. Und seither nie wieder einen neuen Anlauf genommen hat.

Er hat dennoch gut damit gelebt, als lebenszugewandter Bürgermeister eines lebenszugewandten Stadtstaates zu gelten, dessen Aufstieg er moderierte und repräsentierte. Wenn die Hamburger ihm dann und wann wegen allzu kurzer Stippvisiten im Kreise der Wichtigen der Stadt oder ausgedehnter Wochenendausflüge auf seine Lieblingsinsel grollten, dann hinter vorgehaltener Hand. Und immer mit einer verständigen Milde. Seine Bürger schätzten Ole von Beust ebenso wie Journalisten, die er selten zu konfrontativer Haltung oder allzu dezidierter Auseinandersetzung mit inhaltlichen Positionen zwang, »wir hatten ein gutes Auskommen«.

Die Bewunderung der Menschen stattete ihn mit einer enorm wirksamen Machtfülle aus. Er gab die Richtung vor. Unangefochten. Auch das Fehlen jeder ehrgeizigen Ambition, von Hamburg aus an bundespolitischem Einfluss zu gewinnen, war Teil des Mythos.

Sein Kollege Roland Koch hingegen galt parteiintern und extern lange als erster Widersacher der Kanzlerin. Jede eigene Position, jede politische Intervention wurde als Zeichen seines Machtstrebens gewertet. Dabei hat er sich irgendwann ganz bewusst entschieden, das Duell mit Angela Merkel auszulassen. Auch als ihn seine Unterstützer zum Entern des Kanzleramtes drängten. Vielleicht weil selbst ihn der erwartbare Widerstand schreckte, vielleicht auch weil er »seine Ex-Chefin« tatsächlich schätzt, wie er mit ungewöhnlich blumigen Worten versichert. Auch wenn sie Führung so ganz anders repräsentiert als er. Damals, am Wahlabend 2005, als es Spitz auf Knopf stand für die CDU und auch für die damalige Parteivorsitzende, als Bundeskanzler Gerhard Schröder sich in der Elefantenrunde aufplusterte und den Fakten zuwider protzend seine Wiederwahl ausrief, da war es Roland Koch, der seine Partei anführte und klarstellte: »Der bleibt es nicht, das lassen wir nicht zu.« Auch wenn die Kanzlerinnen-Kür von Angela Merkel einen Rückschlag für seine eigenen Ambitionen bedeutete. Inzwischen ist er froh, »dass der Kelch an mir vorbeigegangen ist«, beteuert er. Auch wenn es lange »eher eine Vernunft- denn eine Herzensentscheidung« gewesen ist.

Und dann, er hatte seinen Rücktritt längst bekanntgegeben, trat er doch noch mal in Kanzlerformat in Erscheinung: Als Christian Wulff 2010 zum Bundespräsidenten gewählt werden sollte, nutzten Parteimitglieder die Gelegenheit, der Kanzlerin ihren Verdruss effektvoll zu zeigen, und verweigerten deren Wunschkandidaten die Stimme. Eine Ansprache der CDU-Vorsitzenden, nach dem zweiten von Abweichlern vermasselten Wahlgang, im Stile eines Fußballtrainers in der Halbzeitpause, weckte nur verhaltene Begeisterung. Nun ging es um Führung. Um das, was Roland Koch für das Wesen von Politik hält. Menschen für die eigene Position gewinnen, Diskurse zulassen, Ergebnisse erzielen. Das ist der Moment für einen wie Roland Koch. Mit einer Weckrede, die Anwesende noch heute mit schwärmender Bewunderung rezitieren, brachte er die Störer auf Parteilinie und Christian Wulff ins Schloss Bellevue. Dass ihm dieser Moment besonderen Spaß gemacht hat, verhehlt er nicht. Aber er analysiert auch nüchtern, dass er diese Rede nur aus »der spezifischen Rolle des Aussteigers« hat halten können. Unter normalen Umständen wären die »Kollateralschäden« größer gewesen als die Wir-

kung, die Deutung als Angriff auf die Führungsposition zwangsläufig.

Haltung versammelt. Befürworter und Gegner. Auch im eigenen Lager. Dass Roland Koch mehr Gegner hatte als Befürworter, mag er so nicht unterschreiben, aber er weiß, »dass
seine jahrelange reflexhafte Polarisierung der Partei auch viel
Kraft abverlangt hat«. Ob es seiner Partei nun besser gehe ohne
ihn, ob die vermeintliche Harmonie hilft, vermittelbarer zu
sein in Position und Personal, um politische Ziele leichter zu
erreichen, beantwortet er mit einem beredten Lächeln. Wenn
man ihn so ansieht, bekommt man ohnehin das Gefühl, dass
die Partei mehr Kraft hat aufwenden müssen in seiner aufsehenerregenden Amtszeit als er selbst.

Dass er den Abschied selbst gestalten konnte, hat seinen
friedvollen Rückblick ganz sicher begünstigt. Oder überhaupt
nur möglich gemacht. Auch wenn er genau weiß, dass es nicht
sein Verdienst gewesen ist, sondern dem Fehler der Gegnerin
zu verdanken. Einem leichten Fehler, mit dem er nicht mehr
gerechnet hatte. Als Wahlverlierer die Habseligkeiten in seinem Wiesbadener Büro zusammenzupacken, das hat ihn erschüttert. In seinem Jargon heißt das, es sei »ein unbequemes
Gefühl« gewesen. Auch wenn er »mit sich im Reinen war«.
Nach elf Jahren als Ministerpräsident, da empfindet er es nicht
als ehrenrührig, nicht wiedergewählt zu werden.

Jahre zuvor wäre das noch anders gewesen. Zu der Zeit, als
ihn Helmut Kohl kraft routinierter Selbstüberhöhung im
Alleingang zu seinem Nachfolger auserkor, als er Anführer seiner Andenpakt-Gang war, deren Mitglieder nach und nach die
bedeutenden Ämter des Landes besetzten, Seilschaften ban-
den, um sich wechselseitig die Macht abzusichern und jungs-
bündlerisch Einfluss auszuweiten. Als sein krawalliger Ehrgeiz
und sein pointiertes Querulantentum ihn zu einer Art Schat-
tenkanzler machten und die bundespolitische Machterobe-
rung nur noch eine Frage der Zeit schien. 2008, zum Zeitpunkt
seiner Abwahl als Ministerpräsident, da war er längst ruhiger

geworden, gebremst von der unvermuteten Widerstandsfähigkeit und der strategischen Intelligenz der Kanzlerin, der eigenen Wirkung und, im Jahre 2003, von einer Notoperation am Herzen. Da hatte auch er eine Schwachstelle.

Zum Zeitpunkt der Niederlage bei seiner designierten zweiten Wiederwahl hatte Roland Koch schon viele politische Schlachten geschlagen. Geschult in den Jahrzehnten seines parteiinternen Aufstieges beherrschte er die Klaviatur machtstrategischer Spielzüge perfekt. Komfortabel mit einer absoluten Regierungsmehrheit ausgestattet, dem verdrossenen Wahlvolk trotzend, wollte er sich erneut in seiner Landesführung bestätigen lassen. Doch dieser Wahlkampf war ein anderer. Eine wichtige Orientierungsgröße kampferprobter Haudegen ist ein Gegner auf Augenhöhe. Ein Kontrahent, dessen Stärken ebenso berechenbar sind wie die Angriffsflächen. Einer wie Roland Koch braucht das direkte Duell, den Säbel. Das Florett hat er selten gewählt. So konnte er keinen rechten Umgang finden mit der Spitzenkandidatin der SPD, Andrea Ypsilanti, die so anders daherkam als all diejenigen, die Roland Koch mit der Wahl der gleichen Waffen auf den Leim gingen. Er nennt es »das Phänomen Ypsilanti« und den »Sarah-Palin-Effekt« und meint damit eine Politikerin, die die Herzen der Menschen auf eine Weise erreichte, wie er es sich insgeheim gewünscht hätte.

Es sei delikat, überhaupt darüber zu reden, denn er mag nicht den Eindruck erwecken nachzukarten, das ist schlechter Stil. Dass er keine Strategie fand, mit ihrer gefühligen Politik und vor allem dem hohen Grad an persönlicher Aggressivität, das er in ihrem Gefecht mit ihm zu erkennen glaubte, umzugehen, verpackt er dementsprechend vorsichtig. »Intellektuell schwierig« sei es gewesen, sagt er zum Beispiel, für seine Verhältnisse vage, und reiht dann ungewohnt ungelenke Formulierungen aneinander. Unsicher sei er, was ihre politischen Positionen anging, und auch die eigenen Parteifreunde unterstellten ihr, so glaubt er zu wissen, nicht sehr verliebt in Inhalte gewesen zu sein. Unsicherheit kommt in seinem Wortschatz als Selbstbeschreibung selten vor und auch Dritte braucht er normalerweise nicht, um seine Thesen zu untermauern.

Dass er Andrea Ypsilanti lange unterschätzt hat, räumt er freimütig ein. Auch, dass er kein Instrument gefunden habe, dieser »schweren Gegnerin« zu begegnen. Und keine Augenhöhe. Dass sie eine Frau ist, war nur eine Ebene dieses »durchaus anspruchsvollen Problems«. Er konnte sie nicht gewohnt ruppig angehen, das hat ihn gehemmt. Schwerer war ihm noch, »dass sie sich den Sachdebatten entzog«. Zumindest seiner Art, sie zu führen: »Sie hatte keine Argumente, aber sie sagte immer Sätze, die die Menschen einfach nett fanden.« Das musste ihn, dem es oft andersherum ging, fuchsen. Wenn er die Wahrheiten, die sie aus dem Lebensalltag der Menschen in die Debatten einbrachte, mit vermeintlich für sie entlarvenden Statistiken konterte, bestätigte er nur das gesetzte Bild des Machttechnokraten im Kampf mit der Herzenspolitikerin.

Eine solche Situation habe es in Deutschland selten gegeben, sagt er. Die exponierte Einordnung dieser außergewöhnlichen Landtagswahl mag eine der wenigen Übereinstimmungen mit seiner damaligen Herausforderin sein. Wenn auch, mit einer ganz und gar unterschiedlichen Akzentuierung des Besonderen.

Den Vorwurf, dass er auch in diesem Wahlkampf bis an die Grenzen und darüber hinausgegangen sei, lässt er unwidersprochen. Diesmal haben ihn extreme Positionen allerdings nicht gerettet, auch wenn er die Debatte um die Jugendkriminalität nicht für wahlentscheidend hält. Sein Spiel mit dem gesellschaftspolitischen Feuer oder auch mit populistischen Ressentiments wie dem Wahlkampfslogan »Ypsilanti, Al-Wazir und die Kommunisten stoppen«, hatte viele Hessen empört.

Die Umfrageergebnisse in den Wochen vor der Wahl kündigten die Apokalypse bereits an, alle Versuche gegenzusteuern verbesserten nur die Position der zustimmungsgetragenen Gegnerin. Dem Amtsinhaber blieb nun nurmehr »die Hoffnung auf eine niedrige Wahlbeteiligung«. Niedrige Wahlbeteiligung, fehlende Anteilnahme an politischen Prozessen, eine Haltung, die der Demokrat Roland Koch stets bekämpft hatte. Seine Sätze sind so manifest, dass er den Widerspruch darin gar nicht bemerkt. Im Sinne des Machterhaltes muss die eigentliche Überzeugung schon mal hintanstehen.

Die selbstberuhigende Prognose des Politprofis, Andrea Ypsilanti sei »bestenfalls imstande, sozialdemokratische Frauen und Jusos, nicht aber den sechzigjährigen Gewerkschaftsfunktionär zur Stimmabgabe zu motivieren«, erwies sich als folgenreiche Fehleinschätzung. Das Ausmaß der Niederlage nahm mit jedem Tag konkretere Formen an, so dass im erschütternden Wahlergebnis keine Überraschung mehr lag.

Es waren schlimme Tage, in denen er glaubte, sein Amt an eine Nachfolgerin abgeben zu müssen, die er nie auf seinem Level gesehen hat. »Es ist leichter zu verlieren, wenn man jemanden inhaltlich ernst nimmt«, formuliert er im mildernden Umkehrschluss. Umso drastischer spricht er über sich selbst und die Sorge vor einem Abgang, der so ganz anders gewesen wäre als seine Vorstellung von einem würdigen Ende. »Ich habe in den Abgrund geblickt«. »Politisch gesehen«, fügt er rasch hinzu, um seine menschliche Schadlosigkeit zu versichern.

Dass es bei einem flüchtigen Blick in den Abgrund geblieben ist und ihm die Chance zum stilvollen Abschluss durch ein denkwürdiges Intrigenspiel der hessischen SPD und einer beispiellosen politischen Selbstverstümmelung des Gegners auf dem Silbertablett serviert wurde, veranlasst ihn noch immer zu einem konsternierten Kopfschütteln. Er erzählt diese Episode ohne Süffisanz, eher fassungslos auf eine Weise.

Er war sich sicher, dass Andrea Ypsilanti nun »durchziehen« würde. Also ihr Wahlversprechen ausblenden und mit Duldung der Linken eine rot-grüne Koalition schmieden würde, um ihn als Landeschef abzulösen. Bei seiner vermeintlich letzten Konferenz im Kreise der Ministerpräsidentenkollegen war es Ypsilantis Genosse Klaus Wowereit, der ihn, in Kenntnis der

Untiefen seiner eigenen Partei, ermahnte, sich nicht zu früh zu verabschieden. Er sollte recht bekommen.

Den Namen Dagmar Metzger hatte Roland Koch bis zu dem Moment, als sie ihn zurück ins Spiel brachte, noch nie gehört. Die Nachricht, dass die SPD-Abgeordnete eine Zusammenarbeit mit den Linken kategorisch ablehnen und ihrer Parteifreundin die Gefolgschaft versagen würde, erreichte ihn bei einer Veranstaltung, die er im Ausklang seiner Amtszeit pflichtgemäß absolvierte.

Sein Pressesprecher ließ ihm die Information in den Termin reichen, er würde dringend im Büro gebraucht. Er glaubte an einen Anschlag und versicherte sich zunächst, dass sich das Land keiner unmittelbaren Gefahr ausgesetzt sah, ehe er entschied, seine Aufgabe protokollgerecht zu Ende zu führen. Danach hat er sich erst mal den Lebenslauf von Dagmar Metzger besorgen lassen. Und begonnen, seine Umzugskisten wieder auszupacken. Die ohnehin dünne rot-grüne Mehrheit war nun so brüchig geworden, dass Andrea Ypsilanti alle Koalitionsverhandlungen und damit ihre Wahl zur Ministerpräsidentin zunächst absagen musste.

Roland Koch zögert nicht zuzugeben, dass er froh und erleichtert war, die Maschine noch mal anschmeißen zu können und »alles zugunsten meines Landes in Ordnung zu bringen«. Vor allem, wieder »Herr des Verfahrens« zu sein. Er führte die Geschäfte kommissarisch, neu entflammt in der Erwartung des totalen Fiaskos der SPD, die den politischen Verrat an ihrer Kandidatin dann ähnlich romantauglich choreographierte wie den Dolchstoß an Heide Simonis drei Jahre zuvor.

Ob er Mitgefühl empfunden hat mit seiner Rivalin, als er davon erfuhr, dass die rot-grüne Regierungsbildung nach der spektakulären Gewissensentdeckung dreier weiterer SPD-Abweichler endgültig gescheitert war? Er macht eine lange Pause und kann sich dann zu keiner Antwort durchringen. Das Zucken seiner Mundwinkel lässt mich glauben, dass er gerne ja sagen würde. Aber er entscheidet sich für einen anderen Weg des Großmutes: »In der richtigen Mannschaft und mit einer Portion Mut im entscheidenden Augenblick wäre Andrea Ypsilanti Ministerpräsidentin geworden.« Und präzisiert seine Aussage im Stile des strategischen Großmeisters: »Sie hätte sich sofort nach Dagmar Metzgers Lossagung ins Fernsehen stellen und Neuwahlen ausrufen müssen. Dann hätte vielleicht ihre Fraktion vor Wut die Tische aufgefressen, aber die Sache wäre gelaufen gewesen.« So hätte er es gemacht. »Politische Führung beginnt im eigenen Haus.«

Die Neuwahlen gab es dann im Januar 2009. Ganz ohne extreme Positionen. Die brauchte es nun nicht mehr, nachdem der ramponierte Gegner von der Augenhöhe so weit entfernt war, wie Roland Koch vom Friedensnobelpreis. Seinen letzten Wahlsieg errang er mit einer frappierend niedrigen Wahlbeteiligung und noch weniger absoluten Stimmen als beim Desaster 2008. Aber mit einer regierungsfähigen Mehrheit. Doch vom Moment des Sieges an umspielte der Ausstiegsgedanke seine gewonnene Amtszeit.

Er sagt ganz offen, dass ihn die Ereignisse des Jahres 2008 dünnhäutig gemacht und seine Weichen neu gestellt haben: »Ob ich ohne diese Niederlage abgetreten wäre, weiß ich nicht.« Aber dass er begonnen hat, seine Unverwundbarkeit ebenso infrage zu stellen wie die eigene Unersetzlichkeit, das gibt er ohne Bedauern zu: »Wenn man Politik so macht wie ich, ist die Halbwertszeit in der heutigen Mediengesellschaft nicht so hoch.«

Das ist eine These, die sich in vielen Gesprächen wiederfindet und die eine der gravierenden Veränderungen dieser Zeit beschreibt. Der stetige öffentliche Fokus und die mediale Durchleuchtung führen zu einer zwangsläufigen Entmystifizierung der Mandats- und Verantwortungsträger und damit zur Verkürzung von Führungszyklen. Transparenz, das überstrapazierte Schlagwort des Zeitgeistes, mag zu verstärkter Kontrolle, tieferen Einblicken und auch zur Vermenschlichung der Entscheider führen, zur Objektivierung der Informationsvielfalt und zu einer angemessenen Beurteilung, zum Verständnis für den Menschen im Funktionsträger führt sie indes nicht. Vielmehr tragen die Skandalisierung von Banalitäten und die multimediale Multiplikation der Empörung zu sinnentleertem Reibungsverlust bei.

Roland Koch hat diese Abnutzungserscheinungen gespürt, aber auch »das Gift«, das sich schleichend ausbreitete. Das, was andere die »Droge Macht« nennen und die Mächtigen nach und nach, bis zum Abgang zumeist unentdeckt, von der Normalität entfernt. Er wollte auch aus Angst vor der Sucht rechtzeitig aufhören: »Man darf sich nicht in die eigene Bedeutung verlieben.« Uneitle Menschen gäbe es in der Politik nicht und man könne die Selbstberauschung nicht permanent vermeiden, analysiert er die Gefahren der schwindenden Reflexion. Sowohl der eigenen als auch der des Umfeldes: »Je länger man dabei ist, desto mehr Menschen haben ihnen ihre Karriere zu verdanken, dann lässt es mit der offenen Aussprache zwangsläufig nach.«

Seine Frau ist ihm immer eine verlässliche Beraterin gewesen und geblieben. Sie kümmert sich um seine Alltagsverankerung und Begegnungen mit der Lebenswirklichkeit unterhalb der Gestaltung von Zeitgeschichte. Und er hat seine Unabhängigkeit als treue Begleiterin, die dafür sorgt, »dass ich nie Angst hatte, nur politisch etwas gelten zu können«. Diese Perspektive schützte ihn vor fesselnder Fraternisierung und der mitreißenden Kraft wechselnder Strömungen. Er glaubt, fehlende Unabhängigkeit in der Amtsführung von Kollegen erkennen zu können. Und zählt eine Reihe von abschreckenden Beispielen auf. Solche, »deren Maske zur zweiten Haut geworden ist«, und andere, die »die Leere nie mit etwas Gleichwertigem füllen können«. Geschichten wie die von Heide Simonis, die die Sehnsucht nach Aufmerksamkeit mit TV-Tänzen zu stillen suchte, erschrecken ihn spürbar, auch wenn er die distanzierende Reduziertheit seiner Sätze beibehält.

Er hat seinen Platz gefunden, eine andere Form der Gewichtigkeit, wenngleich er zugibt, sich in klassischen Machtkategorien nun weniger bedeutend zu fühlen. Aber auch freier. »Als Ministerpräsident müssen Sie bereit sein, auch am Samstagnachmittag mit glücklichem Gesicht in eine Bratwurst zu beißen«, veranschaulicht er die unvermeidlichen Wochenendvergnügen im politischen Tagesgeschäft. Und »dass Sie davor auch schon vier Veranstaltungen besucht haben und danach noch in zwei Zelten sprechen müssen, das sieht niemand«.

An den Wochenenden macht er jetzt oft frei, er kocht wieder häufiger, das ist sein Faible. Keine Bratwurst, echte Gerichte, »alles, was Sie sich wünschen.« Nicht nur für Fotomotive und wohlfeile Wortspiele.

Und wenn er jetzt vor Menschen spricht, dann passiert es ihm selten, dass er wie früher »entweder niedergebrüllt oder gefeiert wird«. Die Bühnenauftritte sind viel seltener geworden und wenn es welche gibt, dann hört man ihm einfach zu.

Sein letzter ganz großer öffentlicher Auftritt war der Tag seines Abgangs. Viele hat er damit überrascht, das hat ihm Spaß gemacht. Und er hat das letzte bleibende Koch-Statement seiner Politiker-Ära gesetzt. Eines, das ebenso mit ihm verbunden sein wird wie die brutalstmögliche Aufklärung. Und das so mancher gleichermaßen in Zweifel zieht: »Politik ist ein faszinierender Teil meines Lebens, aber Politik ist nicht mein Leben«, hat er gesagt. Dann ist er gegangen.

Während Roland Koch mit großem Staatsstreich und einer musikalischen Laudatio seines Freunds Udo Jürgens verabschiedet wurde, hat Ole von Beust den Hinterausgang gewählt. Am Tag des Rücktrittes verkehrte sich die Inszenierung von »good guy« und »bad guy«. Und damit auch die nachträgliche Beurteilung.

Ole von Beust hatte sich wie Roland Koch schon lange mit dem Ausstieg beschäftigt und ist, anders als sein Kollege, um eine klare Antwort auf die wiederkehrenden öffentlichen Fragen dazu herumgetänzelt. Die Überdrüssigkeit war ihm ohnehin ins Gesicht geschrieben. Zu oft, sagt er, habe er sich in den letzten Jahren zu Kompromissen hinreißen lassen, zu vielen leidigen Diskussionen sei er aus dem Weg gegangen. »Man wird dünnhäutiger im Laufe der Jahre«, analysiert er seine zunehmende Gereiztheit bei internen Auseinandersetzungen und der nächsten kritischen Schlagzeile. »Ich war es leid, wegen jeder Aussage und nach jedem Auftritt nach Schulnoten bewertet zu werden.« Am Anfang sei man ehrgeiziger, eitler auch, einfach bereit, einen hohen Preis zu zahlen. Den Preis, der für ihn immer schon die permanente Erfüllung repräsentativer Anforderungen und vor allem der Verlust seiner Privatheit war. So sind die Wochenenden auf Sylt auch Fluchten gewesen, aus dem Korsett der Funktion und der imagefördernden Bürgernähe. Inzwischen bleibt er häufiger in Hamburg, manchmal geht er sogar zu einer Veranstaltung oder zu einem Fußballspiel. Und er sagt nun ganz frei heraus, welchem der beiden rivalisierenden Proficlubs der Stadt seine Sympathie tatsächlich gilt. Die Loslösung, auch aus diesen kleinen Konformitätsfesseln, ist die Belohnung des neuen Lebens.

Wann genau die Akzeptanz des Preises für ihn gekippt ist, die Pflichten lästig wurden, das vermag er nicht auf den Punkt zu benennen. Es sei ein schleichender Prozess gewesen. Langsam und unaufhaltsam.

Er hat die Veränderungen wahrgenommen, benennt ganz offen, dass er Projekte am Anfang mutiger angegangen sei als zuletzt. Und so sind es auch die Errungenschaften der ersten Jahre, die ihn zufrieden durch die Straßen seiner inzwischen erwachsenen Metropole spazieren lassen. »Eine Stadt wie Hamburg, noch dazu meine Heimatstadt, zu regieren, hat etwas Erhabenes.« Er sagt »regieren«, ein Wort, das aus dem aktiven Sprachgebrauch der Regenten eigentlich verschwunden ist, in achtsamer Vermeidung angreifbarer Selbstüberhöhung. Und dass Macht nicht willkürlich ist: »Ich hätte nicht Bürgermeister von Gütersloh oder anderswo sein wollen.«

Seinen Ausstieg verknüpfte Ole von Beust mit einem Thema,

für das er sich auf untypische Weise persönlich engagierte und das er damit zur Chefsache gemacht hat. Eine Schulreform für die bildungspolitisch nachhilfebedürftige Hansestadt sollte sein letztes großes Vermächtnis sein. Doch mit seiner lächelnden Durchsetzungskraft hatte der Instinktpolitiker auch das Gespür für die Strömungen in der Stadt verloren. Oder er wurde längst dominiert vom Fatalismus des Aussteigers. Zum zweiten Mal in seiner Regierungszeit stellte sich das Wahlvolk bei einer wichtigen Entscheidung gegen ihn. Bei der Abstimmung über die Privatisierung der Krankenhäuser setzte er sich über das Quorum hinweg. Diesmal zog er am Tag des verlorenen Volksentscheids die Konsequenzen aus dem Ergebnis und zugleich seine persönliche Reißleine.

Gegangen wäre er auch, wenn das Bürgervotum zu seinen Gunsten ausgefallen wäre. Sein Nachfolger stand lange schon fest. Vielleicht hätten die Hamburger ihm dann auch nicht ganz so sehr gezürnt. Getäuscht haben sie sich gefühlt, von einem, der den Wählerauftrag auf halbem Wege über Bord wirft. Der die Partei und die Koalition so sehr auf sich zugeschnitten hat, dass beide einen grauenvollen Zusammenbruch erleben mussten. »Wenn ich gewusst hätte, dass danach alles in die Grütze geht, hätte ich vermutlich anders reagiert.« Wie, das sagt er nicht.

Er wäre vielleicht nicht mit seinem Lebensgefährten bei der vielbeachteten Eröffnung eines Modeladens aufgetaucht, wenige Tage nach seinem Rücktritt und am Tag der Regierungserklärung des neuen Bürgermeisters. Der erste öffentliche Auftritt eines hochglanztauglichen Paares zeitgleich mit der Formatsuche des glanzlosen Nachfolgers. Und die unhanseatische Zurschaustellung des Zugewinns an Lebensfreiheit.

Ob es seinem Senat geholfen hätte, die Regierungsperiode zu Ende zu bringen, vermag er nicht zu sagen. »Verschüttete Milch.« Eine weitere Amtszeit wäre sowieso ausgeschlossen gewesen: »Ich habe vier Wahlkämpfe geführt, das schlaucht, auf einen fünften hatte ich keine Lust mehr.«

Es ist ruhig geworden um Ole von Beust, in einer Reihe mit den Wahrzeichen zählt ihn niemand mehr auf. Vielleicht wird sich das ändern, wenn die Elbphilharmonie erst mal feierlich eröffnet ist, das Leuchtturmprojekt seiner Stadtentwicklung. Und die Hamburger die Querelen um Baukosten und verschobene Eröffnungszeiten aus Stolz längst vergessen haben. Oder wenn das Ansehen des Nachnachfolgers nach der Halbwertszeit des wohlwollenden Zuspruches erste Kratzer bekommt. Dass es so passieren wird, ist für Ole von Beust zwangsläufig: »Diese Zyklen sind systemimmanent.« Aber er tut sich leicht, den aktuellen Amtsinhaber für seine Arbeit und seine Amtsinterpretation zu loben. Auch wenn sie so ganz anders ist als seine.

Er beobachtet jetzt alles aus der Distanz, aufmerksam, aber ohne den Impuls, sich einzumischen. Und fühlt sich lebendiger. Er arbeitet inzwischen als Berater für Roland Berger, managt eine Lampenfirma, vertritt als Repräsentant verschiedene Institutionen. Und freut sich daran, Geld zu verdienen. Vor allem aber genießt er die zurückgewonnene Selbstbestimmung. Und das kinderleichte Abtauchen in die Anonymität. Auch in seiner Wohnung weist nur noch die Überwachungskamera an der Eingangstür darauf hin, dass hier der ehemals erste Bürger dieser Stadt wohnt.

Und was es sonst zu sagen gibt, das hat er seinen Hamburgern noch mal aufgeschrieben in seiner Biographie mit dem Titel »Mutproben«. Er hoffte, dass sie ihn danach besser verstehen würden. Er sei einfach so oft gefragt worden, zu seinem Rücktritt und der Sache mit Schill, da hat er sich zum zweiten Outing entschieden. Diesmal von ganz allein. Auch wenn er »dieses ganze Brimborium« eigentlich nicht braucht und er sich selbst nicht allzu wichtig nehmen mag. Überhaupt ist es eine seiner nachdrücklichsten Erkenntnisse, dass man im Gefühl der eigenen Bedeutung verlorenzugehen droht. Auch beim Lesen der Presse-Clippings, dieser trügerischen medialen Omnipräsenz: »Jeder Achtzeiler, der in der Zeitungsausgabe unter der Werbung verschwindet, bekommt in der komprimierten Darstellung ein ganz anderes Gewicht.«

Er hat sich nicht täuschen lassen von solchen Mogelpackungen glaubt er, »vermutlich weil ich ohnehin kein Typ für Ekstase bin, eher auf einem »3+Grundstimmungsniveau«.

Für diesen Abend gilt die Einordnung, weil ihn ein chronischer Husten plagt und er am nächsten Tag vor seiner Zeit raus muss. Ansonsten wirkt er wie eine glatte 2. Extrem gelassen, selbstkritisch offen und zugleich abgeklärt in der Analyse seiner eigenen Regierungszeit und des Politikgeschäfts im Allgemeinen. Er sinniert, extrahiert und fabuliert geduldig, bis alle Fragen beantwortet sind, obwohl er früher als Perfektionist des galanten Entfleuchens galt. Manchmal war das notwendig, weil noch die zweite und dritte Abendgesellschaft parallel auf ihn wartete. Manchmal hat er es sich aber auch einfach gegönnt. Neben den Verpflichtungen vergibt Status eben auch Freiheiten, zum Beispiel die über das Ende eines Termins zu entscheiden. Und wenn ein bestimmtes Zuneigungsniveau erst einmal erreicht ist, wird selbst eine Unhöflichkeit zur niedlichen Eigentümlichkeit verklärt.

Auch bei seinen geschäftlichen Terminen bleibt er bis zum Ende. Jetzt will er ja meistens etwas von seinem Gegenüber. Dass er an Sitzungen teilnimmt, die er nicht mehr leitet, daran muss er sich noch gewöhnen. Oft zuckt es in ihm, wenn er glaubt, alle Standpunkte seien längst ausgetauscht oder es fehlt an stringenter Gesprächsführung. Das hinzunehmen sieht er ebenso als Aufgabe an wie die Akzeptanz der Tatsache, dass er nun nicht mehr überall dort einen Termin bekommt, wo er einen haben möchte. Manchmal nicht mal bei Leuten, die ihm als Bürgermeister stets nahestanden. Er nimmt es ungerührt, auch wenn es ihn an der einen oder anderen Stelle überrascht. Aber es gibt ja auch die entgegengesetzten Erfahrungen.

Ob ihm denn etwas fehlt in seinem scheinbar so wohlig eingerichteten neuen Leben? Erst mal fällt ihm ein, worüber er erleichtert ist. Er muss keine anstrengenden TV-Interviews mehr führen. Danach wurde er nämlich immer rot. Es hat ihn genervt, dass die Gesichtsfarbe immer noch Stunden später die Anstrengung verriet, die bei seinen zumeist makellosen Auftritten nicht erkennbar wurde. Aber vermissen, nein er vermisst eigentlich nichts. Wenn er sich etwas wünschen könnte, dann würde er ganz gern mal wieder ein Glas Wein mit Angela Merkel trinken:»Es ist so lustig mit ihr.« Und sie parodiere mindestens so gut wie er selbst.

Die Freundschaft zwischen Ole von Beust und Roland Koch mag ob der Unterschiedlichkeit der beiden auf den ersten Blick erstaunen. Wenn man genauer hinschaut, offenbaren sich jedoch mehr Gemeinsamkeiten als Differenzen. Beide sind politisch sozialisiert, haben frühzeitig belastbare Allianzen geschmiedet, ihre Landesfraktion dominiert und personifiziert. Und beide sind zurückgetreten, als die Götterdämmerung über Hessen und Hamburg gekommen war. Bereit, sich neu zu orientieren, schmerzlos und vorwärtsgewandt.

Politiker sind heute nicht mehr zwangsläufig Ideologen, Überzeugungstäter und notorische Weltverbesserer, sondern auch karriereorientierte Manager. Häufig Mandatsträger auf Zeit, immer die passende Gelegenheit zum Umstieg im Blick. Die konventionelle Politikerlaufbahn, die eine etablierte Berufstätigkeit vor oder neben der Übernahme politischer Ämter vorsah und diese dann bis zum Renteneintritt verteidigte, kehrt sich heute um. Politik ist die Bühne zur Bewerbung für lukrative Angebote aus der Wirtschaft.

»Ich wusste immer, dass es spannendere ökonomische Optionen gibt, als Politiker zu sein«, sagt Roland Koch vergnügt, mit Blick auf seine erhebliche Gehaltssteigerung. Roland Koch und Ole von Beust sind ausreichend anerkannt und schillernd, um den Übergang komfortabel zu gestalten. Und distanziert genug, um loszulassen. Das gelingt längst nicht allen.

Bei der Beschäftigung mit Biographien, die mich besonders interessierten und auf deren Verlauf ich aus unterschiedlichen Gründen allzu gern einen eigenen Blick richten mochte, habe ich oft an Andrea Ypsilanti gedacht. Die Gnadenlosigkeit, mit der die designierte hessische Ministerpräsidentin 2008 für ihren unstrittigen Fehler im Wahlkampf und die unglückseligen Versuche der Regierungsbildung verurteilt und später vom bedeutungspolitischen Hof gejagt wurde, ist in der Einordnung machtstrategischer Falschaussagen, moralischer Indignation und tugendfreiem Verhalten auch im Zeitverlauf nicht erklärbar.

Welche Instanz bewertet die Zumutbarkeit politischen Lavierens und wer gewichtet die Dimension der Verfehlung? Ist die Zurücknahme eines wahlentscheidungsbedingenden Versprechens, die Falschaussage zur Rechtfertigung der eigenen Handlungsverantwortung oder gar die Koalition mit Unwürdigen ein verzeihbareres Delikt als der Widerruf einer Koalitionsaussage? Wann wird eine nachträglich korrigierte Überzeugung zur Lüge? Und welche Faktoren entfachen eine mediale Wucht wie die im Fall von Andrea Ypsilanti? Was bedingt den totalen Verlust der Verhältnismäßigkeit in der Verurteilung?

Die strauchelnden Hin- und Herbewegungen, zahlreiche Mails und Briefe, die vor der grundsätzlichen Bereitschaft zum Gespräch ausgetauscht wurden, machten schon im Vorfeld deutlich, dass es keine einfache Begegnung sein würde. Andrea Ypsilanti ist verletzt.

Nach einem ausführlichen Telefonat zu mir und meinem Gesprächsanliegen verabreden wir uns zu einem weiteren Vorgespräch. Wir treffen uns im Wiesbadener Regierungssitz, am Rande einer Landtagssitzung, an der sie als Abgeordnete für gewöhnlich teilnimmt. Heute unterbricht sie ihre Aufmerksamkeit für eine Stunde oder zwei. Die erste Schwierigkeit besteht darin, einen Ort zu finden, der ein bisschen Ruhe bietet vor der Beschallung aus dem Plenarsaal. Andrea Ypsilanti ist hier zu Hause, vertraut wirkt sie mit der Umgebung nicht. Oder nicht mehr. Den Platz wechseln wir mehrfach, weil der Elan der Diskutanten aus dem Plenum massiv in unsere Unterhaltung dringt. Unterwegs werden wir von interessierten Blicken begleitet, die ehemalige SPD-Landeschefin ist auch mehr als zwei Jahre nach ihrem Rücktritt keine »einfache Abgeordnete«. Vielleicht ist die Chance, eine von vielen zu sein oder gleiche unter gleichen, auch für immer verwirkt, seit »dem Ereignis«. Nachdem wir einen passenden Raum gefunden haben, was sich eher wie ein Eindringen als ein Ankommen anfühlt, erzählt Andrea Ypsilanti verblüffend offen von den vergangenen Jahren, die sie und ihr Bild geprägt haben. Sie ist freundlich, lacht viel und hört sehr genau zu. Am Ende wird sie bereit sein, ausführlich und »ganz offiziell« mit mir zu sprechen. Ihre Vorsicht bleibt dennoch in jedem Moment spürbar. Die beispiellose Unbarmherzigkeit der Schmähungen haben Spuren hinterlassen, aber ihre Hoffnung auf einen neuen, neutralen Blick ist stärker als ihre Verletztheit. Neutralität ist dabei meine Aufgabe. Die Aufrichtigkeit, mit der Andrea Ypsilanti mir und ihrer Geschichte begegnet, nimmt mich auf eine Weise für sie ein.

Wie bei vielen anderen Frauen, die Gesprächspartnerinnen für dieses Buch gewesen sind, ist die Reflexion der eigenen Rolle, die Auseinandersetzung mit den Fehlern und deren Auswirkungen ein wesentlicher Bestandteil der Unterhaltung. Es mag klischeehaft sein, die emotionale Gesprächsebene zu beschreiben, die Frauen bei ihrer inneren Revision so zwangsläufig betreten. Die männlichen Muster sind im Gegensatz dazu vor allem Analyse und Konstruktivismus. Nicht nur in der Bereitschaft, den Vorhang zu lüften und einen Einblick in die Bewältigung der Zäsur und ihrer Facetten zu gewähren.

Die Gestaltung des Bildes beginnt schon beim Ausstieg, der in seiner mannhaften Erscheinung Kraft und Unverletzbarkeit vermitteln soll. Untermalt bestenfalls von der neuen Aufgabe, das untrügliche Zeichen der Unverzichtbarkeit. Der nahtlose

Übergang dient Männern oft als beste Form der Verarbeitung des Scheiterns. Das neue, weiße Schulheft vergisst den Rotstift im Vergangenen.

Andrea Ypsilanti hat sich lange beschäftigt mit den Ereignissen des Jahres 2008 und vor allem mit »dem Ereignis«. Und sie tut es noch. Sie hat »tausend Gespräche« geführt, herauszuarbeiten versucht, was falsch gelaufen ist, welches ihr Anteil gewesen ist und warum sie von ihrem Bauchgefühl verlassen wurde, ihrem bis dahin verlässlichsten Partner. Sie hat die Geschehnisse aufgearbeitet, bis zu den quälenden Details, nach fehlenden Teilen dieses vielschichtigen Puzzlespiels gesucht. Und dabei immer wieder in den alten Schulheften geblättert.

Das nächste Treffen findet in ihrem Büro statt, das so winzig ist, dass es von dem großen »Y« auf ihrer Stuhllehne spielend leicht dominiert wird. Für einen kleinen Besprechungstisch ist noch Platz und für ein Bild an der Wand. »Die Zeit ist reif« steht darauf. Das hat eine Freundin für sie gemalt und ihr zur Ermunterung im Wahlkampf geschenkt.

Die Zeit ist reif, daran hat sie wie viele andere Menschen in ihrer Partei und in ihrem Land Hessen fest geglaubt, der raubeinigen Landesführung von Roland Koch einen neuen Politikstil entgegenzusetzen.

Sie hat sich nicht darum gerissen, als Spitzenkandidatin gegen den Politikhaudegen in den Wahlkampf zu ziehen, diese Rolle war eigentlich für einen anderen vorgesehen. Der hat gekniffen, sie hat lange nachgedacht und dann gesagt: »Ich mach's«. »Es war nicht mein Traum, Spitzenkandidatin zu werden, eher Zufall«, erklärt sie ihr Zögern vor dem parteiinternen Aufstieg. Skrupelloser Machtanspruch, wie man ihr später in noch viel unflätigeren Wortschöpfungen immer wieder unterstellte, sieht anders aus. Aber Ministerpräsidentin, das wollte sie dann doch unbedingt werden. Für die Menschen in Hessen, für ihre Partei und wegen Roland Koch. Auch für sie selbst? Sie verneint: »Es ging nicht um mich, es ging darum, unsere Programmatik durchzubringen, etwas zu gestalten.« Und: »Ich bin überzeugt, Hessen wäre heute ein besseres Land.«

Wenn sie solche Sachen sagt, hebt sie ihre Stimme am Satzende, als müsse sie bergauf sprechen, so wie sie von Beginn ihrer Kandidatur an bergauf gearbeitet hat. Die anfängliche Skepsis war groß, kaum ein Beobachter dieses grobkontrastierten Politschauspiels räumte ihr Chancen ein gegen den ungeliebten, aber machtvollen Amtsinhaber. Eine junge Frau aus einer Rüsselsheimer Arbeitersiedlung, strategisch unversiert, mit einer ausladenden Frankfurter Klangfärbung. Dazu vom Kanzler nach einer beherzten Kritik an seiner Sozialreform spöttisch als Unruhestifterin abgetan. »Es gab hundert Gründe, warum ich es nicht können sollte«, erinnert sich Andrea Ypsilanti an die despektierlichen Reaktionen auf ihre Nominierung. »Sie kann nicht führen, kann nicht reden, ist nicht intellektuell genug. Das war belastend.«

Aber sie hat sich reingekämpft, hat es geschafft, den Bürgern eine Alternative anzubieten und immer mehr Menschen mit ihrem Mantra der sozialeren Sozialdemokratie und mit konkreten Standpunkten, nicht nur zur Bildungs- und Energiepolitik, überzeugt. Die Stimmung schlug um, irgendwann im Dezember 2007. Die Umfragen fielen plötzlich zu ihren Gunsten aus, auch ihre Sympathiewerte lagen deutlich vor denen Roland Kochs. Da geriet die Partei aus dem Häuschen und in ein hitziges Wahlkampffieber. »Alles war toll, alles lief von allein, ich musste gar nichts mehr machen, auf einmal steigerte sich die Begeisterung von Veranstaltung zu Veranstaltung«, huldigt sie mit trotziger Betonung der Superlative der beflügelndsten Phase ihrer Kandidatur. Sie war vom verschmähten Entlein zur Prinzessin geworden, das »Y« zum Markenzeichen nahbarer Sozialpolitik, getragen nun auch von den politischen Kommentatoren der wichtigsten Zeitungen und einstimmig wohlmeinenden Überschriften.

Doch auch im Rausch der Mehrzweckhallen-Euphorie spürte

die Kandidatin die Last der Verantwortung, die Anstrengung im Ringen um Anerkennung. Zu Hause war sie meist tief erschöpft, ihr Körper oft noch am Morgen müde, während der Kopf schon wieder um Argumente und deren Vermittelbarkeit kreiste. Heute tut es ihr leid, dass sie sich keinen Raum geschaffen hat für den Genuss der Erfolge. Dem Glücksgefühl, für ihre Idee von einem gesellschaftlichen Wandel viele Anhänger gewonnen zu haben. Ohne polternde Diktion, diese »Ich sage, wo es langgeht«-Attitüde. »Ohne in jedem Zelt in der ersten Reihe zu stehen und Kumpeleien beim sechsten Bier«, sondern auf ihre Weise. Führungsstärke ist für sie nicht vor allem das Ausspielen von Autorität. Ihre Sitzungen hatten Struktur und vor allem ein Ende. »Es war immer wieder ein Streitpunkt, dass ich die Tresenpolitik nach Feierabend nicht mitgemacht habe. Aber ich hatte ein Kind zu Hause und oft war ich einfach nur müde.« Ob sie einen stärkeren Rückhalt gehabt hätte, wenn sie sich diesen informellen Zirkeln nicht entzogen hätte? Sie zieht die Schultern nach oben und schaut ein bisschen angewidert. »Vielleicht«, sagt sie zögerlich, aber das sei müßig, diesen Preis habe sie ohnehin niemals zahlen wollen.

Es sind diese Anflüge von Trotzigkeit, die es manchem schwermachen, Andrea Ypsilanti sympathisch zu finden. Die Verhärtung ihrer Stimmlage, wenn sie sich in die Enge gedrängt fühlt, die Schärfe in der Rückfrage, wenn sie sich unverstanden wähnt. Daran hat sich auch jetzt nichts geändert, drei Jahre nach ihrem Rücktritt, da sie wieder Bühnen betritt. Zaghaft, immer auf der Hut, in Erwartung des nächsten Foulspiels. Noch immer versuchen TV-Moderatoren, sich mit inszenierter Schärfe zu profilieren und ihr den reuevollen Kniefall abzuringen.

Sie will viel lieber über die Zukunft sprechen, über die Lage des Landes und die ganz konkreten Nöte der Menschen. Sie sorgt sich um die Perspektive ihrer Partei, die so vielen, die so denken wie sie, immer weniger eine Heimat bietet. Aber sie hängt auch an ihrer SPD, für die sie seit ihrer Studienzeit Gedankengut und Herzblut gibt. Weil sie Ideologin ist, auch wenn sich das nicht immer vermitteln lässt. Sie sei eine von denen, kommt sie mir in der Beschreibung ihrer Beziehung zu ihrer Partei mit Fußballtermini entgegen, »die immer wieder eine Dauerkarte kaufen, auch wenn der Verein schon lange keine Meisterschaft mehr gewonnen hat«. Sie ist Fan des 1. FC Nürnberg, dem traditionsreichen Club mit vielen Titeln und beinahe so vielen Abstiegen, also Leid gewohnt. Aber die anstehende Entscheidung über den nächsten Trainer, der tatsächlich Kanzler werden kann, die könnte sie nun wirklich dauerhaft vergrätzen mit ihrem Lieblingsverein, der SPD. Sie hat Sorge, dass es der Falsche sein wird.

Dennoch hat sie entschieden, 2013 wieder für den Bundestag zu kandidieren. Jeder in der Mannschaft hat seinen Beitrag zu leisten. Auch wenn die Taktik derzeit andere bestimmen. Aber Kollegen beobachten, dass sie sich plötzlich wieder in Diskussionen einbringt, sich zu Wort meldet, man könne eine Wandlung erkennen.

Wandlungen hat sie so manche erlebt in ihrem Leben. Von Andrea Dürr zu Andrea Ypsilanti nach der Hochzeit mit einem griechischen Prinzen. Von der spöttisch beäugten Ministerpräsidentinnenanwärterin zur gefeierten Kandidatin. Und zurück. Viel weiter zurück.

Es fällt ihr spürbar schwer, über die Vorgänge des Jahres 2008 zu reden, aber es gibt auch kein Entkommen. Das Gefühl, unverstanden zu sein, allein zu bleiben mit den Erkenntnissen und ungehört in den Erklärungsversuchen, muss sich wie ein Gefängnis anfühlen. Wie oft sie all das schon erzählt hat? »Keine Ahnung«, sagt sie mit lakonischem Schulterzucken. Oft, sehr oft. Vor allem auf der Suche nach Verbündeten. Nach geteilter Geschichte, Komplizenschaft auch in der Niederlage. Aber ihre Niederlage kennt keine Komplizen. Sie hätte mehr erwartet von den Mitstreitern, gerade von denen in ihrem unmittelbaren Umfeld, die sie bestärkt haben, »alles genau so zu machen«. Oder von denjenigen in ihrer Fraktion, die sie in der Situation von Neuwahlen abgehalten haben, gegen ihre Überzeugung. Eine allzu intensive Auseinandersetzung mit den Geschehnissen und Fehleinschätzungen wollte keiner. Die Zurschaustellung von Andrea Ypsilantis Versagen bot genug Schlupflöcher für alle. Vorbei. »Nach vorne schauen«, die strapazierte Trostformel der Unterlegenen.

Andrea Ypsilanti hat es sich nicht so leichtgemacht und so sucht sie noch heute nach Deutungen im Gesicht des Gegenübers. Auch in meinem. Sie fragt nach, hört sich meine eigene Geschichte aufmerksam an, auf der Suche nach Gemeinsamkeiten, in der Hoffnung, dass die erahnten Ungerechtigkeiten miteinander zu sprechen beginnen.

Die Unterhaltung mit Andrea Ypsilanti ist ein Kaleidoskop der Erinnerungsfragmente, eine Reise durch unterschiedliche Bewusstseinsebenen. Scharfsinnige Reflexionen, unbarmherzige Selbstanklagen wechseln mit Verratsvorwürfen und Mythenbildung. Und alles klingt stimmig. Beteiligte wie Außenstehende mögen sich in einer der Positionen wiederfinden. Sie lebt mit dem Wandeln zwischen allen.

An die Situation, in der sie die Entscheidung traf, mit Duldung der Linken eine Minderheitsregierung zu bilden und sich zur Ministerpräsidentin wählen zu lassen, kann sie sich nicht mehr erinnern. Es gab so viele dieser besonderen Momente. Den des Wahlerfolges. Getrübt vom Spott über die Bilder des aufgeregt soufflierenden Ehemannes. Den Tag, als Dagmar Metzger ihre Zustimmung versagte. Den, als sie von der Pressekonferenz der vier Abweichler erfuhr, die sie Verräter nennt. Den ihres Rücktrittes. Und so viele dazwischen, die sie an die Grenze ihrer Belastbarkeit geführt haben. Und zum Verlust ihrer Glaubwürdigkeit.

»Ich habe meine persönliche Integrität für die Fraktion und den Regierungswechsel geopfert«, sagt sie. Und dass sie den Wählern etwas schuldig war, die mehrheitlich den Wechsel wollten. Dass Hannelore Kraft mit einer solchen Minderheitsregierung kurz darauf das größte deutsche Bundesland führte und nach einer Neuwahl für ihre Politik furios im Amt bestätigt wurde, mit einer viel komfortableren Mehrheit gar, das zeigt, »was möglich gewesen wäre in Hessen«. Aber noch nicht war. Die Linke galt damals als bundespolitisches Schreckgespenst, alles war ideologisch überhitzt, besonders in der SPD. Dass sie Neuwahlen wollte, um klare Verhältnisse zu schaffen, statt ihre Wahlaussage zu brechen, weil sie felsenfest an ihre Inhalte und an eine Bestätigung des Wählerauftrags glaubte, damit jedoch in ihrer Fraktion gegen eine Wand lief, das hat kaum jemand geschrieben.

Weil sie dann doch anders entschieden hat, »nach einem tagelangen Zerriss in mir«. Weder isoliert von den mahnenden Stimmen, noch getragen von den unterstützenden, sondern nach einem ermüdenden Prozess, »hunderttausend Gesprächen« und beinahe ebenso vielen Meinungen, die sie vollends verwirrten. Irgendwann musste sie die Argumente gewichten und vor allem einen Entschluss fassen. Macht entscheidet.

Danach war das öffentliche Bild gesetzt. Der Boulevard bedachte sie wegen ihrer Zweckromanze mit den Linken mit ehrabschneidenden Wortspielen, und auch die seriösen Zeitungen kommentierten mit einer beispiellosen Härte. »Diese Wucht hat uns alle total überrascht, es gab keine Strategie für eine solche Eskalation.« Sie hat versucht, ihre Gründe zu vermitteln, zur Sachlichkeit zurückzukehren und ihre Inhalte »hoch- und runterzubeten«. »Aber es wollte niemand hören.« Irgendwann hat sie aufgegeben.

Trotz dieser »medialen Kampagne« gelang es ihr im Juni 2008, nach monatelanger Zankerei, ihre Landesfraktion zu einer gemeinsamen Position zu versammeln und auf einem Parteitag für den Koalitionsvertrag mit den Grünen eine überwältigende Zustimmung von achtundneunzig Prozent der Parteimitglieder zu bekommen. Den Abschluss dieses Koalitionsvertrags, erinnert sie mit mattem Ausdruck, war einer der Momente, die sie hätte feiern sollen, wenigstens das »kurze

Hochgefühl« genießen. Sie erlebte den Abend als einen der schlimmsten: »Ich war sechsunddreißig Stunden am Stück wach, musste das Ergebnis der Verhandlungen einer extrem kritischen Fraktion vermitteln und danach noch in einer Pressekonferenz begründen. Ich war am Ende meiner Kräfte.« Und das »Negativgefühl«, die Zweifel und die Schuld schwangen die ganze Zeit mit.

Die Treibjagd, der sie sich bis dahin ausgesetzt sah, war zu einem Hamsterrad geworden. Sie erinnert sich an so manche Situation, in der sie hinwerfen wollte, einfach davonlaufen, aber »es gab kein Entkommen, ich hatte eine Riesenverantwortung, das Rad musste weitergedreht werden«.

Dass sie womöglich zu anderen Entscheidungen gekommen wäre, mit einem kühlen Kopf und einer Zeit der Abwägung, die in der Politik längst eine romantische Illusion geworden ist, davon ist sie überzeugt. Viel zu hysterisch sei die Zeit gewesen, um nachzudenken und zu analysieren, beschreibt sie die damaligen Umstände, ohne sie als Rechtfertigung benutzen zu wollen: »Ich habe mich so sehr treiben lassen, das mache ich mir zum Vorwurf.«

Vorwürfe macht sie überhaupt viele: Den Parteikollegen, dem Zeitgeist, den Medien, aber auch immer wieder sich selbst. Weil sie sich verloren hat zum Beispiel, nicht mehr selbst reflektierte, sondern sich von den Spiegelungen des Umfeldes hat verunsichern lassen. Allesamt Selbsteinschätzungen, die besagen: Wäre ich bei mir geblieben, ich hätte es anders gemacht.

Wenn sie sich selbst erklärt, dann fundiert sie ihre Thesen häufig mit Verweis auf ihre psychosoziale Ausbildung. Auch die Überzeugung, dass ihr Fall nur so passiert ist, weil sie eine Frau ist, begründet sie mit profunden soziologischen Theorien. Aber warum es oft Frauen sind, die sie mit besonderer Härte attackieren, mag sie mir nicht verraten. Auch wenn sie es zu wissen glaubt. Wichtiger sei, »dass immer noch Leute zu mir kommen, die sagen, einen Mann hätte man nie so behandelt«. Überhaupt sei diese Situation einzigartig gewesen. In jeder Hinsicht. Nur Willy Brandt, den habe man damals mit ähnlicher Vehemenz angegriffen.

Entfernt von ihrem Wesenskern und verlassen von ihrem Urteilsvermögen, hat sie den Showdown nicht kommen sehen, der das monatelange unwürdige Geschachere auf die schlimmstmögliche Weise beendete. Wenige Tage nach der Zustimmung des SPD-Parteitages zum Koalitionsvertrag sollte die Wahl zur Ministerpräsidentin durch Tolerierung der Linken nun endgültig stattfinden. Die Erschöpfung und die erniedrigenden Begleiterscheinungen ließen längst nicht mehr zu, dass dieser Termin ein erhabenes Datum auf ihrem Lebensweg sein konnte. Sie musste es jetzt einfach zu Ende bringen. Das, wofür sie angetreten und gewählt war. Eine andere Ministerpräsidentin zu sein. Auch wenn anders längst zu etwas anderem geworden war als das, was sie ursprünglich damit verbunden hatte. Selbst viele ihrer Anhänger sahen sie inzwischen als Inkarnation des Politikertypus, den abzulösen sie angetreten war.

Wäre sie noch bei sich gewesen, fähig zur Introspektion, sie hätte die Zeichen wahrgenommen und die Rachegelüste ihres parteiinternen Widersachers erkannt, dem sie zuvor die Wunschfunktion verwährt hatte. Dem »intrigenspinnenden« Aspiranten nicht den begehrten Job zu geben, obwohl sie sich damit vermutlich seine Unterstützung erhandelt hätte, das war ihre fachliche Überzeugung. »Weil ich meistens nur das getan habe, womit ich mit mir im Reinen war.« Das ist ihr wichtig.

So vertrat sie auch schon damals Positionen, die im Zusammenhang mit Andrea Ypsilanti niemand erwähnt, auch wenn sie im Nachhinein recht bekommen hat mit so mancher ihrer Einschätzungen. Aber sie hat auch die drängenden, womöglich klärenden Gespräche nicht geführt, mit den nörgelnden Kameradinnen. Das war fehlende Sensibilität.

Immer wieder kommt Andrea Ypsilanti auf die überfahrenen Signale zurück. Und auf den sich ankündigenden Verrat, den sie nicht wahrhaben wollte. Obwohl es ausreichende Hinweise dafür gab, dass sich etwas zusammenbraut hinter den Kulissen, dass man den Loyalitätsbeteuerungen der längst identifizierten Querulanten nicht trauen sollte. Ihr habe einfach die Phantasie gefehlt, sagt sie und sucht mit festem Blick nach Verständnis für die »Unfassbarkeit einer Meuchelei dieses Ausmaßes«. Im Nachhinein sei ihr erst bewusst gewesen, wie massiv die »Drohgebärden« waren, die ihr düpierter Parteirivale immer wieder aufgebaut hatte. Jahre zuvor war er ihr bei der Wahl zum Fraktionsvorsitzenden nach hart geführtem Duell unterlegen, das hat ihn nachhaltig gekränkt. Und dann die Irreführungen zweier seiner Komplizinnen, die sich während einer Fraktionssitzung, wenige Wochen vor der Sabotage, das gegen sie bestehende Misstrauen in einer wehleidigen Erklärung verbaten und in flauschigen Worten ihre Unterstützung versicherten.

Den Tag, als »die Vier«, die mit diesem Label in die Geschichte der hessischen SPD eingingen, in einer Pressekonferenz bekanntgaben, dass sie eine Regierungsbildung mit Duldung der Linken nicht mit ihrem Gewissen vereinbaren könnten und dieser plötzlichen Erkenntnis Andrea Ypsilantis Ministerpräsidentinnen-Pläne und ihrer Partei die Landesregierung opferten, erinnert sie nur noch verschwommen: »Da habe ich einen Blackout.« Sie weiß noch, dass sie im Auto unterwegs war und unmittelbar, nachdem sie von der Pressekonferenz erfuhr, versuchte, mit den Abtrünnigen zu telefonieren. »Da war nichts zu machen, deren Entscheidung stand felsenfest.« Als sie aufgelegt hatte, glaubt sie, sich zu erinnern, gab es so eine Sekunde, in der sie dachte: »Gott sei Dank, jetzt ist alles vorbei.« Aber der Erlösungsimpuls hielt nur kurz an. Sie wusste zu gut, was jetzt noch von ihr gefordert war.

Wie in Trance habe sie den Tag erlebt, den sie heute beschreibt, als sei es nicht ihr Tag gewesen. Endlose Diskussionen, geteilte Empörung, öffentliche Erklärungen, sie hat alles soldatisch abgearbeitet. »Wie, das weiß ich nicht mehr, ich habe einfach den Autopilot eingeschaltet. Aber ich glaube, ich hab das gut gemacht.« Ihre Leute jedenfalls sagten ihr danach, es sei unmenschlich gewesen, wie sie den Interview- und Besprechungsmarathon absolviert habe.

Am Abend des medienwirksamen Schauspiels der Verschwörer und dem Ende ihrer Zukunft als Ministerpräsidentin ist sie nach Hause gegangen. Dankbar für die Geborgenheit, die ihre Familie bot. Auch wenn ihr niemand ihre Schuldgefühle nehmen konnte. Sie habe längst keine Angst mehr gehabt vor weiterer Häme. Aber sie fühlte sich »so verdammt schuldig«, weil sie all jene enttäuscht hatte, die an sie geglaubt haben. Und an eine gerechtere Politik in Hessen. Sie war erleichtert an diesem Abend, als ihr Fahrer sie endlich vor ihrem Zuhause absetzte, und ahnte nicht, dass der schwerste Moment noch vor ihr lag.

Manchmal verursacht Mitgefühl das größte Leid. »Jetzt war alles umsonst.« Gesagt hat das ihr zwölfjähriger Sohn. Und da erst hat sie verstanden, wie sehr er Anteil nahm, an all den Verletzungen, die sie erlitten und von ihm fernzuhalten versucht hatte. Die Schärfe der Verunglimpfungen machte auch vor ihrer Haustür nicht halt, so sehr sie sich auch darum bemühte. »Irgendwann habe ich im Zimmer meines Sohns einen dieser abscheulichen Zeitungsartikel gefunden, das hat mich total geschockt«, illustriert sie denjenigen Kummer, den sie längst nicht mehr im Dienste der Sache abzutun imstande war.

Dazu gehörte auch eine Pressekonferenz zur Bildungspolitik, die Roland Kochs Wahlkampfteam ausgerechnet an der Schule ihres Sohns initiierte. Das war eine der Grenzüberschreitungen, die ihren Erzählfluss stocken lassen, wenn sie daran zurückdenkt. In diesen Gesprächssequenzen ist das kraftraubende Tauziehen zwischen dem entschlossenen Willen zur Verarbeitung und Klärung und der anhaltenden Gebrochenheit besonders fühlbar. Zu erleben, wie ihre Familie, ihre ganze Wohngemeinschaft aus den Fugen geriet, war das Schlimmste für sie. Jetzt habe sich alles wieder eingependelt. Drei Jahre später.

Vermutlich sind es diese Erfahrungen, die aufreibende Rückeroberung der Normalität, die sie so wund wirken lassen. Auch wenn sie sagt, sie habe ihren Frieden gefunden. Nicht mehr Getriebene zu sein zum Beispiel empfindet sie als Gewinn. Sie hat mehr Zeit für ihre Familie, die noch viel enger zusammengerückt ist seither. Das ist schön. Ihr Sohn ist schneller erwachsen geworden. Das hätte sie ihm gern erspart. Aber sie freut sich auch daran, mal wieder Raum zu haben, Gedanken zuzulassen, wohin es gehen soll mit ihrer Partei und dem ganzen Land. Lösungen zu entwickeln mit Menschen, für die sie immer noch Hoffnungsträgerin ist. Davon gibt es nach wie vor viele.

Manchmal, sagt sie, wünscht sie sich ein ganz anderes Leben, und spätestens jetzt verursacht die offensichtliche Zerbrechlichkeit ein beklommenes Mitgefühl. Aber so weit ist sie noch nicht. Sie ist eben Politikerin. Und sie hat so viele Ideen.

Dass Roland Koch es anders gemacht hat, quittiert Andrea Ypsilanti mit glaubwürdiger Gleichgültigkeit. Das sei sein Weg. Ihr fiele dazu sicher einiges ein, aber sie lässt es bleiben. Überhaupt spricht sie ganz selten über ihren Widersacher, dessen Namen nennt sie in unseren Gesprächen nur ein einziges Mal. Er ist viel weniger ein Hauptakteur in ihrer Geschichte als sie in seiner und womöglich hat sie mit ihm tatsächlich ihren Frieden gemacht.

Mit den vier Gegnern aus ihren eigenen Reihen hingegen kann sie keinen Frieden finden, deren Namen bleiben gänzlich unerwähnt. So als sei die Intrige eine erträglichere Gestalt, wenn sie keine Gesichter bekommt. Verzeihen kann sie »den Verrätern« nicht. Vielleicht wird es ihr erst gelingen, wenn sie sich selbst verziehen hat. Wenn sie die Scham verliert, die sie noch heute hemmt im freien Umgang mit manchen Menschen. Und wenn sie eine Erklärung findet für die Härte der Beurteilung oder diese irgendwann sogar fernhalten kann, von sich und ihrer Persönlichkeit.

Der Anstand verlangt, denjenigen, die gescheitert sind, die Hand zu reichen. Die hörbare Volksstimme wendet sich nach dem Sturz dem Gestürzten zu, gleich wie vehement die Kritik zuvor gewesen ist. Der Fall lässt die Kritiker zumeist verstummen. Nach der Zäsur bleiben die Tröstenden, die Verständnisvollen. Der Gefallene kehrt in die Gemeinschaft zurück. »Die sind auch nur Menschen«, ist die Parole der wohltuenden Egalität. Jeder einzelne Gesprächspartner berichtet von nahezu ausschließlich positiver Resonanz im direkten Kontakt mit Menschen.

Auch bei Andrea Ypsilanti ist es so. Gerade wurde sie wieder angesprochen, bei einem Spaziergang mit der Freundin. Eine Frau hielt sie an, um ihr zu sagen, dass jemand wie sie fehle in der hessischen Politik und dass es widerlich sei, wie mit ihr umgegangen wurde. Natürlich ist so etwas nett, weil es zeigt, »dass ich nicht alles falsch gemacht habe«, aber die Allgegenwärtigkeit ihrer Geschichte, die permanente Konfrontation mit dem Makel, ist ihr vor allem eine Last. Aufhören, in den Gesichtern der Menschen zu interpretieren, nach Normalität zu suchen, wird sie wohl erst, wenn sie den Weg findet, sich selbst aus der Verantwortung zu entlassen.

Auch wenn das Misstrauen womöglich trotzdem bleibt, weil Menschen, die einen solchen Loyalitätsbruch erleben, eine so gnadenlose Verurteilung nicht nur ihres Handelns, sondern vor allem ihrer Persönlichkeit, die Unvoreingenommenheit verlieren, unwiederbringlich.

Roland Koch hat diese Sorgen nicht, er ist in Einklang mit sich, mit seinem facettenreichen Politikerleben, den berüchtigten Machterhaltungsstrategien und vor allem mit seinem Leben danach. In den Gesichtern der Menschen interpretiert er nicht, auch wenn er weiß, dass beinahe jeder eine Meinung zu ihm hat. Auch bei seiner neuen Vorstandsaufgabe hat er sofort gemerkt, dass so mancher in Sorge war wegen des medial gemeißelten Bildes. Aber da er nun nicht mehr so oft im Fernsehen zu sehen ist, glaubt er fest daran, dass die Menschen ihn so erleben, wie er wirklich ist.

Zu Misstrauen, gibt er mir bei der Verabschiedung mit auf den Weg, sei er sowieso nicht fähig. Er sagt das im Vertrauen auf eine sorgfältige Verwendung dessen, was in unserer Begegnung besprochen wurde, und erteilt mir die »Carte blanche« zur Nutzung all seiner Aussagen. Später wird es ihm doch lieber sein, seine Zitate noch einmal zu autorisieren.

Roland Koch polarisiert nach wie vor, die inhaltlichen Erinnerungsmonumente seiner Karriere sind vor allem seine Patzer. Dennoch genießt er Achtung für seine Gesamtleistung, kommt ihm wie vielen selbstbestimmt Ausgeschiedenen die retrospektive Verklärung zugute. Er hat eine Lücke gelassen, auch in der Lautstärke. Solange diese Leerstelle ungefüllt bleibt, wird er weiterhin von manchen in seiner Bedeutung mystifiziert. Dessen ist er sich bewusst und damit lebt er gut. Zurückzukehren ist dennoch ausgeschlossen für ihn. Auch nicht später irgendwann, als Elder Statesman? Ein promptes: »Nein«. Doch nach kurzem Nachdenken halbspaßt er launig: »Oder, besser gesagt: Falls Deutschland mal eine Monarchie einführt, dann würde ich es gerne machen. Als Monarch.« Natürlich. Wäre Andrea Ypsilanti imstande, einen solchen Satz zu sagen, sie wäre wahrscheinlich frei.

Die Entlassung aus der Verantwortung liegt in jedem selbst, doch auf der Suche nach der Befreiung assistieren viele Faktoren. Manchmal liegt die Erlösung in der Vergessenheit, dem Abtauchen unter den medialen Radarschirm. In anderen Fällen ist das Abtauchen der Untergang, die schlimmste vorzustellende Strafe. Doch was macht den Unterschied aus in der Betrachtung einzelner Biographien? Wann ist das Gedächtnis nachsichtig, wird Ächtung zur Achtung vor der Gesamtleistung? Und wann bleibt die Person unauslöschbar mit den Schattenseiten des Wirkens verbunden?

Ein bedeutender Aspekt des friedvollen und wohlbegleiteten Umbruchs ist die Existenz einer neuen Aufgabe. In Abhängigkeit von Lebensalter, Persönlichkeit und vorheriger Erfahrung kann eine ähnliche Funktion erfüllend sein. Manchmal braucht es eher den absoluten Kontrapunkt, einen völlig neuen Akzent. Denjenigen, die in Harmonie mit dem eigenen Lebenslauf sind, gelingt es leichter, ihren Weg leise zu gehen. Andere suchen eine geräuschvoll inszenierte Repositionierung, die das angekratzte Image aufpoliert. Die Suche nach einem gleichrangigen Stellenwert wird allerdings umso schwerer, je bedeutender die vorherige Rolle und die Identifikation damit gewesen ist. Extreme Öffentlichkeit eines Amts und die intensive Verschmelzung zwischen Position und Person machen die Auflösung schwer oder gar unmöglich.

Das Gespräch mit Hartmut Mehdorn beginnt eine halbe Stunde früher als geplant. Bemerkenswert für einen Mann, dessen Image zu einem gewichtigen Teil an Verspätungen festgemacht wird. Der ehemalige Bahn-Chef ist nun Airline-Chef, auch wenn er es damit sicher nicht zu einem Markenbegriff schaffen wird. Wir treffen uns in seinem neuen Büro in einem Außenbezirk von Berlin, die Umgebung ist so fern von der pulsierenden Urbanität der Hauptstadt wie die Architektur des Zweckgebäudes von der des formidablen Berliner Hauptbahnhofes. Verabredet hatten wir uns zu diesem Gespräch lange vorher, als er gerade nicht Chef war, sondern aus einem stattlichen Büro in Frankfurt seine verschiedenen Mandate koordinierte. Heute sind ehemalige Vorstände nicht mehr arbeitslos oder gar Pensionäre, sondern Berater oder Aufsichtsräte. Die Übernahme der Vorstandsposition bei Air Berlin hat unsere Begegnung verständlicherweise verzögert, möglicherweise inhaltlich verändert, zurückgenommen hat Hartmut Mehdorn seine Gesprächszusage jedoch nicht. Ein Wort ist ein Wort, da gilt bei ihm die Alte Schule. Ansonsten wirkt er ziemlich jungenhaft an diesem Tag, aufgedreht und beinahe kindlich in der Freude über sein neues Sanierungsprojekt. Er nimmt sich Zeit für das Gespräch, hält sich aber nicht mit Nebensächlichkeiten wie der Getränkeversorgung auf und verlässt zwischendurch unvermittelt für längere Zeit den Raum. Unmoderierte Unterbrechungen, auch so ein Ärgernis der Bahn, das er abzuschaffen versucht hat. Kommunikation mit den Kunden ist wichtig. Und so erklärt er bei der Rückkehr seine abrupte Abwesenheit mit einem wichtigen Telefonat. Kopfschüttelnd, irgendwie lief es nicht so ganz in seinem Sinne. Trotzdem gelingt es ihm, sofort wieder mit seiner enormen Präsenz an dem Punkt anzuknüpfen, an dem das Gespräch zuvor stoppte. Er lässt sich auf die Situation ein, bemüht sich um präzise Antworten und weicht keiner Unbequemlichkeit aus. Doch der Eindruck, er würde am liebsten nebenbei einen Reformplan für seine Fluglinie entwickeln oder eine Akquisition vorbereiten, wird durch das rhythmische Wippen seiner Knie und der stetigen Neuordnung der Gegenstände auf dem Tisch effektvoll unterstrichen.

Hartmut Mehdorn ist ein kleiner Mann, aber einer für die ganz großen Aufgaben. Nachdem die Bundesregierung 1998 eine Reform der Bundesbahn beschlossen hatte, wusste Kanzler Gerhard Schröder, dass er für die Umsetzung der anspruchsvollen Modernisierungspläne einen beinharten Sanierer brauchte. Als Air Berlin zuletzt auf eine so existentielle Weise ins Schlingern kam, dass der Gründer Joachim Hunold um sein Lebenswerk fürchten musste, war der Retter ebenso schnell gefunden.

Er ist froh, hier zu sein, nicht nur weil die Luftfahrt immer schon seine Passion gewesen ist. Als kleiner Junge wollte er Pilot werden, das hat aber nicht geklappt. Also hat er Leichtmetallbau studiert und »nebenbei an Flugzeugen geschraubt«. Da beginnen seine Augen zu leuchten, und er verliert sich für einen Moment in den ölverschmierten Details: »Ich bin mit meinem ganzen Herzen ein Flieger. Irgendwann kannten meine Kumpels und ich jedes einzelne Flugzeugteil beim Namen, diese Zeit habe ich geliebt.« Schnell fokussiert er sich wieder auf die Fragestellung. Dass sich nun ein Kreis schließt, das sei nun auf eine Weise so, aber für solch nostalgische Verklärungen hat er eigentlich keine Zeit. Die Luftfahrtbranche insgesamt ist in einer bedrohlichen Krise und sein Unternehmen mächtig in der Bredouille. Da ist Tatkraft gefragt. Mit Sentimentalitäten hält er sich auch im weiteren Gespräch nicht auf. Wenn ihm doch mal eine Gefühlsregung herausrutscht, bemüht er sich prompt, sie preußisch zu relativieren. Management ist für ihn Pflichterfüllung, die Aufgabe steht über allem.

So war es auch eine Selbstverständlichkeit zuzusagen, als Gerhard Schröder ihn an einem Morgen anrief und er bis zum Nachmittag entscheiden sollte, ob er nun Bahn-Chef sein will. Er hat kurz seine Frau gefragt, sie hat ihn unterstützt, ohne zu zögern gesagt: »Ich ziehe mit.« Wie immer, wenn seine siebenundzwanzigjährige Luftfahrtslaufbahn Ortswechsel oder Lebensveränderungen erfordert hatte. Am Abend ist er dann mal »ins Internet gegangen«, um nachzulesen, was die Bahn überhaupt für ein Laden ist. Bis dahin ist er ja nur mitgefahren. Faszination oder gar Stolz mag er nicht empfunden haben, als er als Wunschkandidat des Kanzlers den größten Reformauftrag des Landes erteilt bekam.

Bis er wirklich verstanden hat, »was die Bahn tatsächlich ist« und wie groß seine Verantwortung, hat es einige Zeit gedauert. Das Ausmaß der Herausforderung war ebenso wie das plötzliche Interesse an seiner Person außerhalb seiner Vorstellungskraft. Er nennt es »out of horizon«. Überhaupt benutzt er viele englische Formulierungen und Redewendungen. »world-wide« ist sein Lieblingswort. Da ist es beinahe zwangsläufig, als Chef eines deutschen Gemeingutes immer mal an Grenzen zu stoßen.

Apropos Sprache: Die englischen Ansagen in den Zügen, auch so ein Missverständnis, das ihm immer wieder unterkommt und das die Geschwindigkeit des Kniewippens besorgniserregend beschleunigt. Mit der ebenso angestrengten wie unterhaltsamen Vielsprachigkeit der Zugbegleiter hat die Bahn für Spott, Karikaturen und sogar Buchtitel gesorgt. Mindestens einer kann darüber nicht lachen. Zur Fußball-WM

2006 wollte sich die Bahn, wie das ganze Land, gastfreundlich und serviceorientiert zeigen. Viele Mitarbeiter nahmen das Angebot an, in ihrer Freizeit Englischkurse zu besuchen, allesamt vom Arbeitgeber bezahlt, aber freiwillig, als Willkommensgruß für die Millionen internationalen Fußballfans, die für einige Wochen durch das Land reisten. Bei solch guter Absicht und so viel Engagement, was macht es da schon, wenn mal ein »th« verrutscht oder der Name des nächsten Bahnhofes zur Unkenntlichkeit geradebrecht wird. So ist es wohl, seufzt er und müht sich um Gleichmut in Anbetracht der gewohnten Verkennung. Bei einem emotionalen Thema wie der Bahn ist kein Lob und schon gar keine Dankbarkeit zu erwarten.

Sein Englisch ist natürlich exzellent. Überhaupt ist Hartmut Mehdorn ein glänzender Erzähler. Vor allem, wenn er sich in Rage redet, was trotz aller Professionalität immer wieder passiert, produziert er vielsagende Bilder und kraftvolle Wortschöpfungen. Ich ahne, er hat die meisten davon schon oft benutzt. Und dass er sich häufig in Rage redet.

Wenn es allerdings um sein Image geht, dann wird er erst mal ganz ruhig. Er hatte noch nie irgendwelche Berater, die ihm sagen, wie er sich am besten in Szene setzt. Es liege ihm nichts an einem Image, er sei Manager, kein »Industrieschauspieler«. Und er sagt das so, dass man es ihm glaubt. »Ich bekomme ein Gehalt und dafür erwartet man von mir eine Arbeitsleistung und Ergebnisse, kein positives Image«, formuliert er seine durchaus umstrittene Managementphilosophie. »Wenn man mir zehn Euro mehr gibt und sagt, dafür wollen wir jetzt auch noch ein positives Image, dann sage ich: Gut, ich schaue mal, was für zehn Euro machbar ist.« Bisher hat es niemand von ihm gefordert. Er ist froh darüber.

Er hatte den Auftrag der Bundesregierung, die Bundesbahn auf die umfassendste Weise ihrer Geschichte umzubauen. Die Staatsbetriebe Lufthansa, Bahn und Post sollten in marktwirtschaftlich orientierte Unternehmen verwandelt werden. Die

Lufthansa wurde zuerst privatisiert und ist heute Airline Nummer eins »world-wide«. Die Telekom, die aus der Bundespost herausgelöst wurde, die Post und die Bahn sollten folgen. Modernisierung, Serviceorientierung, Positionierung am Kapitalmarkt und vor allem Profitabilität, das waren die Ziele, mit denen die Manager losgeschickt wurden. Während das Wachstum der Lufthansa beinahe unbemerkt vonstatten ging, stand die Entwicklung der Bahn und der Telekom als Hüter der Volksbefindlichkeiten permanent im Blickpunkt des öffentlichen Interesses.

Reform bedingt vor allem Einschnitte, insbesondere dann, wenn man ein Defizit von 1,5 Milliarden Euro und große Ziele vor sich herträgt. Hartmut Mehdorn gab seinen Einstand mit umfangreichen »Cost-cut-Programmen« und unabdingbarem Personalabbau. Keine Situation, um zum Liebling der Gewerkschaften und der Medien zu werden. Wenn er den Bahn-Chef Mehdorn beschreiben soll, wird er immer wieder sagen, dass er ein Mann der Arbeitnehmer war und ist, einer der sich seinen Mitarbeitern verpflichtet fühlt und eine motivierte Belegschaft für den wichtigsten Faktor eines Unternehmens hält. Er hat die Mitarbeiterzahl geräusch- und kritiklos von dreihundertzwanzigtausend auf zweihundertvierzigtausend verringert. Ohne dabei jemanden zu entlassen. Das bedeutet ihm viel.

An dieser Stelle interveniert erstmals sein früherer Mitarbeiter, der an diesem Gespräch teilnimmt. Er war einer von Mehdorns engsten Vertrauten bei der Bahn, aber er möchte im Text lieber namentlich ungenannt bleiben. Kurz nachdem sein Chef die Bahn verlassen hatte, wurde er von dessen Nachfolgern entlassen. Das Gespräch kam über ihn zustande, Hartmut Mehdorn traut seinen Empfehlungen weiterhin. Loyalität ist für den Airline-Chef ein hohes Gut.

Es sei nicht leicht gewesen, Bahner zu sein, erläutert Mehdorns Weggefährte. Die Firma hatte keinen guten Ruf, das Selbstverständnis der Mitarbeiter war durch ständiges Beschwerdemanagement und demütigende Häme angeschlagen. Längst wollen kleine Jungs nicht mehr Lokführer werden. In dieser Phase habe der Chef den Menschen unheimlich viel Kraft vermittelt. »Er war der Abfangjäger, hinter dessen Rücken alle frei arbeiten konnten.« »Alle Pfeile auf mich«, war einer seiner Standardsätze.

Das hört Hartmut Mehdorn gern, und seine schelmische Freude über all die Pfeile, die in seiner zehnjährigen Amtszeit ihr Ziel verfehlten, versucht er zu verhehlen, indem er das Lachen zu einem vielsagenderen Glucksen unterdrückt. Am Kämpfen hat er Spaß, das reinigt die Luft. Gäbe es mehr von seiner Sorte, »würde alles besser flutschen«. Er sagt tatsächlich »flutschen«, aber was er mit »alles« meint, lässt er erst mal offen. Führung sei nun mal vorangehen: »Wenn man schneller vorangeht, bekommt man hinten weniger Prügel.« Auch einer dieser Mehdorn-Sätze. Für viele ist er immer mindestens einen Schritt zu schnell gegangen.

Hartmut Mehdorn hat das Tempo weiter erhöht, nachdem er, mit miserablen Zahlen gestartet, über drei Jahre mit seinen Zügen durch ein tiefrotes Tal gefahren ist. Im Jahr Vier schrieb die Bahn erstmals schwarze Zahlen, er dachte: »We're on the way.« Der Erfolg wurde gebilligt, die notwendigen Veränderungen blieben umstritten. Oft wird der Erfolg geliebt, nicht aber die Erfolgreichen.

Er hat sich nach Kräften bemüht, gute Gründe für das Mehdorn-Bashing zu liefern. Meistens weil er sich sicher war, in der Sache. Manchmal, weil es ihm an Fingerspitzengefühl fehlte. Ab- und zugeben ist seine Sache nicht, auch wenn er die Bedürfnisse des Gegenübers längst erkannt hat. Die Kleinteiligkeit vieler Diskussionen verärgert ihn noch heute. »Jeder Bürgermeister fühlte sich berufen, um seinen Bahnhof zu kämpfen, wenn eine Zugstrecke eingestellt wurde«, spottet er, »auch wenn dort schon lange niemand mehr am Bahnsteig stand.« Auch die Politik vergaß in Wahlkampfzeiten regelmäßig den mehrheitlich von ihr erteilten Auftrag. Dass ihn der

populistische Liebesentzug seiner politischen Auftraggeber enttäuscht hat, mag er nicht zugeben. »Wer gewählt werden will,
will mit unpopulären Maßnahmen nichts zu tun haben, das ist
nun mal so«, schnoddert er und schiebt kraftprotzig nach:
»Wenn mich das anfassen würde, hätte ich Pfarrer oder Milch-
mann werden müssen.« Er ist dann doch lieber Chef.

Dass er für seine Verdienste keinen Beifall erwartet hat, wiederholt er häufig. Ob er heute auch hier säße, wenn er ihn angemessen bekommen hätte? Für ihn ist das fraglos. Seine Belohnung fand er darin, mit Gleisarbeitern morgens um fünf
Uhr beim Kaffee zu sitzen. Dort erfuhr er auch, was alles Mist
ist in seinem Unternehmen. Überhaupt sei es seine Lieblingsbeschäftigung, mit Menschen zu sprechen. Vom Taxifahrer bis
zum Vorstandsvorsitzenden. »Wer noch lieber zuhört als redet,
der hört nicht auf zu lernen.« Und bekommt die Strömungen
mit, die ihn umgeben.

Er mag diese Jungsbilder vom Gleis und auch die »Hartmut
gegen den Rest der Welt«-Haltung ist viel mehr sein wahres
Gesicht als eine Maske. Aber die Haut ist dicker geworden in
seiner Zeit als Bahn-Chef der Nation. Jahrelang tauchte er beinahe so häufig in den Medien auf wie der Bundeskanzler.
Sein Beruf war längst zu seinem Vornamen geworden. In wiederkehrenden Umfragen, die Unternehmerpersönlichkeiten
Zeugnisse für die Qualität ihrer Arbeit ausstellten, lag er lange
unangefochten auf dem letzten Platz. Warum das so war, kann
er sich bis heute nicht so recht erklären. Er mag sich eigentlich
auch nicht dafür interessieren. Und füllt die entstandene Ge-
sprächspause doch mit seinen Theorien. Es sei nun mal so,
wenn man einen Konzern neu aufstellt, dann gibt es Streitereien mit Gewerkschaften, Betriebsräten, immer wieder Ärger
mit Politikern, »die ein Interesse haben, ihr Engagement
populistisch in die Öffentlichkeit zu tragen«. Führung heißt
eben, Entscheidungen zu treffen. Auch einsame. »Wenn ich
für alle notwendigen Maßnahmen Genehmigungen eingeholt
und jeden Plan vorher diskutiert hätte, hätten sie doch schnell

wieder nach jemandem gerufen, der die Dampflock zurück
will«. So rechtfertigt er seine Alleingänge. Die Bahn wurde mit
seinem Stil profitabel und das größte Transportlogistikunter-
nehmen der Welt. Auf seinem Weg dorthin hat er viele Begleiter verloren. Solche, die eine andere Bahn wollten als er, die
seine visionäre Kraft nicht verstanden haben. Aber auch die
Befürworter sind leise geworden mit den Jahren. Zermürbt
von ständigen Debatten um Preiserhöhungen, Qualitätsmän-
gel, von zähen Tarifverhandlungen, persönlichen Ringkämp-
fen und einer verheerenden Öffentlichkeitswirkung des Lok-
Anführers.

Dass es »Besserwisser« gab, noch dazu solche, »die auf einem
ganz anderen Niveau herumgeturnt sind« als er, die ihn verunglimpft haben, das sei nun mal Teil des Systems. Er ärgert
sich nur über die Journalisten, die es besser hätten wissen müssen: »Wenn ein Gewerkschaftsvertreter sagt: ›Der Mehdorn ist
ein Rumpelstilzchen‹, wo ist denn da die Story?«, fragt er rhe-
torisch. Eigentlich hat er sie ja verstanden, die Medien und ihr
Informationsbedürfnis. Seine PR-Leute haben sie vorbildlich
bedient, findet er, mehr als tausend Presseinformationen im
Jahr verschickt. Die »Verschlossene Auster«, den Preis für lau-
siges Kommunikationsverhalten, hat er dennoch bekommen.
»Die Bahn hat einfach eine solch enorme Oberfläche, da gibt
es immer irgendwo eine Geschichte. Und wenn in Bielefeld in
der Bahnhofstoilette ein Wasserhahn tropfte, hieß es sofort,
der Mehdorn hat den Laden nicht im Griff«, veranschaulicht
er die Begleiterscheinungen der bis dahin vermutlich einzigartigen Personifizierung eines Unternehmens. Und zugleich
sein Unverständnis über die unabdingbaren Irrationalitäten.
»Es gab keine Überschriften, in denen mein Name nicht vor-
kam.« Irgendwann ist die Bahn der Bahn-Chef Mehdorn gewesen. Und damit jede Panne sein Versagen.

Er hat die Zeitungen kaum noch gelesen, wiegelt er die
Kränkung ab: »Es war mir ein bisschen egal, was drinstand.«
Interviews gibt er bis heute nur selten. Jedem gerecht zu wer-

den und die eigenen Ansichten zu vermitteln, sei eine »Mission impossible«. Also lässt er es doch besser gleich.

Die Menschen sehen ihn ohnehin anders, wenn sie ihm persönlich begegnen, das ist fast immer so. Vor allem an Bahnhöfen kommen sie auf ihn zu und wollen ein Autogramm auf ihre Fahrkarte. Allesamt freundlich. Und dann wirkt er plötzlich ein kleines bisschen gerührt, als er zögerlich eine Geschichte preisgibt, die ihm kürzlich passierte. Er saß an einem Bahnhof in Münster und tippte auf seinem Laptop, als eine große blonde Frau auf ihn zukam. Sie sei eine ehemalige Kollegin, natürlich kenne er sie nicht. Aber sie sei so froh, ihn mal zu sehen und ihm Danke sagen zu können. Sie müsse ihn jetzt mal umarmen. »Dann hat sie mich einfach umarmt«, gluckst er zum zweiten Mal an diesem Tag, »das fand ich toll«.

Er schüttelt sich kurz. Und will jetzt endlich wieder über Management reden, das ist es doch, worum es geht. Ein kleiner Zwischenstopp und noch mal die Nachfrage, wie es sich lebt als Unperson, welche Verletzungen geblieben sind? »Sie sind eine Frau, es ist schon klar, dass Sie immer wieder auf emotionale Sachen hinauswollen«, schreibt er mir nachsichtig zu. Aber er habe doch wirklich Wichtigeres zu tun. Gut, aber eine Sache gibt es dann doch: Als der »Zug der Erinnerungen«, eine Ausstellung zur Aufarbeitung der Rolle der Reichsbahn zur Zeit des Nationalsozialismus durch die Lande rollte, habe der Widerstand »eine inakzeptable Dimension« erreicht. Keinesfalls sei es so gewesen, dass er die Verantwortung der Bahn für die Auseinandersetzung mit der Geschichte scheute. Im Gegenteil, sie hatten alles früh und ausführlich aufgearbeitet und in eigens geschaffenen Ausstellungsflächen exponiert. Aber er wollte sich nicht vorschreiben lassen, auf welche Weise eine solche Dokumentation stattzufinden habe. Ein Bahnhof jedenfalls war für ihn nicht der passende Ort. Also hat er die vielstimmigen Forderungen nach Gebührenerlass für den »Zug der Erinnerung« überhört. Eine dieser Situationen, die er mit Fingerspitzengefühl einvernehmlicher hätte lösen können.

Auch für sich selbst. Dass er für seine Haltung in eine rechte Ecke gestellt wurde, selbst Vergleiche wie »Mehdorn wäre auch bei der Reichsbahn gut aufgehoben« über sich ergehen lassen musste, empfindet er als infame Ungerechtigkeit. Er sei ein Mann der Minderheiten. Diese Wunde ist offengeblieben.

Es ist eine Gratwanderung, wie weit man von den eigenen Überzeugungen abrücken kann oder will im Sinne der Vermittelbarkeit seiner Standpunkte und der Vereinbarkeit unterschiedlicher Interessen. Oft werden inhaltliche Notwendigkeiten für die Modulation des eigenen Images, zugunsten karrierefördernder Faktoren und für den klassischen Machterhalt geopfert. Persönlichen Glanz im Sinne der Sache zurückzustellen gilt zwar als Tugend, diejenigen, die ohne Blick auf die eigene Imagebildung mutig entscheiden und mit Macht machen, finden dafür allerdings selten eine breite Zustimmung oder gar Anerkennung.

Hartmut Mehdorn hat sich im Einzelfall immer für seine Überzeugungen entschieden. Und er tut es weiterhin. In seiner Begrüßungsrede als Vorstandsvorsitzender von Air Berlin hat er unter anderem die Streichung aller Vergünstigungen für Politiker, VIPs und Journalisten verkündet. Beliebtheitsoffensiven sehen anders aus. Die Zahlen, die er vorgefunden hat, »waren nicht dolle«. Und wenn gespart werden muss, fängt man am besten oben an. Inzwischen fahren alle Vorstände MINI. Die obligatorischen Schokoherzen für die Fluggäste allerdings sind geblieben.

Nachgedacht, ob er es sich mit Konzessionen an der einen oder anderen Stelle leichter machen könnte, habe er nicht: »Aber ich bin einige Jahre schlauer, besonnener und ruhiger geworden.«

Niemand weiß, ob es ihm gelingen wird, die zweitgrößte deutsche Fluglinie durch diese Krise zu führen, aber viele sagen, wenn es jemandem gelingt, dann gelingt es ihm. Das meiste macht er genauso, wie er es als Bahn-Chef getan hat, das

Handwerkszeug ist das gleiche. Auch wenn alles ein bisschen kleiner ist. Das Prinzip bleibt bestehen: »Alles hat mit allem zu tun.« Er ist nun nicht mehr Anführer eines Monopolisten, er muss Kunden gewinnen. Die politischen Interventionen sind weniger geworden, dafür haben die Aktionäre eine Erwartung. Die Geschwindigkeit ist höher, das gefällt ihm besonders. Flugzeuge sind eben schneller als Züge. Er passt nun seine Erfahrungen dem Umfeld an. Überhaupt ist Führung eines Unternehmens permanente Veränderung. Gute Manager verstehen sich darin, die Themen in hohem Tempo weiterzubewegen, Änderungsbereitschaft in der Belegschaft zu erzeugen, Menschen für ihre Positionen zu gewinnen. Das will er nicht mit Macht tun, sondern mit Überzeugungskraft. Da klingt er beinahe wie ein moderner Managertypus. Mitnehmen statt diktieren. Er sagt, er sei so etwas wie ein Prediger. Früher hätte er dafür den Vorwurf der Blasphemie fürchten müssen. Wenn er seiner Selbstbetrachtung mal ungebremst nachgeht, dann sei er eigentlich immer so gewesen. Ein Vermittler, keines dieser Alphatiere, von denen er ohnehin nicht so recht weiß, was das ist. Aber einer, der führen kann. Viele seien gescheiter als er, aber motivieren und vorangehen, das können eben die wenigsten. Dass er so machtvoll wirke, könne damit zu tun haben, dass er so klein und stämmig ist, mutmaßt er, er selbst nehme das nicht so wahr. Und vielleicht daran, dass er alles im Stechschritt tut, mit seinen kurzen Beinen.

Schnell lernen könne er, komplexe Sachverhalte verdichten. »Und was ich nicht habe, da gehe ich los und hole es mir.« Man könne ja nicht warten, bis es einem jemand bringt. Natürlich gehört auch Glück dazu und ein Gefühl für den richtigen Moment, in dem es gilt, ins Licht zu treten: »Wenn Sie immer im Regen stehen, sieht Sie keiner.« Allesamt Sätze, die man auf die ein oder andere Weise schon mal gehört hat, aber bei ihm klingen sie anders als in Managementhandbüchern von praxisfernen Vielwissern. Mehdorn wirkt, als lebe er sie exakt mit der Inbrunst, mit der er sie vorträgt.

Er hat nicht danach gestrebt, Bahn-Chef zu werden. Auf seinem beruflichen Weg hätte es auch vorher schon so manchen Job gegeben, der für ihn freudvolle Endstation hätte sein können. Spätestens aber bei seinem vorherigen Arbeitgeber, den Heidelberger Druckmaschinen, glaubte er, in Rente zu gehen. Deshalb ist Bahn-Chef auch nicht seine Lebensaufgabe gewesen. Aber mindestens »die grandioseste Aufgabe nach dem Krieg«. Dass er sie bewältigen kann, daran hatte er keine Zweifel, »sonst hätte ich sie nicht angetreten«. Ob er die öffentliche Wirkung nach dieser Erfahrung scheuen würde? Da zögert er kurz. Er glaubt nein, aber er hätte wahrlich nie geahnt, dass dieser Job eine solche »Publicity« mit sich bringt. Auf »Fidelitäten« sei er wegen des ständigen Erkennens irgendwann nicht mehr gegangen, und Spaziergänge hat er dort gemacht, wo ihn am besten niemand sah. Manchmal sogar ohne seine Leibwächter, die ihn ansonsten überallhin begleiteten. Aber doch, er hätte diese »einmalige Herausforderung« trotzdem angenommen. »Schließlich war das alles auch ein Riesenspaß.«

Wer sich die Fotogalerie seiner Amtszeit anschaut, stellt fest, dass in diesen Momenten, in denen er Riesenspaß hatte, die Fotografen zumeist fern gewesen sein müssen. Sein Gesicht wirkt gepresst, von Falten zusammengezogen. Er ruckelt sich im Stuhl zurecht und nimmt diszipliniert Haltung ein: »Na klar war das eine anstrengende Zeit«, sagt er dann, »aber wir hatten so viele großartige Momente, ich möchte keinen einzigen Tag missen.«

An die Tage, die Entschädigung für die Falten und alle leidvollen Einschläge sind, erinnert er sich genau. Als der neue Berliner Hauptbahnhof 2006 eröffnet wurde, rechtzeitig zur Heim-WM und nach »siebenjährigem Steineklopfen«, das war ein großer Moment. Etwas, das auf eine Weise sein Vermächtnis bleibt, auch wenn sich selbst darum medienträchtige Rangeleien mit dem Stararchitekten rankten. Es gab »große und kleine Highlights« und »man hat Nektar daraus gesogen, wenn man merkt, dass etwas gelingt«. Da sagt er zum ersten Mal nicht ich. Dass die Triumphe triumphaler waren, wenn er sich dabei gegen Widerstände durchsetzen musste, lässt er unkommentiert stehen. Aber widersprechen mag er nicht. Überhaupt hat er sich »nicht besoffen geredet« an den unumstrittenen Erfolgen. Die Bahn sei einfach zu groß, um lange im Freudentaumel zu liegen.

Bei allem Bemühen um Sachlichkeit kann er die kleinen Frohlockungen dann doch nicht verbergen. Dass die Bahn inzwischen der größte Fahrradverleiher des Landes ist, das freut ihn diebisch, und er unterstreicht die Vergnügtheit mit einem kurzen etwas misslungenen Pfiff. Dabei war das am Anfang nur ein Hobby von ihm. Eines, an das er glaubte. Auch damit war er einsam.

Ohne Beifall konnte er gut leben, aber als ihm auch die operative Unterstützung verlorenging, leitete er den geordneten Rückzug ein. Jahrelang wurde der Börsengang der Bahn vorbereitet, im Stile der Telekom sollte es eine epochale Emission geben. Die Kapitalmarktfähigkeit war lange erreicht, unzählige Roadshows abgeschlossen, die Broschüren längst gedruckt. Strahlend schön stand die Braut vor dem Altar, als die Investmentbank Lehman pleiteging und damit die Finanzwelt erschütterte. Einer dieser Momente, die unendlich viele Kausalitäten nach sich ziehen, Karriereverläufe und menschliche Schicksale besiegeln, ohne dass je ein Zusammenhang hergestellt wird. In dem Augenblick, als er von Peer Steinbrück erfuhr, dass Lehman nicht zu retten sei, wusste Hartmut Mehdorn, dass er diesen Auftrag nun nicht mehr erledigen wird. Dass ihn ein Ereignis an der Pflichterfüllung hinderte, das er selbst nicht beeinflussen konnte, hat ihm den Umgang damit erheblich erschwert. Noch heute zürnt er mit dem Akt höherer Gewalt, den er für ein Versagen der US-Politik hält. »Niemand konnte damit rechnen, dass die USA Lehman über den Deister gehen lässt«, schimpft er über die Stimmung in den Tagen, die die Bewertung seiner Amtszeit prägen wird. »Nur weil ein paar Amerikaner mit rauchenden Colts Politik machen wollten, ist der Finanzmarkt kollabiert. Das war ein Fehler, der in die Geschichte eingehen wird.« Eine historische Fehlentscheidung, die die Vollendung seines Werks torpedierte. Drunter macht er es nicht. Dass es Kritiker gibt, die den Börsengang schon vorher skeptisch gesehen, ihm eine Lebenswerkkrönung mit der Brechstange unterstellt haben, nennt er mit aufbrausendem Kniewippen einen »kapitalen Unsinn«. Einer wie er erfüllt nur seine Aufträge. Nicht mehr und nicht weniger.

Er hat noch versucht, die Situation mit einem »Private placement« zu retten und die geneigten Investoren mit einem Vorgriff auf einen Börsengang zum Kauf von Bahn-Aktien zu bewegen. Natürlich verbunden mit einem entsprechenden finanziellen Anreiz im Erfolgsfall. Aber dafür brauchte er eine Garantie der Bundesregierung. Angela Merkel, die den Börsengang einst mit großer Mehrheit in ihrem Kabinett beschlossen hatte, konnte sich nun, in Anbetracht des fragilen Finanzmarktes und noch dazu im Wahlkampf, »nicht mehr recht daran erinnern«. Da war klar, es würde auf absehbare Zeit keinen Börsengang geben. Die Ware stand im Schaufenster, »aber wer sollte für fünf Milliarden Euro Bahn-Aktien kaufen?«. Also habe er die Kanzlerin angerufen und ihr gesagt, »lass uns mit meinem Nachfolger reden«.

Seinen ehemaligen Büroleiter hatte er Angela Merkel schon frühzeitig empfohlen. Nach einem erfolgreichen Börsengang sollte der Staffelstab übergeben werden. Die Bücher, die er danach lesen wollte, hatte er sich schon zurechtgelegt. »Wenn man siebenundsechzig ist, kommt ein berufliches Ende nicht völlig überraschend«, sagt er trocken. Dass es noch einen unerquicklichen Datenskandal gab, mit dem sein Ende heute in den Zeitungsarchiven untrennbar verbunden ist, quittiert er mit einer abwertenden Handbewegung. Sein Abgang wurde bereits seit drei Monaten vorbereitet, die Gespräche mit der Bundesregierung und den Aufsichtsräten waren längst geführt. Wie so oft fühlt er sich missverstanden. In diesem Fall brauchte es ein Ermittlungsverfahren, das ihm letztlich recht gab. Er hat das Ende selbst gewählt, auch weil aus den bröckelnden Loyalitäten nun spürbare Steinschläge geworden waren.

Für den Tag, an dem er die Notbremse ziehen wollte, dachte er sich noch einen finalen Coup aus. Besprochen nur mit seiner Frau, die selbstverständlich auch diesmal mitzog. Nach wochenlangem Gezerre um seine Position verkündet er den Abschied am Tag der Bilanzpressekonferenz. Zusammen mit den »besten Zahlen ever«. Das ist seine Art auf Wiedersehen zu sagen. Dann ist er gegangen. Wohin? Er denkt nach Hause.

»Nein, ins Büro«, souffliert ihm sein ehemaliger Mitarbeiter, mit den engsten Kollegen. Wie die Stimmung gewesen ist? »Es war grabesstill«, so wiederum sein Wegbegleiter, »viele haben geweint.« An die Stille erinnert Hartmut Mehdorn sich jetzt, die war denkwürdig, ja. Und dass viele Menschen da waren, fünfhundert mindestens. Viele haben ihm gesagt, sie seien traurig, sogar Journalisten. »Das hätten sie mal vorher schreiben sollen«, spöttelt er über die kränkende Missachtung hinweg. »Aber klar, in einem so großen Laden gibt es auch sicher welche, die gesagt haben, gut, dass er weg ist«, schließt er seine Abschiedsepisode ohne jede Rührseligkeit.

Dann war er weg. Er ging nach Hause zu seiner Frau. Ein besonderer Abend sei es nicht gewesen, weder Erleichterung noch Traurigkeit habe er gespürt. Seinem Nachfolger hat er noch eine Liste mit hundert Punkten übergeben, auf die er achten solle. Er konnte ihn anrufen, wenn er seine Einschätzung wollte. Getan hat er es nicht. Aber das sei schon in Ordnung so: »Ich schaue nicht zurück.«

Auf dem Weg nach vorne ist er erst mal in den Urlaub nach Frankreich gefahren, in die Heimat seiner Frau. Für zwei Monate, ohne zu wissen, was danach kommt, aber mit der klaren Vorstellung, dass danach etwas kommen sollte. Sie haben gegolft, Tennis gespielt, gegrillt und gelesen. Es war gut, weit weg zu sein. Und auch wenn es keinen Moment gab, in dem er nichts mit sich anfangen konnte, wusste er, dass er noch nicht aufhören wollte, etwas zu bewegen. Er hat sich ein kleines Büro gemietet, ziemlich aufgeschmissen mit all dem, was zu erledigen war. Er war es gewohnt, Stäbe zu dirigieren, und auch wenn er sich ehemals aus Überzeugung für den internetbasierten Fahrkartenvertrieb eingesetzt hat, ein Ticket bestellt hatte er selbst auf diesem Wege noch nicht. Erst dachte er, er müsse sich Mitarbeiter einstellen, eine Assistentin mindestens. Doch dann fand er Gefallen an der Genugtuung eines selbstgebuchten Fluges.

Gefehlt habe ihm in dieser Zeit nichts. Vor allem nicht ausbleibende Einladungen zu repräsentativen Veranstaltungen. Er ist ohnehin nie hingegangen. Ständig fotografiert zu werden war ihm ein Gräuel, da fehlt die »Privacy«. Er geht immer schon lieber gemütlich essen, im kleinen Kreis, deshalb ist ihm nicht aufgefallen, wenn er von Gästelisten herunterpurzelte. Auch den Druck hat er nicht vermisst, wenngleich er sich erst daran gewöhnen musste, »dass nicht täglich irgendein Affe meinen Rücktritt gefordert hat«. Er habe keine Nutzlosigkeit empfunden, er hatte seine Aufgaben und vor allem seine Bücher.

Die bleiben jetzt erst noch mal eine Zeit unberührt. So ganz geheuer war ihm die Beschaulichkeit eben doch noch nicht. Er war im Aufsichtsrat von Air Berlin, als die Fluglinie in Turbulenzen geriet. Es sollte kein Führungsvakuum entstehen, eine Lösung von außen schien ob des Zeitdruckes zu riskant. »Dann haben mich alle angeschaut.« Er hat seine Frau angerufen, diesmal hat sie gesagt: »Tu, was du nicht lassen kannst.« Er wusste ohnehin, dass sie auch diesmal mitziehen würde, weil sie weiß, dass er es nicht lassen kann. Also legt sie ihm am Morgen wieder die Anzüge raus, »weil sie davon mehr versteht« und weil sich Autorität und Respekt vor dem Gegenüber auch in angemessener Kleidung und der passenden Krawatte dokumentieren.

Man kann in so einer Situation nicht den »Zuckerbäcker« geben. So heißt Entschlossenheit bei Hartmut Mehdorn. »Da

habe ich mal ein bisschen aufgehört, Ruhestand zu machen.«
Bis alles geordnet ist, will er die Bücher nun erst einmal liegen
lassen: »Die werden ja nicht schlecht.« Das eigentlich vorge-
sehene Jahr ist längst überschritten.

Es ist allerdings ruhiger um ihn geworden in der neuen Aufgabe, auch wenn er sich nicht verändert haben will: »Ich gehe
auch hier geradeaus und lasse mich nicht beirren.« Ob es eine
Hypothek gewesen sei, mit seinem Bahn-Chef-Image vor die
neuen Mitarbeiter zu treten? Er denkt nein. Nur ein paar blöde
Scherze habe es gegeben. Der Flieger fährt an Gleis neun
oder Ähnliches. Aber darum scherte er sich nicht. Das sei nun
mal so.

Mit Spott müsse man sich eben abfinden, wenn man etwas
bewegen will in diesem Land. Bei denen, die handeln, »wird
das Haar in der Suppe gesucht«. Oder die falsche Betonung.
Dass es das Buch »Senk ju for träwelling« zu höheren Verkaufszahlen gebracht hat als seine Biographie, die er zusammen mit
Hugo Müller-Vogg geschrieben hat, sei schon klar, aber eben
auch bezeichnend für eine Nation, »die ihre Fußballspieler,
nicht aber ihre Nobelpreisträger kennt«. Seine Kumpels fanden das Buch richtig gut, er selbst war eigentlich gleich wieder
grummelig, nachdem er zugesagt hatte: »Ich brauche solchen
Weihrauch nicht.« Doch, er fühlt sich in diesem Buch ganz
richtig dargestellt. »Aber das liegt vielleicht auch am guten
Dialog mit dem Autor und daran, dass er aufgeschrieben hat,
wer ich tatsächlich bin und was ich denke.« Ein Bestseller ist es
trotzdem nicht geworden, glaubt er. Und hat damit wohl recht.
»Aber das war auch nicht geplant.« Alles kommt von allem.

Auch dass er als Bahn-Chef mit der längsten Amtszeit in die
Ahnengalerie des Unternehmens eingehen wird. Und da wirkt
er dann doch ein bisschen stolz. Sein großer Verdienst sei es,
die Bahn nachhaltig modernisiert, kundenfreundlich und
profitabel gemacht zu haben. So, wie es sein Auftrag gewesen
ist. Verändert habe er sich nicht in dieser Zeit, aber er, der
Mehdorn, habe die Bahn verändert. Da ist er wieder. Und sei-

nen Blick auf die Politik. Aber jetzt ist auch wirklich gut, er hat zu tun. Sein aktueller Auftrag wartet. Er ist siebzig, vielleicht ist es sein letzter. Der Bücherstapel wächst und will abgearbeitet werden.

Die Verabschiedung ist freundlich und beinahe erleichtert. Und dann fällt ihm noch etwas ein. Chef von Porsche zu sein, das wäre noch mal was. Diese Effizienz, diese Geschwindigkeit. Jeden Abend noch mal so einen Wagen über die Strecke zu scheuchen, das wäre grandios. Das Telefon klingelt, er nimmt den Hörer ab.

Die Auflösung

>>Meine Politik ist derzeit nicht mehrheitsfähig.<<

Tanja Gönner

An dem Wochenende, als zum dritten Mal in den vergangenen drei Jahren ein neuer Bundespräsident gewählt wird, nimmt Gesine Schwan eine hohe französische Auszeichnung entgegen. Es ist ihr vermutlich eine Ehre, aber sie wäre lieber Bundespräsidentin geworden. Einfach, weil sie so gern Bundespräsidentin geworden wäre. So gern, dass sie gleich zweimal zur Wahl angetreten ist und dabei einen Tabubruch begangen hat. Nie zuvor in der Geschichte des Landes wurde ein Amtsinhaber im höchsten Staatsamt, der sich selbst zu einer zweiten Amtszeit angemeldet hatte, von einer Gegenkandidatin herausgefordert.

Zu unserem Gespräch kommt sie etwas zu spät und gehetzt, einen roten Rollkoffer hinter sich herziehend, sie ist auf der Durchreise in ihrem eigenen Büro. Wir hatten uns einige Wochen zuvor kennengelernt, bei einem Abendessen über den Dächern Berlins, das der CEO einer Werbeagentur zu Ehren eines Kunstmäzens ausrichtete. Sie kam auch dort zu spät, verpasste den Hauptgang und den Kunstmäzen und wurde dennoch sofort zum Mittelpunkt der prätentiösen Tafel. Die sprudelnde Herzlichkeit, mit der sie den Raum füllte, wurde durch ihren Ehemann Peter Eigen, den Gründer von >>Transparency International<<, effektvoll unterstrichen. Mit seiner würdevollen Gelassenheit kontrastiert und verstärkt er die intellektuelle

Umtriebigkeit seiner Frau, die dieses Parkett, wie zweifellos jedes andere, so kinderleicht bespielte.

Für ein neues Beziehungsmodell, für ihrer beider Beziehungsmodell, in Schloss Bellevue und dem ganzen Land zu werben, ist ihr ein Anliegen gewesen. Und ist es noch, auch wenn sie nun nicht die ganze Symbolkraft des Staatsoberehepaares nutzen darf, um ihre Überzeugung für ein Rollenbild zu vermitteln, das auf Partnerschaftlichkeit und Gleichberechtigung in allen Lebensbereichen basiert. Ihr Mann sollte nicht nur Kostümträger sein, der sich auf Auslandsreisen beim obligatorischen Damenprogramm verdingt und die Zeiten dazwischen mit Wohltätigkeitsveranstaltungen füllt. Er sollte auch weiterhin die weltweite Korruption bekämpfen, politische Gedanken entwickeln und das Frühstück vorbereiten, während sie den Menschen im Land eine Orientierung geben, sich mit gesellschaftspolitischen Positionen einmischen und gleichfalls das Frühstück vorbereiten würde. Vor jeder der beiden Kandidaturen hat sie sich lange mit Peter Eigen beraten. Ihre Beziehung war noch jung und die verbindend erfahrungsprallen Lebensgeschichten hatten ihrer beider Priorisierungen verrückt. Er war hin und hergerissen, weil er um die Zeit mit ihr fürchtete, die sie beide so sehr genossen, und riet ihr dennoch zweimal zu, weil er an ihre Kraft und ihren guten Einfluss auf das Land glaubte.

Die beiden Bewerbungen haben Gesine Schwan eine Aufmerksamkeit und Bekanntheit gebracht, die es ihr erleichtern, nun auf ihre Weise Einfluss auszuüben, auch wenn sie verloren hat. Mit ihrem Namen kann sie jetzt mehr bewirken für das, was ihr besonders am Herzen liegt. Sie hat eine Schule gegründet, deren Ziel es ist, den Trialog zu fördern zwischen Politik, Wirtschaft und Zivilgesellschaft. Vertrauen zu schaffen zwischen Institutionen, die oft nicht viel voneinander halten und doch aufeinander angewiesen sind, wenn es vorangehen soll mit Deutschland. Hier ist sie Präsidentin.

Wenn sie über Vertrauen spricht, was für Gesine Schwan so

viel bedeutet wie der Freiheitsbegriff für andere, dann untermalen keine überbordende Gestik, kein auffallendes Mienenspiel die Enttäuschungen, die sie im Verlauf ihrer zweiten Kandidatur erlitten hat, die eine Gerechtigkeitsfanatikerin wie sie ins Mark treffen müssen.

Zu ihrer ersten Kandidatur wurde sie gebeten. Gerhard Schröder rief an, sie war gerade in Harvard, und fragte sie, ob sie sich zutraue, gegen den Kandidaten der CDU, der sich aus dem Trio Anette Schavan, Heinrich von Pierer und Horst Köhler herausbilden sollte, anzutreten. Die Gegenüberstellung schreckte sie nicht, sie war die Wunschkandidatin der sozialdemokratischen Partei, der sie seit vielen Jahren angehörte und der sie sich verpflichtet fühlte, »aus einer Kalamität zu helfen«.

Mit ihrer einnehmenden Mischung aus Menschlichkeit und Ratio wurde Gesine Schwan schnell zur Kandidatin der Herzen. Sie sprach über die Notwendigkeit eines gesellschaftlichen Wandels ebenso wie über den Tod ihres ersten Mannes und nahm die Menschen überall im Land für sich ein. Parallel zu ihrer Wahlkampftour gewann sie die Umfragehoheit und den ein oder anderen Wahlmann aus dem Lager des politischen Gegners, wenn auch erwartungsgemäß keine Mehrheit in der Bundesversammlung. »Horst Köhler wird Präsident und Gesine Schwan gewinnt«, war eine der Schlagzeilen dieser Tage. Die Zeit der Bewerbung war ein zustimmungsreicher, zweieinhalbmonatiger Spaziergang, getragen und unangefochten, beharkt nur von den Störversuchen einzelner Medien, die über die Desavouierung seiner Kandidatin den Kanzler zu attackieren versuchten.

Beschwingt von dieser Erfahrung und überzeugt vom Gewinn für das Land, meldet sie ihr Interesse an einer zweiten Kandidatur an. Und begeht damit den undefinierten Tabubruch. Die Anfragen und die Ermunterungen kommen nun nicht mehr aus der Parteispitze, sondern vornehmlich aus der zweiten Reihe. Sie nimmt sie dankbar auf, voller Zuversicht, auch die mächtige SPD-Führungstroika Peer Steinbrück, Frank-

Walter Steinmeier und Franz Müntefering erneut hinter ihrer Position zu versammeln.

Dass es diesmal eine kapitale Veränderung zu ihrem ersten Anlauf auf das Amt gab, hat sie gänzlich unterschätzt. Nun bestand numerisch tatsächlich die Chance zu gewinnen. Aus der symbolischen Kandidatur war eine reale geworden. Das wohlgefällige Schaulaufen zu einer knallharten Machtfrage. Erstmals gibt es dezidierte Gegner. Sie erkannte diesen »radikalen Unterschied« nicht sofort, aber sie spürte die Zurückhaltung ihrer Parteiführung. Eine Weile nährte sie sich aus halbherzigem Zuspruch. Franz Müntefering ermutigte sie mit einer Spitze gegen die Hauptakteure der akuten Koalitionsdebatte seiner Parteiführung: »Damit kommt endlich wieder Substanz in den öffentlichen Diskurs.« Peter Struck, der sich anfänglich öffentlich klar für eine zweite Amtszeit Horst Köhlers ausgesprochen hatte, bekannte sich in fatalistischem Fraktionszwang zu seiner Parteigenossin: »Wenn es nun mal jetzt so ist.«

Die Zeichen der Abkehr erreichten sie schleichend. Im Gleichklang mit dem schwindenden Vertrauen in die Parteispitze und damit in ihre eigene Sicherheit veränderte sich auch die Wahrnehmung von außen. Im Verlauf des Wahlkampfes, der diesmal ein Jahr dauerte und eher einer Bergwanderung als einem Spaziergang glich, verfestigte sich das von den Medien hinlänglich transportierte Bild der überehrgeizigen Aspirantin, die ihren Machtanspruch über die ungeschriebenen Gesetze der Politik stellt. Dass dieses Vergehen nur deshalb einen solchen »Sturm der Entrüstung« entfachen konnte, weil es eine Frau ist, die nach der männlich besetzten Macht griff, hält Gesine Schwan für selbsterklärend: »Ehrgeiz wird bei Frauen übelgenommen.« Und auch wenn sie sich selbst nicht so sieht, »weil es so was Ellenbogenhaftes hat«, weiß sie, dass es so manchen gibt, »der mich für eine ehrgeizige Ziege hält«.

Es gibt diese besonderen Zuschreibungen im Falle des weiblichen Gestaltungswillens, die auch in anderen Frauen-Biographien ersichtlich werden. Ist es für Männer nach wie vor selbstverständlich, nach Macht und Einfluss zu streben und dabei auch Regeln zu brechen, werden Frauen in ihrer öffentlichen Darstellung skandalisiert, sobald ihr Auftreten von der genormten weiblichen Kodierung abweicht. Die Verkehrung des Ehrgeizes zu etwas Hysterischem, die Reduktion der Kandidatin auf den Machtanspruch sind öffentliche Automatismen.

Beim ersten Mal war ihr Frausein noch die Stärke der Kandidatur, der Mittelpunkt der Kampagne, die den inhaltlich aussagekräftigen Titel »Frau nach Rau« trug. Die Unmöglichkeit ihres Wahlsieges machte sie zum idealen Feigenblatt der kanzlerischen Frauenförderung.

Die unverstellte Erkenntnis, dass die Unterstützung in der eigenen Partei fehlte, erlangt sie nicht zu einem bestimmten Anlass, sondern über Wochen in kleinen Nadelstichen. Die SPD stand vor bedeutenden Landtagswahlen, vier Jahre zuvor war die Sympathieträgerin auf jedem Marktplatz als sozialdemokratische Botschafterin willkommen und gefeiert worden. Sie bot dem Parteivorsitzenden an, die Landtagswahlkämpfe erneut, diesmal mit ihrem persönlichen Programm »Die Demokratiereise« zu verstärken. Als keine Resonanz kam, fragte sie sich erstmals: »Was ist da los?« Und dann auch ihren Vorsitzenden. Eine Antwort erhielt sie auf die Frage nicht. Zumindest keine ehrliche. Zeitgleich bekam sie von ihrem Team, das im Herzen der SPD, im Willy-Brandt-Haus, saß, Hinweise darauf, dass die dortige Arbeit durch Missachtung und mangelnden Informationsfluss torpediert würde. Die große Angst dieser Tage war das Schreckgespenst der Linken, das sich gerade über Hessen ausgebreitet hatte und als bundesweite Götterdämmerung gefürchtet wurde. Eine SPD-Präsidentin, die mit den Stimmen der Linken gewählt würde, konnte ein Fiasko für die bevorstehende Europawahl heraufbeschwören, möglicherweise sogar die nächste Bundestagswahl beeinflussen. Offen diskutiert wurden diese Szenarien nie. Stattdessen gelangten zunehmend Informationen über eine fortschreitende Entfernung zwischen der SPD und ihrer vermeintlichen Wunschpräsidentin an die Medien.

Die Unterfütterung journalistischer Thesen durch Informationen von Strippenziehern aus den eigenen Reihen gilt als belastbarer Beleg für deren Richtigkeit und ersetzt oftmals gründliche Recherche und objektive Bewertung. Häufig werden Machthaber in einer kritischen Karrierephase von vermeintlich Nahestehenden destabilisiert oder an der Sollbruchstelle zu Fall gebracht.

Gesine Schwan hat sich nicht entmutigen lassen, weder durch den inzwischen unübersehbaren Treuebruch ihrer Parteifreunde noch durch zunehmend kritische Berichterstattung. Zunächst fühlte sie sich angestachelt und ließ sich bestärken von den aufmunternden Erfahrungen, die sie im persönlichen Kontakt mit den Menschen weiterhin sammelte. Sie reiste durch die Nation, gewann erneut Herzen und Wahlmenschen und die Gewissheit, die richtigen Antworten zu haben auf die Frage, »was Deutschland braucht, um sich selbst ein bisschen mehr zu vertrauen«. Aber sie tappte nun auch in Fallen, von denen sie bis dahin nicht ahnte, dass es sie gibt. Eine falsche Formulierung nur, vielmehr eine Ungeschicklichkeit als eine grundsätzliche Haltung, löste dann einen bis dahin ungekannten Widerstand gegen sie aus.

Die DDR sei nicht einfach ein Unrechtsstaat gewesen, hatte sie in einem Interview auf der Zielgeraden der Kandidatur gesagt und damit einen Aufschrei der Empörung ausgelöst. Selbst in der Autorisierung des Gespräches war ihr das Skandalon dieser Aussage nicht aufgefallen. Vielleicht, weil ihr die Bereitschaft ihrer Gegner zum Angriff nicht aufgefallen war. Das änderte sich im Verlauf dieser Diskussion. Sie weiß, dass sie ihren Standpunkt anders hätte formulieren können, aber sie wehrt sich dagegen, Techniken anzuwenden, die »zumeist Luftblasen produzieren, nur um keine Angriffsfläche zu bieten«. Gleichwohl hat es sie enttäuscht zu spüren, wie sich selbst vermeintliche Freunde nach und nach von ihr abwandten. Auch diejenigen Medien, deren Unterstützung sie sich nach den Erlebnissen der ersten Kandidatur erhofft hatte. »Jeder, der sich mit meiner Biographie beschäftigt hat, musste wissen, dass ich vieles, was in der ehemaligen DDR passierte, für Unrecht hielt.« Laut gesagt hatte sie das auch. Selbst in einer Zeit, als es nicht opportun war. Als sich andere geschmeidig heranwanzten an das Führungspersonal der DDR, hat Gesine Schwan eine auf demokratischen Werten basierende antikommunistische Haltung eingenommen. Damals wurde sie dafür angegriffen. In den Archiven wäre das zu finden gewesen, aber diesmal passte eine andere Lesart besser.

Als das Fanal gesetzt war, gab es nichts mehr zu gewinnen. Aber sie hat weitergekämpft. Nun nicht mehr nur um das Amt, sondern auch gegen ein Image, das nicht »meiner Wahrnehmung entsprach«. Dabei verzettelte sie sich zunehmend in der aktiven Bildbearbeitung. Sie begann, sich zu wehren, ließ sich von bissigen Kommentaren verletzen und verlor die Konzentration auf ihre Stärken. Als sie dann mit ihrer Warnung vor der Wut derer, die unter den Folgen der Wirtschaftskrise leiden, einen ungeahnten Wirbel entfachte, fühlte sich die geballte politische Phalanx, von Parteifreunden bis zur Kanzlerin, berufen, öffentlich gegen sie Stellung zu beziehen. Das Herbeireden sozialer Unruhen warf man ihr vor, verstanden hat sie diese Deutung bis heute nicht. Die nachträglichen Versuche, den Furor mit Dementis und Richtigstellungen zu bändigen und die Stimmung wieder in ihre Richtung zu drehen, schlugen allesamt fehl.

Warum es diese kategorische Ablehnung, insbesondere ihr nahestehender Medien, gegeben hat? Ganz genau weiß sie das auch nicht, deshalb sucht sie erst mal Erklärungshilfe bei Barack Obama, »die nahesten Medien sind immer die schwersten« übermittelt sie pauschal aus dem Erfahrungsschatz des amerikanischen Präsidenten. Um dann in einem Crescendo ihrer Lebhaftigkeit die Einzelfälle zu skizzieren: Da ist zum

Beispiel der Innenressortchef eines bedeutenden Nachrichtenmagazins, der im Beraterkreis von Angela Merkel war und den
sie bei einer Begegnung tadelte: »Ich dachte, Sie seien Journalist und nicht Lobbyist.« »Das hat er mir übelgenommen.« So
sehr, dass er wohlwollende Redakteure von ihrem Thema absetzte, glaubt sie. Sie nimmt es sportlich: »Ich neige nicht dazu,
mich verfolgt zu fühlen.« Aber unfair behandelt fühlte sie sich
allemal.

Gesine Schwan ist streitbar, das ist kein Widerspruch zu ihrem
Plädoyer für Vertrauen, Integration und Gemeinwohl. Für sie
ist es ein Prädikat. Wer Positionen hat, trifft zwangsläufig auf
Gegenpositionen. Anfang der achtziger Jahre wurde sie mal
wegen Kritik an Willy Brandt aus der Grundwertekommission
der SPD gewählt, ein bislang einzigartiger Fall. Inzwischen ist
sie längst wieder drin.

Wer mit ihr spricht, spürt zuallererst die Warmherzigkeit in
ihrem Blick, das Interesse am Gegenüber und am inspirieren-
den Diskurs. Aber man versteht schnell, warum der Eifer, mit
dem sie ebenso fundiert wie schwindelerregend argumentiert,
und ihre Stimme, die dabei so aufgeregt wird, auch zänkisch
wirken können. Ob sie glaubt, die Politik habe Angst gehabt
vor ihren vorhersehbaren Einmischungen als Bundespräsidentin? Das mag schon sein, sagt sie nachdenklich, aber das liege
weniger an ihr als an der grundsätzlich fehlenden Wertschätzung für das höchste Amt des Staates. Nun sind wir bei einem
ihrer Lieblingsthemen, und sie kann sich vortrefflich hinein-
steigern in die Ausführung dessen, was aus Schloss Bellevue
heraus alles möglich wäre, an Impulsen für dieses Land. Das
sagt sie kopfschüttelnd, sei nun nach den letzten beiden un-
rühmlich abgebrochenen Präsidentschaften nicht besser geworden. Auch wenn das Präsidentenamt immerhin mal wieder im Fokus der Wahrnehmung stand. Hättet ihr es mich mal
machen lassen, dem Amt wäre einiges erspart geblieben, das
sagt sie hörbar nicht. Jetzt macht es ja einer, dem das Format
zugesprochen wird. Das ist einer der seltenen Situationen, in

denen sie sich einer Beurteilung enthält. Auch wenn spürbar ist, wie schwer ihr dieses Schweigen fällt.

Sie weiß genau, dass sie Fehler gemacht hat bei ihrer zweiten Kandidatur. Mehr als sie machen durfte in Anbetracht des geballten Widerstandes. Sie hätte vermutlich nicht den Populismus von Horst Köhler als Beitrag zur Erosion der Demokratie kritisieren sollen. Dieser Verstoß gegen die gängigen Sitten führte zur »Erosion der Kandidatin«, wie sie in unsanften Kommentaren nach- und am Wegducken ihrer Parteiführung ablesen konnte. Die Entfremdung zwischen der SPD-Spitze und ihrer ehemaligen Wunschpräsidentin war offensichtlich, auch wenn es weiterhin keine offene Aussprache gab. Die Häufigkeit der Nachfragen von Journalisten nach dem Grad der Unterstützung durch ihre Parteiführung war ausreichendes Indiz für deren Nichtvorhandensein.

Sie ist noch immer enttäuscht von dieser Entwicklung, von den wahlstrategischen Überlegungen, die wichtiger waren als angemessene Solidarität, und vor allem von der Doppelzüngigkeit langjähriger Weggefährten. Wenn sie diejenigen heute trifft, kann sie kein schlechtes Gewissen erkennen: »Dafür legen sich diese Leute zu schnell eine Rechtfertigung für ihr Handeln zurecht.« Aber so mancher neigt zu einer überakzentuierten Freundlichkeit, die ihr gleichfalls komisch vorkommt.

Gesine Schwan ist damals trotzdem mit dem Gefühl in die Bundesversammlung gegangen, gewinnen zu können. Zumindest im zweiten oder dritten Wahlgang. In der Nacht vorher hat sie gut geschlafen, daran erinnert sie sich, weil sie sonst oft schlecht schläft. Vor allem, wenn sie sich überfordert fühlt, von all den Gedanken in ihrem flirrigen Kopf. Als der Versammlungsleiter ihr nach der Stimmauszählung zuflüsterte: »Köhler hat es«, da kniff es kurz mächtig in ihrem Bauch. Sie hat es sich nicht anmerken lassen: »Das Gefühl kannte ich schon. Ich wusste, es muss weitergehen.« Bei diesen Worten entschleunigt sich die enorme Geschwindigkeit ihres Sprachflusses, und sie erzählt aus der Zeit ihres Lebens, die sie wie keine andere geprägt hat und in deren Mittelpunkt eines jeden Tages stand, dass es irgendwie weitergehen musste: »Mit der Krebserkrankung meines ersten Mannes hat alles eine neue Dimension bekommen. Jede Form des Schmerzes ist seither eine umso vieles schwächere Version.«

Sie hat schon dann und wann in Interviews über diese Erfahrung gesprochen. Über die Depression, in die sie nach dem Tod ihres ersten Mannes Alexander Schwan fiel, die sie ohne ärztliche Hilfe nicht überwunden hätte. Sie erzählt das auch, um Menschen zu helfen, Mut zu machen beim Verarbeiten von Trauer und Schwäche. Aber sie erzählt es vor allem, weil es zu ihr gehört. In persönlichen Momenten wie diesen, von denen es im Austausch mit Gesine Schwan überraschend viele gibt, manchmal ganz unvermittelt, eingebettet in Auseinandersetzungen zu weltpolitischen Fragen, wird aus der kampfeslustigen Sprachakrobatin eine berührend empfindsame Frau. Sie traut sich diese Sensibilität, die sie eine erhebliche nennt, weil sie keinen Grund hat, es nicht zu tun. Auch wenn sie Haltung über die Jahre durch dramatische Lebenseinschnitte gelernt und perfektioniert hat. Als Dekanin musste sie nach dem Verlust ihres Mannes ihre Trauer auf den Feierabend verschieben und die Tränen zu Hause weinen, wenn die Wohnungstür geschlossen war.

Im Vergleich zu den existentiellen Einschnitten, die sie erlebt hat, war es keine fundamentale Erschütterung, nicht Bundespräsidentin zu werden. Auch nicht beim zweiten Versuch, als ihr sogar Stimmen aus dem eigenen Lager fehlten. Gleichwohl war ihr der Tag schwer, forderten die obligatorischen, fototauglichen Glückwünsche an den Sieger und die angemessene, medial vermittelbare Enttäuschung ihre ganze Kraft. Contenance, darin war sie gut trainiert. Teilnehmer der Party, die sie am Wahlabend mit ihrem Team und Unterstützern feierte, beschreiben anerkennend ihren würdevollen Auftritt und glauben gar, so etwas wie Erleichterung in ihren Gesichtszügen erkannt zu haben. Diesem Eindruck widerspricht sie energisch. Nein, Erleichterung habe sie keine empfunden. Und die Professionalität im Wegparlieren der Niederlage sei vielmehr ihre Pflicht gewesen als das, was sie an diesem Abend tatsächlich fühlte.

Sie hat drei bis vier Monate gebraucht, um »in die Normalität zurückkehren«. Die Belastung hat mit der Zeit nachgelassen. Ihr Mann Peter Eigen hat sie durch diese mühsame Zeit getragen, dabei geholfen, ihren Lebensstil wiederzufinden, Wunden zu lecken, das ausgebremste Tempo anzunehmen. »Die Zeit des Wahlkampfes hat mich in ein wahnsinniges Anstrengungshoch versetzt, da musste ich erst mal runterkommen«, beschreibt sie die Hochtourigkeit adrenalingesteuerter Wochen und Monate, die sie erst in der Ruhe neugewonnener Nachmittage am See in ihrem ganzen Ausmaß anfühlte. So wie die Intensität mancher Verletzungen. Und doch wäre sie lieber oben geblieben. Man glaubt sofort, dass sie auch auf diesem Geschwindigkeitslevel Präsidentin hätte sein können. Eine, die komplette Amtszeiten und mehr auszufüllen imstande ist.

Aber das hat sich erledigt, es reicht ihr nun, Präsidentin der Humboldt Viadrina School of Governance zu sein. Jetzt ist die Schule ihr Land. Sie sagt, sie sei gern hierher zurückgekommen. Und alles, was sie sonst noch bewegt, das bringt sie bei ihren unzähligen Auftritten unters Volk. Ob als Rednerin bei Gewerkschaftsverbänden, Laudatorin oder Preisträgerin eines Winzerordens, Gesine Schwan ist ein gerngesehener Gast. Dazu immerhin haben die Kandidaturen mindestens getaugt. Als preiswerte PR-Reise für ihr Unternehmen und zum »Agendasetting«, wie es in ihrer Sprache heißt.

Damit ist doch eine Menge erreicht, schließt sie versöhnlich und nimmt ihre beiden Koffer als Signal zum unvermittelten Aufbruch. »Und wissen Sie was«, ruft sie mir zu, »als ich vorhin mit dem schweren Gepäck hier ankam, da kramte gerade ein älterer Herr in unseren Prospekten herum und als er mich sah, da sagte er, ›Gesine, du bist doch Gesine, nicht?‹

144

Das hätte es vorher nicht gegeben.« Das Gepäck hat sie dennoch allein getragen.

Die Abkehr der eigenen Leute, das Bröckeln belastbarer Loyalitäten sind untrügliche Hinweisschilder für den Machtverlust. Und oftmals auch für dessen Unumkehrbarkeit. Schmerzhafte Entsolidarisierung trifft vielmehr den Menschen als den Funktionsträger und bleibt auch dementsprechend länger unverheilt. Manchmal für immer. Einige versuchen, das Abrückungsphänomen professionell zur unumgänglichen geschäftlichen Gepflogenheit zu erklären. Andere sehen darin noch lange Zeit später den eigentlichen Ursprung ihres Scheiterns. Jeder ungewählte Abschied kennt die Gesichter der Abtrünningen, die des Verrates. So wie jeder Kündigung eine ungerechte Bewertung zugrunde liegt, aus der Sicht des Gekündigten. Jeder Ablehnung ein Irrtum.

Heide Simonis, die ehemalige schleswig-holsteinische Ministerpräsidentin und Ikone aller schäbig Verratenen, skizziert den klassischen Verlauf in einem Interview:»Es läuft nach dem gleichen Muster ab, man wird etwas und aus der Gruppe heraus sagen die alle prima. Man gehört zu denen, die es geschafft haben. Dann gibt es die erste Kritik, dies war nicht gut, jenes war nicht gut. Der erste Zeitungsartikel, der vor Hinterlist trieft, und dann merkt man auf einmal das Surren, das Messer.«

Einige versuchen, sich mit demonstrativer Abgeklärtheit selbst zu überlisten, indem sie die Namen der Intriganten niemals aussprechen. Andere drängt es danach, die Sachverhalte richtigzustellen, um die Verschwörer ins unrechte Licht zu rücken. Der Schmerz sitzt umso tiefer, je tiefer die Bindung, je verzweifelter der Kampf um die Reanimierung der Beziehung, der gemeinsamen Idee gewesen ist. So mancher verbeißt sich geradezu in den Wunsch nach Gerechtigkeit im Sinne der eigenen Wahrheit. Wenige nur sind zu verzeihlicher Differenziertheit oder wenigstens zu entlastender Gleichgültigkeit imstande. Manchmal scheint es, als sei die Intrige längst ein etabliertes, legitimes Mittel zur Zielerreichung. Dabei ist die Intrige immer zerstörend, nie gestaltend. Doch nicht jedes Abrücken ist eine Intrige. In ihrem inflationären Gebrauch taugt die Definition ihrem Opfer auch zur Kaschierung der eigenen Unzulänglichkeit. Denn so manches Bündnis löst sich durchaus begründet auf. Doch meist verhindern Abhängigkeiten, aufkeimende Ambitionen oder einfach fehlende Couragiertheit eine offene Aussprache, die dem Stürzenden zum ungetrübten Blick auf die bedrohlichen Entwicklungen verhelfen könnte.

Gesine Schwan fühlte sich im Verlauf ihrer zweiten Kandidatur von wichtigen Teilen ihrer Parteifreunde im Stich gelassen. Wolfgang Berghofer wurde im Jahre 1989 von einem ganzen Volk verlassen. Und von seiner Überzeugung.

Essen, die staubige Stadt im Ruhrgebiet, ist bekannt für ihre geschichtsträchtigen Großkonzerne und als Heimat verblassender Schwerindustrie. Als Sinnbild für das Schlaraffenland fiel die Ruhrmetropole bisher allerdings aus. Wolfgang Berghofer lacht herzhaft bei diesem Vergleich, der sich nach seiner munteren Eröffnungsepisode anbietet. Schlaraffenland, das ginge vielleicht zu weit. Aber Essen ist der Ort, an dem sich seine Augen öffneten, in Anbetracht dessen, was der real existierende Kapitalismus zu leisten imstande ist. Als Oberbürgermeister von Dresden war er 1986 zur Eröffnung der vielbeachteten Kunstausstellung »Barock in Dresden« in die BRD gereist. Auf Anweisung seines Chefs, Erich Honecker. Er saß am Tisch mit Richard von Weizsäcker und ein paar weiteren Vertretern des Klassenfeindes. Wundersamerweise waren es Männer wie er: »Die lachten wie ich, die sprachen wie ich, die blickten genauso auf die Welt wie ich.« Seine damalige Irritation versucht er mit schriller Sprachmelodie nachzustellen. Zum Abschluss der Zusammenkunft führte ihn sein Essener Amtskollege an die markanten Orte einer funktionierenden westdeutschen Stadtverwaltung. »Stadtwerke, Wasserwerke, alles, was bei uns als Staatsgeheimnis gehütet wurde, weil es so marode war.« Er fühlte sich wie ein Kind im Spielzeugladen, alle Traumspielzeuge in anfassbarer Nähe. »Ich habe am Steuer eines Busses gesessen, ausgestattet mit dem modernsten Verkehrsleitsystem. In Dresden lag die Straßenbahn damals so tief, dass sie, wenn man ein Dach drüber baute, als U-Bahn durchgehen konnte.« Das klingt lustig. Wolfgang Berghofer sagt viele lustige Sachen. Er hat verstanden, dass die Menschen ihm noch lieber zuhören, wenn er seine Geschichte in vergnügliche Bilder packt. »Selbst die Manager, die bei Vorträgen nach drei Minuten die Handys rausholen.« Die merkten dann, dass sie wenig wissen von der friedlichen Revolution und ihren Ursprüngen. Und von den Unzulänglichkeiten der SED-sozialistischen Infrastruktur. Die Straßenbahnen mussten irgendwann aufgrund der Ressourcenknappheit aus der Tschechoslowakei importiert werden. Und waren eben viermal so schwer wie die einheimischen Modelle, auf die das Dresdner Gleissystem ausgelegt war.

Spätestens an diesem Tag in Essen, als er die unerreichbaren Spielsachen anfassen durfte, hat Wolfgang Berghofer verstanden, dass es nicht mehr länger möglich sein würde, siebzehn Millionen Menschen vorzuenthalten, was für ihre westdeutschen Verwandten Standard ist.

Wolfgang Berghofer ist ein unterhaltsamer Mann. Kernig, aufgeweckt und mit einem listigen Bübchen-Charme ausgestattet, der einem die Phantasie erlaubt, dass er die Instrumente genau kennt, die ihm ermöglichen, seine eigene Wirklichkeit zu schaffen, dort, wo ihm die Wirklichkeit mindestens skurril erscheint. Er redet schnell, er hat viel zu erzählen, und schon das Stichwort Macht inspiriert ihn zu einem furiosen zwanzigminütigen Impulsreferat, inklusive des Initiationsmomentes in Essen. Gestoppt wird er nur von einem krawalligen Handyklingeln. »Ich bin im Interview«, ruft er dem Anrufer entgegen, ohne diesem Gelegenheit zu geben, überhaupt zu Wort zu kommen. Und dass er sich später melde. »So«, sagt er dann, »was wollen Sie denn eigentlich von mir wissen?«

Zum Beispiel wie sich Macht anfühlt in einem System, das Macht durch alle Instanzen delegiert? Ob es eine innere Auseinandersetzung damit gibt, geeignet zu sein für ein befohlenes Oberbürgermeisteramt, Ängste, Zweifel, das Gefühl, am falschen Platz zu sein? Ob die Lust an der Macht mit dem Amt verliehen wird? Wie es sich anfühlt, wenn erst die Überzeugung schwindet, dann das Volk und damit die eigene Bedeutung? Ob er sich gewehrt hat, gegen den unaufhaltsamen Lauf der Zeitgeschichte, oder ob er gar zu seinem Verbündeten geworden ist?

»Tja«, fasst er dann die Vielzahl der Fragen mit einer knappen Antwort zusammen, »die Machtfrage wurde in der Gründungsurkunde der DDR formuliert. Alle Macht dem Staat, also der SED, daran gab es nichts zu rütteln.«

Diesmal braucht es also einen Anstoß zur Ausschweifung. Wie hat sich Macht in Anbetracht dessen in seiner eigenen Biographie gestaltet? »Dazu muss man wissen, die DDR war ein Nomenklatura-Staat.« No-men-kla-tu-ra, wiederholt er jetzt wieder bereitwillig mit erhöhter Lautstärke und Betonung jeder einzelnen Silbe. »Das heißt, es standen Namen in einer Kladde und dahinter, wer über die Person und deren Verwendung zu entscheiden hat.« Vom Schuldirektor bis zum Minister sei das so gewesen. Er selbst war Sportfunktionär, als eine Instanz befahl, er habe zur FDJ zu wechseln. »Das habe ich nicht als Auszeichnung verstanden.« Seine Frau sei aus allen Wolken gefallen, und wenn er in die Bahn stieg, in seiner seltsamen »Anzug-und-hellblaue-Hemden-Uniform«, wurde er schräg angeschaut.

Aber es sei nun mal so gewesen. Diese fatalistische Zusammenfassung nutzt er im Gespräch ebenso nonchalant als rhetorischen Regenerationsraum wie die Ausflüge in Sarkasmus und Zynismus. Die wegweisende Frage der SED-sozialistischen Personalentwicklung habe sich durch seine Laufbahn gezogen wie durch Tausende andere: »Bist du bedingungslos bereit, jeden Auftrag zu erfüllen?« Diesmal wiederholt er »bedingungslos« und das wird er, wie die gesamte Formel des vorausgesetzten Gehorsams, noch unzählige Male während unserer Begegnungen tun. Er sei zögerlich gewesen, als er, lebensfroher Beststudent, die Anweisung bekam, als Mitarbeiter des Zentralrates der West-Abteilung nach Berlin zu gehen. Seine Frau und seine Kinder lebten in Bautzen, also hat er erst mal nein gesagt. »Dann gab man mir zu verstehen: ›Wenn du nicht gehst, fällst du durch die Prüfung, egal wie gut deine Noten sind‹«, erläutert er den ersten praktischen Test seiner Bedingungslosigkeit. »Also habe ich Opportunist gesagt: Ok, ich gehe.« Die Prüfung, gibt er zu, die habe man ihm dann geschenkt.

Mit dem gleichen ironischen Ton wird er sich noch vielfach des Opportunismus zeihen. Er erklärt sich, zwischen den Selbstanklagen, mit seinem unverwüstlichen Glauben daran, einen besseren Sozialismus gestalten zu können, wenn er erst mal dran ist. Wenn keine Instanz mehr hinter seinem Namen gestanden hätte. Aber man müsse auch die Geschichte kennen, die ihn damals auf eine Weise gefügig gemacht hat. Die ihm noch heute weh tut. »Aber die«, konstatiert er ohne Selbstmitleid, »will ohnehin niemand hören.«

Er ist bei der Großmutter aufgewachsen, der Vater war lange schon weg, als die alleinerziehende Mutter am Tag der Grenzschließung im Westen blieb. Zufällig, sie war einfach gerade drüben, am 13. August 1961. Schon am darauffolgenden Tag fügte man seiner Akte den einschneidenden Vermerk »Sohn einer Republikflüchtigen« hinzu. Die geplante Ausbildung zum Auslandsmonteur wurde ihm daraufhin verwehrt, wie manch anderer Posten danach. Allzu oft musste er »Leute, die von Tuten und Blasen keine Ahnung hatten«, an sich vorbeiziehen sehen. Eine harte Prüfung für einen, der glaubt, das System verändern zu können.

Der DDR hat er den Bau dieser Mauern in seinem ganz persönlichen Lebenslauf nicht übelgenommen, sondern seiner Mutter, die ihn schon als kleinen Jungen erstmals bei der Großmutter zurückließ. Er malt das Zimmer, in dem beide gemeinsam gelebt haben, auf die Tischdecke des noblen Berliner Restaurants, in dem sich der Politbetrieb, dem er schon so lange nicht mehr angehört, an diesem Mittag ein Stelldichein gibt. Ein einfacher quadratischer Grundriss, samt Einrichtungsgegenständen. Es waren nicht viele. Zwölf Quadratmeter und eine kleine Mansarde, in der sein Bett stand. »Hundertzwanzig Mark hatten wir zum Leben. Achtzig Mark Rente und vierzig Mark Alimente von meinem Vater«, verstärkt er sein karges Bildnis. »Aber es war schön.« Wenn nur nicht dieser Zusatz in der Akte gewesen wäre, der ihn zu einem Makelhaften machte. Immer habe er der Beste sein müssen, um wenigstens als mittelmäßig durchzugehen. Er benennt ausschließlich die Hindernisse auf dem Weg zur Systemkompatibilität. Die Verletzungen des alleingelassenen Jungen lässt er unerwähnt. Zu seiner Mutter hat er in all den Jahren keinen Kontakt gesucht.

Die SED hatte eine Verwendung für ihn. Die Zeit in der West-Abteilung war eine wichtige Phase seiner politischen Bildung. Seine Aufgabe: kommunistische Umtriebe im Westen mit Ideologie und Material zu unterstützen. Streng geheim natürlich. Aber er musste Westfernsehen »observieren« und die »einschlägigen« Magazine lesen, um »subversive Elemente« in der BRD ausfindig zu machen. Irgendwann wurde er dort weggelobt, seine Belastbarkeit war nach monatelanger Trennung von der Familie ausreichend getestet.

Wenn Wolfgang Berghofer über sein erstes Leben spricht, entsteht der Eindruck, man höre einem Regisseur zu, der seinen bedeutendsten Film nacherzählt. Derjenige, der ihm sein Renommee verliehen hat und ihn seither festlegt, in seiner Entfaltung hemmt. Nach intensiver Recherche, tief in das Material und die Details eingetaucht, manchmal mit seinen Hauptfiguren verschmelzend und doch immer wieder relativierende Distanz zum fiktiven Material suchend. So präzise er hineinzoomt in die Einzelheiten einer zeitgeschichtlichen Politikerlaufbahn, Sitzordnungen originalgetreu nachstellt, Wortbeiträge rezitiert, selbst Mobiliar und Gerüche präzise beschreibt, so mühelos zoomt er sich auch wieder heraus und nimmt die Perspektive des unbeteiligten Zuschauers ein. Insbesondere dann, wenn die Grausamkeit der Repression und die anhaltende Unbestimmtheit seiner eigenen Rolle ihn zum entlastenden Fintieren und zu Floskeln zwingen.

Ob er sich dieses Perspektivwechsels vom Handelnden zum Betrachter bewusst ist? Er denkt kurz nach und sagt dann mit fester Stimme: »Ja«. Er habe schon lange gefremdelt. Nicht mit der Idee des Sozialismus, die findet er bis heute gut. »Aber mit der Art, wie er gemacht wurde« in seinem Arbeiter- und Bauernstaat, »das war schlecht.« Er wollte es besser machen als die Alten, das war seine Grundposition. Dass er irgendwann die Chance dazu bekam, zumindest im überschaubaren Rahmen Dinge zu verändern, trotz »des Vermerks in der Akte« und seiner störenden Widerspenstigkeit, verwundert ihn noch heute selbst. Seine verlässlich eingestreuten Anekdoten vermitteln den Eindruck launiger Renitenz gegenüber dem Regime und dessen Unterwanderungen. »Wenn ich ans Telefon ging, habe ich immer zuerst gesagt: Gehen Sie mal aus der Leitung, hier unterhalten sich zwei Stalinisten«, berichtet er feixend von seinem humorigen Widerstand. »Ich wusste ja, das Haus war aus sowjetischem Beton gebaut, ein Drittel Sand, ein Drittel Beton, ein Drittel Mikrophone.« Irgendwann hat ihm dann mal einer seiner Vorgesetzten gesagt, er solle das besser lassen.

Trotzdem bugsiert ihn eine Instanz nach oben auf der Karriereleiter. Mit der Aufgabe als Organisator von »Jubelfesten« in der ganzen Welt, mit bis zu 750 000 Teilnehmern, qualifizierte er sich in den Augen der Entscheidungsbefugten dafür, eine Stadt zu regieren.

Egon Krenz war derjenige, der veranlasste, hinter den Namen Berghofer eine neue Funktion in die Kladde zu schreiben, und der ihm im Vorbeigehen zurief: »Du gehst nach Dresden.« In welcher Funktion, das wusste der Beförderte lange nicht. Irgendwann saß er dann als OB-Kandidat vor der längst überzeugten Stadtverordneten-Versammlung und »alle durften die Hand heben«.

»Wissen Sie«, schlüpft ihm ein scheinbar unausweichlicher Gedanke in die penible Chronologie, »der Westen ist ja auch ein bisschen ungeschickt gewesen in seiner Selbstdarstellung. Hätte das Westfernsehen die Errungenschaften der freien Marktwirtschaft selbstbewusster herausgestellt, die DDR wäre schon viel früher am Ende gewesen.« Statt blühende Landschaften zu zeigen, moserte man sich um die eigene Stärke und beschimpfte sich im Parlament. Er wundert sich schon über so manche Eigentümlichkeit seiner westdeutschen Landsleute.

Dann wechselt er wieder die deutschen Welten, das mittlerweile beachtliche Temperamentsniveau aber behält er bei: »Der Sozialismus wird immer auf die Machtausübung der SED reduziert, das ärgert mich.« Anders hätte es vielleicht funktionieren können, ist der unausgesprochene Subtext. Daran glaubte er zumindest damals.

Als Oberbürgermeister hat er die Tücken des repressiven Systems kummervoll erfahren. Die mit Aggression gehegte Fassade war nur noch leidlich imstande, die Wahrheit zu verbergen. Alle hätten an einem Tischtuch gezogen, »aber von den hundert Prozent der Probleme wurden höchstens zehn Prozent überdeckt«. Er hebt sich kurz aus seinem tiefen Sessel und verleiht der Metapher pantomimisch Gewicht. Beim Anblick von Dresden habe er sich gefragt: »Ist das nun Barock, oder Barack?«, kalauert er. Ein mieser Job sei das eigentlich gewesen, mit all den vorgesetzten Instanzen und eintausendachthundert Mark Gehalt. »Und alle dachten, der schwimmt auf der Fettsuppe.«

Dieses Urteil fürchtet er noch heute. Ein Günstling gewesen zu sein. Dabei waren die Westreisen als Teil seiner repräsentativen Aufgabe das einzige Privileg. Ansonsten war auch er nur ein austauschbarer Teil des Apparates: »Wir waren doch alle nur Erfüllungsgehilfen.« Die hauptamtlichen Strukturen der SED hätten vorgegeben, wo es langgeht. Er hat versucht, sich Nischen zu schaffen gegen die Machtlosigkeit, und wurde dabei zu einem populären Stadtoberhaupt. »Wenn es zu dieser

Zeit demokratische Wahlen gegeben hätte, ich hätte jede Wahl gewonnen«, postuliert er seine ganz persönliche, wenn auch nur gefühlte Befreiung aus dem Zuneigungsdiktat.

Wie krank der Patient Sozialismus tatsächlich war, hat er als Stadtregent verstanden. Die katastrophalen ökonomischen Fakten und die verschlissene Infrastruktur waren unübersehbar. Nun begann er zu zweifeln, ob er es wirklich besser machen könnte. Ob es überhaupt noch etwas zu retten gäbe.

Nach außen wurde die Macht mit gefälschten Wahlergebnissen abgesichert. Eigentlich unnötig bei einer neunundachtzigprozentigen Zustimmung. Um als Vorbild des Sozialismus zu gelten, musste das Ergebnis jedoch auf neunundneunzig Prozent geschönt werden. ›Das Volk steht hinter uns‹, wurde als Zeichen an Gorbatschow gesendet und zeitgleich lagen auf meinem Schreibtisch fünfundzwanzigtausend Ausreiseanträge«, belegt er die ernüchternde Fluchtbewegung der Dresdner Bürger, insbesondere »der Eliten« seiner Stadt.

Wolfgang Berghofer ist einer der wenigen, die für den systematischen Wahlbetrug angeklagt wurden nach dem Zusammenbruch der Deutschen Demokratischen Republik. Seine Bewährungsstrafe nimmt er inzwischen ohne Bitternis entgegen. »Ich wollte alles auf mich nehmen und offenlegen.« Die Strategie seines Anwaltes Otto Schily, da es keine wirklichen Wahlen gegeben habe, könne es auch keinen Wahlbetrug gegeben haben, überzeugte ihn nicht. Er will seine Verantwortung annehmen, anders als all diejenigen über ihm, »diese charakterlosen Lumpen, die plötzlich behaupteten, sie hätten von solchen Umtrieben aus der Zeitung erfahren«. Und die Schuld nach unten durchreichten. An dieser Stelle löst sich die sorgsame Verpackung der Enttäuschung über die geraubten Ideale erstmals ganz und gar auf. »Den Arsch an die Wand und das Gesicht zum Volke«, das sei die Maxime seiner Vorgesetzten gewesen, die ihn auf so üble Weise getäuscht haben. Wie Feuer habe die Zeit vor Gericht auf der Haut gebrannt. Die Narben fühlt er noch immer.

Eigentlich begann die Entfremdung schon früher. Jetzt ist er wieder gefasst. Seit 1986, nach der Entdeckung der Schwächen des Systems. Und auch durch die Impulse, die er als Bürgermeister durch die Zusammenarbeit mit westdeutschen Kollegen wie von Dohnanyi, Voscherau oder Biedenkopf bekommen hat. Er sah das Dilemma, aber er fand keine Lösungen. Vor allem, weil er sich nicht vorstellen konnte, »dass die Großmächte uns freigeben.« Er hat Leute wie Mitterrand besucht, die keinen Zweifel daran ließen, »dass sie Deutschland so gerne haben, dass sie unbedingt zwei davon behalten wollten.«

Heute fühlt er sich mal wieder erinnert an diese Zeit. Alle sehen die Probleme, geben ihnen unterschiedliche Namen, aber Lösungen, die habe niemand so recht parat. Na ja, das ist seine Sache nicht. Er schaut sich im Lokal um, beobachtet kurz die geschäftigen Gespräche seiner ehemaligen Politikerkollegen und winkt dann indigniert ab: »Das sollen die hier regeln!«

Damals habe es drei Varianten gegeben, mit dem verstetigten Eindruck des Desasters umzugehen. Die erste war, in den Westen zu gehen, »abhauen«, sagt er, »Angebote gab es immer«. Aber das kam nicht infrage, wegen seiner Familie und wegen der Ideologie. Er sei Moralist. Davor kann man nicht davonlaufen.

Die zweite Idee war, zu putschen und sich auf diese Weise gegen den Zerfall seiner Ideale zu stemmen. Gemeinsam mit Schalck-Golodkowski hat er Egon Krenz, den designierten SED-Kronprinzen, zum Gespräch gebeten. In einem Haus, das nicht aus sowjetischem Beton gebaut war. Sie haben ihn zu sensibilisieren versucht, für die Auswirkungen des verheerenden Außenhandelsdefizites und die ganz pragmatischen Nöte einer Großstadt wie Dresden. »Genossen, Ihr müsst Eure politische Arbeit besser machen«, war die ungerührte Reaktion auf das hasardeuse Ansinnen. Und der Beschluss zum Untergang, wie Wolfgang Berghofer apokalyptisch formuliert. Er schaut dabei so verständnislos drein, als sei ihm das Schreckgespenst gerade erst begegnet.

Also hat er die dritte Möglichkeit gewählt: das Beste daraus zu machen. Er sagt das auf eine unflätigere Weise, dem Ausmaß seiner Desillusionierung entsprechend.

Wolfgang Berghofer will nicht so viel über einzelne Menschen sprechen, auch wenn es so vieles zu sagen gäbe, über diejenigen, denen er so lange bedingungslos gefolgt ist. Unumwundene Seelenerleichterung hat ihm in den vergangenen Jahren immer eine Menge Ärger und juristische Kabbeleien eingebracht. »Jeder hat ja seine eigene Sicht der Dinge.«

Dass er die friedliche Revolution unterstützt hat, durch das Unterlassen militärischer Interventionen, mag er sich nicht ans Revers heften: »Ich habe vielleicht einen Beitrag geleistet, aber ich habe die Revolution nicht gemacht, das waren die Leute auf der Straße.« Ob er nicht hätte eingreifen müssen, gegen die ersten Zeichen des Aufbegehrens in Dresden, im Sinne seiner bedingungslosen Pflichterfüllung? Seine Aufgabe wäre das schon gewesen, »aber wie hätte ich das denn machen sollen, ich war doch der gleichen Meinung wie die Demonstranten«. Er ließ sie gewähren und besiegelte damit auch seinen eigenen politischen Abstieg.

Als die Mauer fiel, war er in Dresden, »irgendwie gelähmt«, auch wenn er inzwischen längst wusste, dass diese Entwicklung unaufhaltsam war. Genauso wie an dem Tag, als Honecker stürzte und das Land führungslos wurde. Es gab dann einen Arbeitskreis in der SED-Zentrale in Berlin, ohne formale Legitimation und ohne Zuversicht. »Wir haben endlos debattiert, wie in der Französischen Revolution«, rekapituliert er die entscheidenden Stunden des ostdeutschen Umbruchs. Jede halbe Stunde wurde die Gruppe von einer neuen Hiobsbotschaft heimgesucht, die Stasi-Verwaltung in Halle gestürmt, das Politbüro in Bautzen. Ob das für ihn tatsächlich noch Hiobsbotschaften gewesen sind? »Sie haben recht, das stimmt eigentlich gar nicht.« Aber er hat noch nach Einfluss gesucht, um die Abwicklung seiner enttarnten Utopie mitgestalten zu können. »Die Macht lag auf der Straße und niemand hat sie aufgehoben.« Modrow habe gewollt, dass er die Partei übernimmt, nachdem er selbst Ministerpräsident geworden war. Aber die Partei war ihm immer suspekt, also hat er abgelehnt.

So wie auch später, als die SED auf einem historischen Parteitag zur PDS und er zum Stellvertreter des Parteivorsitzenden Gregor Gysi gewählt wurde. Er fand keine Heimat in dieser neu formierten Diaspora. Er hatte mit einem ehrlichen Aufräumen gerechnet, mit einer klaren Neudefinition und mit der Bildung einer linken Partei im demokratischen Sinne. »Aber damit bin ich gegen Wände gelaufen.«

Irgendwie sei er sogar froh, sagt Wolfgang Berghofer jetzt, dass alles so gekommen ist. »Manchmal ist Machtverlust auch eine Erlösung.« Manche Partei hat sich um ihn bemüht, sogar die CDU wollte ihn zum sächsischen Ministerpräsidenten machen. »Aber ich hätte mich mehr mit meiner Vergangenheit beschäftigen müssen als mit konstruktiver Arbeit.« Er habe schließlich Wahlen gefälscht. Er war nun mal bedingungslos bereit, seine Aufträge zu erfüllen. Bereut er seine Interpretation von Bedingungslosigkeit im Nachhinein? Er schweigt jetzt lange. »Wissen Sie«, verrät er dann mit ausdrucksstarker Langsamkeit, »ich habe bis heute eine offene Wunde: Dass es mir immer gutgegangen ist und auch jetzt wieder gutgeht, das tut mir weh«. Weil er sein Wohlgefühl auf Kosten anderer erreicht hat? »Nein, nein«, das habe er nun nicht, widerspricht er ohne Nachdruck, »aber ich habe mir immer gewünscht, dass es allen besser geht«.

Er habe auf seine Weise versucht, einen Beitrag dazu zu leisten. Auch wenn er sich der angreifbaren Ambivalenzen bewusst ist. Wie in dieser Zeit, als er die Staatssicherheit als IM Falk mit Nichtigkeiten versorgte. So jedenfalls steht es in seiner Stasi-Akte. Als Informant sei er untauglich, eine weitere Zusammenarbeit nicht zu empfehlen. Er zeigt dieses Zeugnis seines mangelhaften Konformismus bereitwillig, bestrebt, das Bild des Profiteurs zu entkräften.

Wie er es dennoch immer geschafft hat, dass es ihm vergleichsweise gutging, warum er trotz der sperrigen Kollaboration ohne Sanktionen geblieben ist, das weiß er auch nicht so recht. Manches habe er erst viele Jahre später erfahren. Dass seine »gotteslästerlichen Reden« nie in der Stasi-Akte aufgetaucht sind zum Beispiel. Da sei ihm wohl jemand wohlgesonnen gewesen. Auch sein unmittelbarer Vorgesetzter Modrow habe ihn an der langen Leine gelassen. Solange alles reibungslos läuft, lautete der unausgesprochene Pakt. »Wenn allerdings irgendwann etwas schiefging, musste ich allein den Kopf vor dem Politbüro hinhalten, dann hatte der Modrow eine Sportverletzung und war nicht transportfähig.«

Wolfgang Berghofer hat sich seine Notfallversicherungen aufgebaut. Durch schlaue Allianzen mit den Geheimdiensten zum Beispiel. Vor allem aber durch das Knüpfen zahlreicher Verbindungen in ganz Europa. Stolz zählt er die illustre Reihe der Dresdner Städtepartnerschaften auf: »Da wussten alle zu Hause: Wenn wir dem die Flügel stutzen, dann fällt es auf im kapitalistischen Ausland.« Er ist eben mit allen Wassern gewaschen, würde er jetzt gern hinzufügen, aber dann besinnt er sich darauf, dass er das nicht zu erwähnen braucht.

Seine Biographie spricht für sich. Er hat es geschafft, auch im wiedervereinigten Deutschland. Obwohl er eine Zeitlang damit liebäugelte, ganz woanders hinzugehen, befreit von den Schatten seiner Vergangenheit. Ein Job in Südafrika wurde ihm angeboten, aber das Apartheidsregime, das fand er abstoßend. Er hat sich eine Aufgabe in der Wirtschaft gesucht, »weil ich Brot brauchte und Otto Schily nun wirklich nicht billig war«, plänkelt er und zwinkert dabei mit dem rechten Auge. Bei einem mittelständischen Betrieb in Schwaben machte er seine Ausbildung in Marktwirtschaft. Alles war neu, vieles absonderlich, aber er genoss die »riesige Entscheidungsbefugnis« und eine alleinige Zeichnungsberechtigung über viele Millionen Euro.

Ob er auch manchmal Angst hatte vor den Auswirkungen der Wiedervereinigung auf sein ganz persönliches Leben? »Nein«, antwortet er einen Tick zu schnell, er hatte ja nie wirtschaftliche Not. Er habe auch Glück gehabt, aber er könne eben gut mit Menschen, das sei wichtig, ganz unabhängig von Regierungsformen. Er weiß, dass er sich nicht schämen muss für seine geschmeidige Westintegration, auch wenn sie vielen seiner ostdeutschen Landsleute so viel schwerer gefallen ist und manchen noch immer fällt. Aber konfliktbeladen sei diese Diskrepanz für ihn nach wie vor.

Noch mal genauer, gab es die Angst vor dem ganz persönlichen Machtverlust? Oder die Furcht vor der nachträglichen Anklage wegen seiner bedingungslosen Hingabe? Da entfleucht der Regisseur in eine Nebenhandlung. Das Leben sei nun mal nicht linear. »Heute denken sie, das kann nicht sein, dann hören sie die herausragende Rede eines Parteifunktionärs und sind wieder hingerissen.« Die Geschichte sei nun mal komplizierter, als sie dargestellt wird. »Aber Geschichte ist leider sowieso nicht das, was war, sondern was geschrieben steht.« Er zeigt mit dem Finger auf mich und sagt gespielt flachsend: »Das ist auch Ihre Verantwortung.«

Wolfgang Berghofer hat die Rückkehr an die Macht, trotz aller gegenteiligen Beteuerungen, noch einmal versucht. 2001 bewarb er sich erneut für das Oberbürgermeisteramt in Dresden. »Ach diese leidige Sache«, stöhnt er auf und zieht sich das Jackett zum Aufbruch zurecht. Es sei noch zu früh, ausführlich darüber zu reden. Er hat verloren, nach einem halbherzig geführten Wahlkampf. Aber wirklich gewinnen wollte er diese Wahl ohnehin nicht. Ein anderer sollte es eben nur nicht werden. Er hat sich zur Verfügung gestellt, um Unheil zu verhindern. Ungeachtet des Imageschadens, weil viele seinen halbgaren Auftritt nicht verstanden haben. Für seine geliebte Stadt. Einmal bedingungslos, immer bedingungslos. Vielleicht kann er es auch dabei belassen.

Wenn die Überzeugung für eine Sache, der Glaube an die eigene Bedeutung oder an eine größere, gesellschaftsgestaltenden Idee so tief sind, dass sie den Strauchelnden zum tollkühnen Vorangehen verleiten, ist der Blick für die untrüglichen Zeichen der Isolation oft getrübt. Die Dynamik des Handelns verstellt die Realitätswahrnehmung. Die ganze Konzentration gilt dem nächsten Zug, der die Befreiung bringen soll. Das Interview, das Sachverhalte zurechtrückt; die Parteigründung, die den Menschen wieder Zuversicht bietet; der spektakuläre Deal, der die Insolvenz abwendet; das bevorstehende Fußballspiel mit dem rettenden Ergebnis. Die Angst vor dem Machtverlust füttert den Mut der Verzweiflung. Die zunehmende Verzettelung in Nebenschauplätze gibt dem Akteur das beruhigende Gefühl von Aktivität, die jedoch längst nicht mehr vorwärtsgewandt, sondern nur noch Schadensbegrenzung ist. Dabei sind unerschütterliches Vertrauen in die eigene Urteilsfähigkeit, das Wissen um die klarste, umfänglichste Innenansicht die Triebkräfte für ein Aufbäumen, das allen Signalen trotzt. Der ungestüme Versuch, die Zügel wieder in die Hände zu bekommen, auch wenn die Herde längst in alle Winde verstreut ist.

Die eigenen Leute zu verlieren, Zurückweisungen und menschliche Enttäuschungen zu erleben sind diejenigen Erfahrungen, die Betroffene und deren Lesart ihres Scheiterns nachhaltig prägen. Aber sie taugen auch dazu, das Verarbeiten der eigenen Fehler zu erleichtern oder deren Existenz gar ganz und gar auszublenden. So wie die Verknüpfung des Scheiterns mit einem schicksalhaften, gewaltigeren Ereignis wie einem kollabierenden Finanzmarkt, einem zerfallenden System oder einer Naturkatastrophe.

Es hat eine gewisse Logik, dass auch die Berufung in ihr neues Amt erst im zweiten Anlauf über die Bühne geht. Als Tanja Gönner, die ehemalige baden-württembergische Umweltministerin, zur Vorstandsvorsitzenden der Gesellschaft für Internationale Zusammenarbeit ernannt werden soll, schickt sie der Aufsichtsrat noch einmal in die Warteschleife. Nicht ihre Position ist strittig, sondern die anderer Vorstandsmitglieder, und das Gremium soll en bloc bestellt werden. Wie bei den prägnanten Erfahrungen ihrer jüngsten politischen Vergangenheit, ist sie auch hier Gefangene der Umstände. Diesmal allerdings geht es am Ende gut für sie aus.

Tanja Gönner kommt schwungvoll und auftrittssicher in das szenige Künstlercafé, als wir uns kurz vor Weihnachten zu einem Vorgespräch treffen. Die Kontaktaufnahme war unkompliziert. Vor der Bereitschaft, über ihre rasante politische Karriere und vor allem über deren jähe Unterbrechung zu sprechen, sollte allerdings erst eine vertrauensbildende Maßnahme stehen. Sie ist misstrauisch geworden nach den Ereignissen um den Bahnhof, der zum Symbol für Mitbestimmung wurde, und angesichts der Wucht, mit der eine neue Form bürgerlichen Aufbegehrens die Politikerin traf. Die Landtagsgaststätte scheint ihr ein geeigneter Ort für das Abtasten zu sein. Hier ist sie einfache Abgeordnete, hier fühlt sie sich sicher. Doch die Kantine ist an diesem Tag geschlossen und so wird schon die Verabredung eines neuen Treffpunktes zu einer Zeitreise. In so manchem Stuttgarter Café ist sie nicht mehr willkommen, seit sie zum Gesicht eines Bauprojektes wurde, dessen Realisierung andere viele Jahre zuvor beschlossen hatten. Beim Mittagessen am selben Tag, gemeinsam mit ihrem Bruder, habe sie die ablehnenden Blicke der Menschen im Restaurant gespürt, erzählt sie und genießt nun sichtlich das Desinteresse des Cafépublikums.

Tanja Gönner ist Juristin, spezialisiert auf Insolvenzrecht und eigentlich schon immer Politikerin. In der Berliner CDU gilt sie als eines der größten politischen Talente. Doch gerade ist sie ein Talent auf der Ersatzbank. Unsicher, ob sie noch in der richtigen Mannschaft spielt. Zu häufig ist sie zuletzt bei entscheidenden Spielen nicht nominiert worden. »Meine Politik ist derzeit in meiner Partei nicht mehrheitsfähig«, erklärt sie ihren Ausstieg bei ihrer Abschiedstournee durch die Ortsverbände. Sie hat erstmal die Bühne gewechselt, weil sie in einem Alter ist, »in dem ich beruflich noch mal was reißen will«.

160

Der Einschlag, der einen Riss in das sorgsam erschaffene Bauwerk ihrer Karriere brachte, war einer derer, zu dem man noch Jahre später einen persönlichen Kontext herzustellen imstande ist. Ein Ereignis, dessen Auswirkungen so überwältigend und groß sind, dass die unzähligen kleinen Kausalitäten ungesehen bleiben. Es war der Tag, an dem ein Tsunami in Japan die Nuklearkatastrophe in Fukushima auslöste und damit nicht nur die weltweite Energiepolitik, sondern auch die Kräfteverhältnisse der bevorstehenden Landtagswahl in Baden-Württemberg fundamental veränderte. Nach monatelangem Kampf um Stuttgart 21 und die Gunst des seit achtundfünfzig Jahren verlässlichen christdemokratischen Wahlvolkes brachte ein Akt höherer Gewalt die Entscheidung.

In den Wochen zuvor war sie, die Ministerin für Umwelt, Verkehr und Soziales des Landes Baden-Württemberg, zur Symbolfigur der Auseinandersetzung über das umzankte Bahnhofsbauprojekt geworden. Täglich warb sie in den Abendnachrichten, in Talkshows und an Stammtischen für einen konstruktiven Dialog zur verfahrenen Lage. Selbst die zornigen Kritiker des Projektes und auch politische Gegner schätzten ihre lösungsorientierte Sachlichkeit. Lobeshymnen auf die ästhetisch wertvolle Spielweise empfinden die Unterlegenen oft als besonders demütigend.

Tanja Gönner ist nicht von sich aus gegangen. Es gab keinen Anlass für einen eleganten Ausstieg. Sie wurde abgewählt. Im Verbund mit ihrer Partei aus der mehr als ein halbes Jahrhundert währenden Regierungsverantwortung. Abgelehnt dann bei ihrer Kandidatur zum Fraktionsvorsitz, von der Mehrheit der Abgeordneten. Und später auch bei ihrer Bewerbung für das Spitzenamt auf Bezirksebene. Ohne persönliche Fehler, ohne politische Skandale und ohne Amtsverdrossenheit. Eine hochgelobte Politikerin ohne Platz auf der Führungsebene ihrer Partei. Dass ihr Name immer wieder fällt im Zusammenhang mit dem gestürzten Umweltminister Norbert Röttgen und der Neubesetzung des Bundesumweltministeriums, interessiere sie nur am Rande, insinuiert sie. Aber die schmeichelnde Bestätigung, die sie dabei fühlt, ist offenkundig. Auch wenn jetzt erst mal Schluss ist mit politischen Ämtern.

Die Distanz, mit der sie inzwischen über die turbulenten Monate rund um die telegene Eskalation und Schlichtung des Bahnhofstreits zu sprechen imstande ist, über die prekären Tage des Wahlkampfes und vor allem ihre beiden ganz persönlichen Niederlagen in den Untiefen parteipolitischer Rangeleien, vergrößert sich parallel zur wachsenden Gewissheit der neuen Aufgabe. Dennoch dimmt sie sich selbst in den Augenblicken aufflackernder Vorfreude bis zur endgültigen Entscheidung auf Zweckpessimismus herunter. Die Lektionen der Vergangenheit haben sie vorsichtig werden lassen. Aufmerksam beobachtet sie die Reaktionen, als die Spekulationen über ihre Besetzung erstmals publik werden. Und registriert die öffentliche Unaufgeregtheit mit Genugtuung.

Mit dreiundvierzig Jahren Chefin einer Organisation wie der »Gesellschaft für Internationale Zusammenarbeit« zu sein, die als Dienstleister der Bundesregierung weltweite Entwicklungshilfeprojekte verwirklicht und so etwas wie die Zweigstelle des Entwicklungsministeriums ist, neunzehntausend Mitarbeiter zu führen und zwei Milliarden Euro Gesamtetat zu verantworten, ist eine große Aufgabe. Eine Bestätigung ihres beachtlichen beruflichen Lebenslaufes. Aber für Tanja Gönner ist es mehr. Es ist der versöhnliche Abschluss einer Zeit, die sie durch das komplette Spektrum politischer Erfahrungswelten katapultierte. Und einer monatelangen Suche nach der Akzeptanz des Unvorstellbaren.

Als sie endlich in der neuen Position bestätigt wurde, mag der Moment gewesen sein, in dem sie die Vergangenheit anzunehmen begann. So klar kann sie das nicht sagen. Wie sie überhaupt bemüht ist, Abstand zu halten zu all den Ereignissen, die sie empfindlich berühren. Man muss in ihr Gesicht sehen, die Entspannung wahrnehmen, um einzuordnen, um wie vieles größer die Belastung der beruflichen Unsicherheit in den Monaten nach dem Ausscheiden gewesen sein muss, als sie mit abgeklärten Worten auszudrücken versucht.

Politiker gewinnen und verlieren. Wie bei Sportlern ist es Teil des Geschäftes, des alltäglichen Bewusstseins. Im Wettkampf um Höhen, Weiten und Wählerstimmen ist die Niederlage zumindest theoretisch jederzeit faktoriert. Vermutlich liegt es an dieser antrainierten Möglichkeit des Scheiterns und auch an der Routine, dieses mit Kameras und Publikum zu teilen, dass Politiker und Sportler sich deutlich leichter tun, ihre Schwachstelle im Gespräch zu offenbaren und damit als Teil ihrer Existenz sichtbar zu machen. Andere öffentliche Persönlichkeiten, insbesondere Wirtschaftsmanager, auf die Präsentation von Erfolgen konditioniert, tun sich damit deutlich schwerer.

Peter Kabel fällt es auch zehn Jahre nach der Insolvenz seiner Kabel New Media schwer, über sein ganz persönliches Scheitern zu sprechen. Er ist sympathisch aufgeschlossen, reflektiert den medienwirksamen Niedergang mit analytischer Präzision, doch die Anstrengung wird durch seine betonte Lässigkeit hindurch in jedem Moment spürbar.

Wie ein Verkehrsunfall sei es gewesen, der ihn beide Beine gekostet hat, wählt er einen drastischen Vergleich, um den Wirkungsgrad zu illustrieren. Aber er habe überlebt, immerhin. Auch wenn es ihn quält, dass er zu schnell gefahren ist. Aber das Wetter, die Straßenbedingungen, darauf habe er keinen Einfluss gehabt.

Am 29. Juni 2001 ist er zum Insolvenzgericht gegangen, gemeinsam mit seinem Hausjuristen und dem Finanzchef, der später wie er selbst im Mittelpunkt der Ermittlungen stand. Es war ein sommerlicher Vormittag, die Nacht davor kurz, alle Unterlagen mussten akribisch vorbereitet sein. Er hatte eine Vorstellung von der Instanz, die über die Zukunft seines Unternehmens entscheiden sollte, imposant, machtvoll. Und kam in ein »pippikleines Amtszimmer«. Ohne Geplänkel und ohne weitere Nachfragen wurde ein Überflieger von schlichter Formalität zurechtgestutzt. »Wir, die große Kabel New Media«, stockt er irgendwie entrückt und das verschluckte Satzende betont seine anhaltende Fassungslosigkeit.

Sie gingen in das nächste Café und tranken eine Cola in der Sonne. »Das Café gibt es heute noch«, bemerkt er, so als sprächen wir über eine längst vergessene Zeit. »Wir hatten keine Ahnung, wie es weitergeht«.

Der Firmenchef ist noch eine Weile jeden Morgen in sein verlassenes Büro gefahren, um alles zu ordnen und an einer Fortführung zu basteln, unter dem Schutz der Insolvenz. Drei Monate später war dann alles vorbei. Einmal mehr sei er Opfer der eigenen Unerfahrenheit geworden. Er habe geglaubt, der Insolvenzverwalter würde eine Lösung im Sinne des Unternehmens suchen. Dessen Lösung war die Auflösung. Und eine Klage gegen acht Personen aus der Geschäftsführung und dem Aufsichtsrat.

Woran sich Peter Kabel aus diesen Tagen am nachdrücklichsten erinnert, ist »diese gespenstische Ruhe«. Das Telefon war still, keine Mails gingen ein, »das totale Ende«.

In der Betrachtung des Scheiterns wird häufig vergessen, dass die Faszination für den Außenstehenden ebenso wie die Härte des Aufpralls für den Fallenden aus der Fallhöhe entsteht. Die spektakuläre Niederlage braucht den vorausgegangenen Erfolgslauf.

Tanja Gönner hat oft verloren in diesem leidigen Jahr 2011, das sie am liebsten vergessen mag. Die enorme Beachtung ihrer Niederlagen hat sie mit einen aufsehenerregenden Karriereweg selbst forciert. Mit neunundzwanzig Jahren im Bundesvorstand ihrer Partei, einige Jahre später als Ministerin jüngstes Mitglied im Bundesrat, mit dem Siegel »Vertraute der Kanzlerin« geadelt und als energiepolitische Vorkämpferin ihrer tradierten Landespartei, hatte sie sich lange schon vor Stuttgart 21 weit oberhalb des Wahrnehmungsradius etabliert.

Ob ihre tragende Rolle rund um den Bahnhofsbau eher geschadet oder vielmehr zu ihrer Profilierung beigetragen hat? »Im Nachhinein betrachtet habe ich sicher an Bekanntheit gewonnen«, antwortet sie abwägend, »das fühlte sich zu dieser Zeit allerdings nicht so an.« Die Härte der Kritik hat sie schockiert, die persönlichen Angriffe in Mails und Blog-Einträgen erschüttert. Gelesen hat sie sie dennoch: »Ich wollte wissen, was die Menschen denken.« Auch diejenigen, die ihre Meinung anonym und verantwortungsfrei in virtuellen Schutzräumen ausbreiten. Aber es ist ihr schwergefallen, jede der Beschimpfungen zu abstrahieren und auf das Amt zu beziehen. »Ich war in dieser Zeit immer gefährdet, auch als Mensch Schaden zu nehmen«, lüftet sie die Wunden mit existentiellen Worten: »Es gab die Möglichkeit, daraus etwas zu gewinnen oder daran kaputtzugehen.« Nach der Betroffenheit zu einem Maß an Gelassenheit zurückzufinden, dafür habe sie Zeit gebraucht. Wenn es denn erreichbar ist. Oder überhaupt ein sinnvolles Ziel.

Dass nicht alles ihre Aufgabe war, was sie in dieser Zeit zu ihrer Aufgabe gemacht hat, sagt sie ohne Verdruss und auch ohne Überheblichkeit. Sie ist loyal zu ihrem damaligen Ministerpräsidenten, dem ungeliebten Stefan Mappus, der immer häufiger den massiven Kopf einzog und seine Ministerin vorschickte. Sie hat den Auftrag angenommen und ist durch die allabendlichen Talkshows getingelt. Aus Überzeugung für das Projekt und »weil sonst keiner da war«. Oft wurden andere Kollegen angefragt, aber die scheuten den im Vorhinein verlorenen Posten. Dann sei sie eben hingegangen, um den Gegnern nicht vollends das Feld zu überlassen. Und um den Menschen zu zeigen, »dass nicht alles Murks ist, was Politiker machen«.

Wie sie sich persönlich am ertragreichsten positioniert, darüber hat sie nicht nachgedacht: »In dieser heißen Phase hatte ich keine Zeit, mich mit meinem Bild zu beschäftigen«. Austausch hat sie dennoch gesucht und sich immer wieder mit ihrem Pressesprecher beraten, »auch noch nach den Sendungen, nachts um halb drei«. Bei Beckmann und Plasberg saßen zudem Freunde im Publikum, für ein ehrliches Feedback. Sie wollte es beim nächsten Mal noch besser machen. »In der Sendung ist man so konzentriert auf die Botschaft, die Kameraeinstellung und die Suche nach der Situation, in der man mal jemandem ins Wort fallen muss, dass es keinen Moment zur Reflexion geben darf, sonst ist man verloren.« Sie hat ihre Pflicht, einsam Punkte zu sammeln für die umstrittene Position, weitestgehend unbeschadet absolviert. Manchmal sogar einen Achtungserfolg errungen. Vor allem während der sechswöchigen Liveübertragung des Schlichtungsverfahrens, im Duell mit dem sakrosankten Moderator Heiner Geißler. Sie glaubt, am Ende habe der Polit-Haudegen sie sogar respektiert, auch wenn er seine Parteikollegin während des Verfahrens ein ums andere Mal effektvoll abwatschte. »In den ersten Wochen hat er eigentlich nur mit dem Ministerpräsidenten reden wollen, irgendwann hat er dann akzeptiert, dass ich die richtige Ansprechpartnerin bin«, verbucht sie die Spielchen mit geübter Langmut. Machtdemonstrationen wie diese hatte sie lange vorher schon kennengelernt.

Die Fernsehbilder haben ihr Gesicht bundesweit bei den Menschen verankert. Auch wenn der Bahnhof ein lokales Projekt ist, dessen Streitpotential außerhalb Baden-Württembergs die wenigsten auf den Punkt bringen können. Der Name Tanja Gönner wird mit Stuttgart 21 verbunden bleiben, das spürt sie an der Reaktion der Menschen, sowohl der lauten als auch der stillen. Angesprochen wird sie vor allem von Befürwortern. Es sind viele, auch wenn man das nicht so wahrnimmt, weil sie selten mit fernsehtauglichen Meinungsäußerungen identifizierbar werden. Dafür in der Bahn, wenn sie zu ihrem Lieblingsclub, dem VfB Stuttgart ins Stadion fährt, im Taxi in Berlin oder beim Spaziergang an der Hamburger Alster.

Sie lässt sich nicht täuschen von wohlwollenden Begegnungen, auch wenn sie ihr spürbar guttun. Weil sie weiß, dass es auch eine andere Sicht gibt. Dass das Projekt Angriffsflächen bot und alle Beteiligten einen Beitrag zur unheilvollen Eskalation geleistet haben. Und zu bleibenden Verletzungen. Den verhängnisvollen Tag des Wasserwerfereinsatzes der Polizei gegen Demonstranten, bei dem es Schwerverletzte gab, diese Bilder wird sie nicht los. Sie hatte sich schon am Morgen unwohl gefühlt, weil sie wusste, »dass es ein schwerer Tag wird«. Und dachte an den Spruch: »Verantwortung lastet auf Schultern«. Auch wenn sie nichts mehr ändern konnte, »als die Kette in Gang gesetzt war.« Die Ohnmacht habe lange angehalten. Das Bedauern wird wohl immer bleiben. So wie der Wunsch, der Ablauf des verheerenden Tages, die Klärung der Schuldfrage würde differenziert bewertet. »Aber das ist unendlich schwer zu erreichen.«

Erleichtert, wenn auch nicht vollends befreit, hat sie der Volksentscheid, ein halbes Jahr später, in dem eine veritable Mehrheit der Wähler für das Projekt Stuttgart 21 stimmte. Für ihre Wahrheit. Und für die Hoffnung, dass im Zeitverlauf die Errungenschaft des Bahnhofsbaus die Bilder des bizarren Kampfes überdecken werden. »Dieses Votum hat mir extrem viel bedeutet.« Sie unterstreicht die Aussage und ihre innere Rehabilitation mit einem bedächtigen Innehalten.

Tanja Gönner hat sich verändert in dieser Zeit, das weiß sie jetzt. Nicht nur, weil sie Gewicht verloren hat. Die Heftigkeit der öffentlichen Kritik, die Last der Verantwortung und die verstörende Wirkungskraft so mancher Entscheidungen haben sie achtsamer gemacht, im Blick auf andere Entscheidungsträger und in der Gestaltung ihres eigenen beruflichen Weges.

1996, als der damalige baden-württembergische Ministerpräsident Erwin Teufel während eines Mittagessens anrief, um sie zur Sozialministerin zu machen, hatte sie nur einen kurzen Moment Zweifel an der Zwangsläufigkeit ihres politischen Aufstieges. Es waren, so sagt sie, für lange Jahre die letzten. Innerhalb eines Tages musste sie entscheiden: »Ich war ungebunden, jung und alle Menschen, die mir wichtig sind, haben mir zugeraten.« Dann hat sie noch vor Ablauf der Frist zugesagt: »Je länger man nachdenkt, desto unsicherer wird das Ergebnis.«

Die Vereidigung als Ministerin sei ein Glücksmoment gewesen, einer von denen, die im Gedächtnis bleiben. So, wie das beachtliche Ergebnis der Landtagswahl 2006 und die Freude, als sie ihr »Erneuerbare Energien Gesetz« im Landtag »durchgebracht« hat. Sie hat lange Zeit vor allem positive Erlebnisse angesammelt, auch wenn die Zusammenarbeit mit drei unterschiedlichen Ministerpräsidenten durchaus fordernd gewesen ist. Auf den bodenständigen Erwin Teufel folgte der akkurate Günther Oettinger, der ihr aus parteitaktischen Gründen das Ministerium zurechtstutzte. Sie wusste, dass er sie am liebsten ganz losgeworden wäre, weil sie dem anderen Lager angehörte, in der zerklüfteten Landtagsfraktion. Also habe sie versucht, im geschrumpften Rahmen unübersehbare Zeichen zu setzen. Und durchgehalten, bis Oettinger nach Brüssel aufstieg und mit Stefan Mappus ein guter Freund ihr neuer Chef wurde.

Jetzt gab es keine Widersacher und keine Karrierebarrieren mehr. Es fehlte nur noch ein routinierter Wahlsieg im CDU-Stammland und das geeignete bundespolitische Amt für den avisierten Sprung ins Berliner Kabinett.

Am Abend des Tsunami hat Tanja Gönner einen Krisenstab eingerichtet. 11. März 2011, sechzehn Tage vor der Landtagswahl in Baden-Württemberg, erbebte Japan, und als am darauffolgenden Tag die erste Explosion aus dem Atomkraftwerk in Fukushima gemeldet wurde, bebte auch die Führungsriege der Landes-CDU. Trotz der Bahnhofsturbulenzen hatte die Platzhirschpartei in den Umfragen vorne gelegen. Bis zu diesem Tag. Doch das Ereignis, das die Atompolitik ihrer Partei mit einer unaufhaltsamen Welle ad absurdum führte, »hatte die Kraft, alles zu drehen«. »Wir wussten, wir können nur noch reaktiv sein«, schildert die Ex-Ministerin den Wettlauf mit dem drohenden Fiasko:»Die Zeit war zu kurz, um die Emotionen der Bürger in den Griff zu bekommen.« Ruhe bewahren und gleichzeitig Tatkraft demonstrieren war die Strategie des tollkühnen Krisenmanagements, im Kampf gegen täglich schwindende Prozentpunkte. Sie registrierte, wie der ein oder andere Kollege um sie herum in Hektik verfiel, in Erwartung der Wahlniederlage. Sie selbst hat sich keine Gedanken darüber gemacht, was das für ihre persönliche Zukunft bedeutet. Sie hat einfach getan, was ihr vertraut war: Funktionieren. Fernsehauftritte abspulen, Termine durchziehen und Erklärungen verbreiten, die die Menschen daran glauben lassen sollten, dass es für eine zukunftsorientierte Energiepolitik keinen Regierungswechsel braucht.

Fünf Kilo abgenommen hat sie in dieser »brutalen Zeit« und zeigt auf ihren Nacken:»Hier, alles war bretthart.« Verantwortung lastet auf Schultern. Das Managen der konkreten Furcht der Menschen vor den Auswirkungen eines Atomunfalls war noch komplizierter als das der ungestümen Wut der Bahnhofsgegner. Eine unfassbare Zukunftsangst braucht andere Antworten als eine emporkommende Empörungskultur.

Am Tag der Landtagswahl hat sie ausgeschlafen, zum ersten Mal seit Monaten. Um zwölf Uhr ist sie dann wählen gegangen, in ihrem Wahlkreis, mitsamt den obligatorischen Pressefotos. Sie repetiert den Ablauf des neuralgischen Tages jetzt stenographisch und legt Wert darauf zu versichern, sie sei ganz ruhig gewesen, habe sich nicht damit beschäftigt, was sie an diesem Tag noch erwartet. Ob sie als bestätigte Ministerin oder als Abgewählte nach Hause kommt. Welche Worte sie am Abend in Kameras sprechen, wie ihr Leben am darauffolgenden Tag aussehen würde. Kein Platz für Tanjas Gedanken in der Dramaturgie der Politikerin Tanja Gönner.

Im Stuttgarter Staatsministerium wurde sie am Nachmittag mit den ersten Hochrechnungen empfangen. Ihre CDU war erwartungsgemäß stärkste Fraktion, aber die Stimmverhältnisse ließen keine Regierungsbildung unter CDU-Vorherrschaft zu. In Anbetracht fehlender Koalitionsbereitschaft der »erfolgsbesoffenen SPD« und einer grünen Partei, die nun die Chance hatte, erstmals einen Ministerpräsidenten zu stellen, blieb ihr nur die Niederlage anzuerkennen: »Daraufhin habe ich mir erst mal einen Schnaps gegönnt.«

An diesem Abend ist es ihr schwergefallen, den ritualisierten Interviewmarathon weitestgehend allein zu erledigen und dabei eine Sprachregelung zu vertreten, die sie selbst nur mittelmäßig überzeugte. Sie wäre lieber kraftvoller erschienen, als Vertreterin der stärksten Partei, hätte nicht klein beigegeben und den Gegner noch etwas mit Koalitionsoptionen geärgert.

Überhaupt ist Tanja Gönner eine Frau, die mit einer bemerkenswerten Selbstsicherheit auftritt. Mancher aus ihrem »politischen Freundeskreis« hat das so interpretiert, als fände sie sich besser als den Rest. Medientauglicher, klüger und ambitionierter sowieso. Gewollt hat sie das nicht, auch wenn ihre mitunter in kontroversen Diskussionen aufflackernde ungeduldige Gereiztheit den Eindruck von Überlegenheit vermitteln kann. Politiker sind auch in der eigenen Partei immer im Wettbewerb. Um die wichtigste Position, das beste Wahlergebnis, das beachtetste Zitat. Das Gefühl der Unterlegenheit macht Wettbewerber zu Gegnern. »Gerade in der heißen Phase waren die Fraktionssitzungen oft unendlich anstrengend, wir waren am Schwimmen und dann gab es immer Leute, die es besser wussten.« Da hat sie schon mal gedacht: »Rutscht mir doch den Buckel runter.« Und das wohl auch ausgestrahlt. Der ein oder andere Brüskierte hat ein Kreuzchen auf seinem Merkzettel gemacht.

Und dann ist da noch die Sache mit der Kanzlerin. Nicht gerade die Galionsfigur der baden-württembergischen CDU, die sich häufiger als andere Landesverbände mit Querulantentum gegenüber der Chefin hervortut. Ob es nutzt oder schadet, als Vertraute von Angela Merkel zu gelten? Über dieses Thema mag die wortgewandte Schwäbin nicht so gerne reden. »Mal so, mal so«, sagt sie kurz. Und verweist auf die Aufmüpfigkeit ihrer Landtagsfraktion: »Da gibt es sicher einige, die sich daran eher stören.« Aber wenn man ihre politische Laufbahn in Gänze betrachtet, kann es so hinderlich ja nicht gewesen sein. Auch wenn sie es nie bewusst eingebracht hat. »Das Verhältnis zu jemandem muss nicht öffentlich diskutiert werden.« Dann fällt ihr eine Geschichte ein und sie kommt doch noch ins Plaudern. Auf ihren vierzigsten Geburtstag fiel zufällig eine Reise der Kanzlerin in ihren Wahlkreis. Spätestens nach der morgendlichen Glückwunsch-SMS wusste Tanja Gönner, dass Angela Merkel nicht zu ihrer Feier kommen würde, geplant war es sowieso nie. Dennoch war das ganze Dorf in Aufruhr, alle erwarteten einen Überraschungsbesuch und putzten sich und ihre Gemeinde entsprechend heraus. »Ich musste das Thema in meiner Rede abräumen, um die ganz große Enttäuschung zu vermeiden und um nicht hinterher die Schlagzeile zu lesen ›Kanzlerin versetzt Gönner‹.« Sie scherzt jetzt über diese vergnügliche Episode, aber der Geburtstag war ihr damals gehörig verdorben, nach dem ganzen Getöse. Auch wenn sie erst nach und nach erfahren hat, wie groß der Auftrieb in ihrer Nachbarschaft tatsächlich gewesen ist.

Aber wieder zurück zur großen Politik. Bündnisse zu schließen ist ja eigentlich eher eine Männersache. Sie sieht es als Fortschritt, dass sich auch Frauen gegenseitig unterstützen: »Die Kanzlerin weiß, dass sie sich auf mich verlassen kann.« So wie sich Stefan Mappus auf sie verlassen konnte. Auch so eine Allianz, die ihre Tücken hatte. Als »Mappus-Getreue« wurde sie oft in Sippenhaft genommen. An ihrer Loyalität hat das nicht gerüttelt, auch wenn sie sich als Vertraute und Getreue in eine Schublade gesteckt fühlt, die ihr nicht angemessen erscheint. Zum einen, weil sie oft genug intern ihre Meinung gesagt hat. Vor allem aber, weil es eine von diesen einfältigen weiblichen Zuordnungen ist: »Männer sind nicht in erster Linie Vertraute von irgendwem.«

Und wie ist es tatsächlich mit den Unterschieden, üben Frauen anders Macht aus als Männer, wie viel Weiblichkeit verträgt der Führungsstil mächtiger Frauen? Mit Macht kann sie erst mal nichts anfangen, antwortet sie wenig überraschend im Ton aller Machtvollen. Macht ausüben bedeutet zu sagen, wo es langgeht, das sei ihre Sache nicht. Sie will Menschen überzeugen. »Mitnehmen« heißt das im heutigen Politikerjargon. Sie gehöre zu den Volksvertretern, die Probleme lösen wollen, nicht zu denen, deren Antrieb es sei, sich ein Denkmal zu setzen. Dass es von ersteren mehr gibt als von den anderen, davon ist sie überzeugt. Auch wenn die zweite Kategorie das Bild bestimmt. Schade sei es schon zu sehen, wie es manchen gelingt, ein Image zu gestalten, das weit entfernt ist vom eigentlichen Leistungsvermögen. Die Erfahrungen mit ihren drei Ministerpräsidenten haben ihr Anschauungsunterricht für jede Variante der Machtinterpretation geboten. »Jeder will gestalten, manche tun es auch«, sagt sie sybillinisch und verweigert freundlich lächelnd die Details.

In der Wahlnacht war ihr nach und nach schwindender Chef zu einem verschwundenen geworden, und so blieb ihr die wenig verheißungsvolle Bühne überlassen. Als sich die Fernsehkameras endlich den Siegern zuwandten, fuhr sie in ihren Wahlkreis, um die wackeren Stimmensammler mit Bier, Pizza und warmen Worten zu trösten. »Eigentlich war ich selbst trostbedürftig, aber ich musste weiter funktionieren.« Die Stimmung sei dann aber irgendwann beinahe fröhlich gewesen.

Am nächsten Morgen reiste sie nach Berlin, Wahlniederlagen brauchen Erklärungen. So versuchte sie im Bundesvorstand, im Landesvorstand, im Bezirksvorstand das Offensichtliche zu erläutern. Und parallel die Frage nach der nächsten Kandidatur zu beantworten, dem Griff nach dem Fraktionsvorsitz in ihrem Bundesland. Am nächsten Abend stand die Wahl an, sie wollte verschieben, um die Parteiseele zu beruhigen und selbst mit klarem Kopf ins nächste »Gefecht« zu gehen.

Aber der Amtsinhaber sah seine Wahlchancen sinken und paukte den Termin durch. Wie sie sich in diesen eineinhalb Tagen mobilisiert hat, weiß sie nicht mehr: »Ich habe nichts gefühlt. Gar nichts.«

Sie bestellt jetzt einen Rotwein, um die aufkommenden Erinnerungen noch ein paar Minuten zu verschieben. Bei der Auswahl kommt die Umweltministerin in ihr zum Vorschein. Neue Weinländer, da kenne sie sich nicht aus, sie bevorzugt den Regionalen. Nicht nur aus Lokalpatriotismus, auch aus ökologischen Gründen.

Dass sie ihrer Heimat eng verbunden ist, hört man zuerst an ihrem unverstellten Schwäbeln, das in der Hochzeit von Stuttgart 21 den ein oder anderen lokalen Comedian zu Witzchen inspirierte. Ihre Familie und ihr kleines Haus mit dem Freisitz am Bachlauf sind ihr ein belastbarer Rückzugsort. Auch wenn sie sich damals oft gesorgt hat, vor allem um ihre Eltern, die so sehr mitgefühlt haben. Aber jetzt sind sie nur noch stolz auf die Karriere der Tochter, so wie sie selbst auch. Obwohl es inzwischen wieder weniger Leute sind, die selbstverständlich Tanja zu ihr sagen und erzählen, »dass sie mich schon als Baby auf dem Arm gehalten haben«. Und andere als erwartet. Aber da hat sie sich sowieso nie etwas vorgemacht. »Wenn mich jemand gefragt hat, warum ich meine Koffer selbst trage, habe ich immer gesagt, weil ich mich schon darauf vorbereiten will, dass ich es irgendwann wieder tun muss.«

Dass sie es lieber wollen wollte als tun zu müssen, sagt sie ganz offen. Das Scheitern bei ihrer Bewerbung um den Fraktionsvorsitz hat sie schwer getroffen, auch wenn es nicht überraschend war. Doch die Deutlichkeit des Abstimmungsergebnisses war als Botschaft an die Musterschülerin nicht zu übersehen. Da hatte der ein oder andere seinen Merkzettel wieder herausgeholt und ihr einen Denkzettel verpasst.

Auf ihrer Facebook-Seite kann man dazu keine Ausführungen finden, Niederlagen finden wenige Follower. Sie hat aufgehört, mit totaler Transparenz um Zuneigung zu werben, so wie es im Wahlkampf notwendig war. Gerade muss sie auch niemanden »mitnehmen«. Jetzt könnte sie allerdings posten, dass sie auf dem Weg ins Daimler-Stadion ist, ohne auf die prompte Frage antworten zu müssen, ob sie die Karte auch rechtmäßig gekauft habe. Sie wählt dieses Beispiel gezielt aus, weil sie sich als Umweltministerin mal in einem Verfahren für zwei Logenbesuche beim Energieversorger EnBW rechtfertigen musste. Und weil sie illustrieren will, dass ihr manches komisch vorkommt bei der Beurteilung von Verhältnismäßigkeit. Und in der Politik insgesamt.

Sie hat die Abstimmung ihrer Parteikollegen nicht verstanden, als sie dem Wahlsieger die Hand zur Gratulation reichte. Aber das sagt sie so direkt nicht. Dass es dabei nicht in erster Linie um Inhalte ging, sondern ein Zeichen gesetzt wurde, umschreibt sie mit staksiger Professionalität.

Nur in den kleinen Pausen stören immer wieder Erinnerungsblitze die sorgsame Verarbeitung. Die Leere zum Beispiel, die sie an diesem Abend ganz und gar einnahm und für Tage nicht mehr verließ. Das Zittern »in jedem Nerv des Körpers«, die Unsicherheit und die Frage, wie geht es jetzt weiter?

Sie hat dann erst mal »gefühlt tagelang« geschlafen, bewusst keine Zeitung gelesen und Abstand gesucht zu den Bildern und Erfahrungen der vorausgegangenen Monate. Den Halt und die Ruhe, die sie bis dahin immer fand, wenn sie den Stuttgarter Hügel hinter sich ließ, bot ihr das beschauliche Zuhause in dieser Zeit nicht. »Ich wollte am liebsten sofort wieder reinspringen«, verrät sie ihre Fluchtimpulse vor den Dämonen der Stille. Ein Angebot gab es schnell, eines sogar, das sie gereizt hätte. Aber es hat dann doch nicht geklappt. Darauf folgte ein noch tieferer Fall, »obwohl ich wusste, dass es zu früh gewesen wäre«.

Das Ausräumen des Büros sei ein Augenblick der Katharsis gewesen, ein brutaler Abschluss, der ihr tagelang bevorstand. Aber eben auch eine innere Reinigung. Das Zurücklassen der unerledigten Dinge, die Schmerzlosigkeit, mit der sie das Unvollendete anderen überlassen konnte, empfand sie als zaghaften Schritt in die Freiheit.

Für den entschlossenen Schritt brauchte sie noch einen weiteren Schubser, auch wenn das natürlich nicht so beabsichtigt gewesen ist, wie sie aufgeräumt versichert. Sie hat ihrer Partei noch mal ein Signal geben wollen. Zeigen, dass sie nicht vergrätzt ist über die Missachtung ihrer Kompetenz und auch nicht zu abgehoben für die politische Kleinarbeit. Auf Bezirksvorstandsebene hat sie ihren vorerst letzten Hut in den Ring geworfen, gelassen und siegessicher. Und erneut verloren. »Das Ergebnis war im ersten Moment blöd, im zweiten war es die Chance, jetzt tatsächlich frei zu sein.« Auch wenn der zweite noch eine Zeit auf sich warten ließ. Sie hat das Prozedere über sich ergehen lassen, »in den Bauch geatmet«, wütend diesmal, weil sie die Taktik des Widersachers verachtet: »Delegierte kann ich anrufen, Wähler nicht.« Und über die Sticheleien der Medien, die die Wahl zu ihrer letzten Chance auf politischen Einfluss hochgepusht hatten. »Wenn man immer wieder liest, dass man verloren hat und all die haarsträubenden Interpretationen dazu, empfindet man schon eine gewisse Scham.«

Ob man denn wenigstens Routine entwickelt im Verarbeiten von Niederlagen? Sie sagt nein, jede sei anders. Und jede hat ihre eigenen Begleiterscheinungen. Menschen zum Beispiel, die unterschiedliche Gesichter zeigen, in Zeiten des Erfolges und des Misserfolges. Vielleicht sinke die Bereitschaft, darüber hinwegzugehen mit zunehmender Empfindlichkeit. »Es gab Leute, die haben sich im Verlauf auf eine Weise gewandelt, da dachte ich: Mit dem wäre ich jetzt gern in einer Boxhalle und würde ihm eine zentrieren.« Die Entschiedenheit, mit der sie diesen Satz ausspricht, legt nahe, dass sie konkrete Gesichter vor Augen hat. Und auch, dass es eine ungemütliche Begegnung werden könnte.

Sie ist dann doch lieber ganz friedlich mit Freunden essen gegangen an diesem Abend. Seit langer Zeit mal wieder ein privater Moment, ehe sie einmal mehr in den Bundesvorstand musste. Wieder so ein Gang, ein leidiger Gefühlsverstärker: »Ich hatte keine Lust mehr, bedauert zu werden.«

Glaubt sie, dass diese Erfahrungen sie nachhaltig verändert haben, falls es eine Rückkehr geben sollte in die Politik? So leicht lässt sie sich nicht locken. Sie ist immer richtig gewesen, dort wo sie gerade war, ohne Gedanken an den nächsten Schritt. Und jetzt ist sie erst mal draußen richtig. Voller Vorfreude auf ihre neue Aufgabe. Längst ins Aktenstudium vertieft.

Verbiegen werde sie sich auch in Zukunft nie und nicht allzu viel auf das Urteil anderer geben. Aber aufmerksamer mit Menschen, prüfender mit ihrem eigenen Gespür, das sei sie auf jeden Fall geworden. Und deshalb dankbar, auch für die niederschmetternden Erlebnisse. »Wenn alles rosig ist, verdrängt man ja viele Dinge.«

Und während sie so sinniert, über den regionalen Rotwein und die Vielfarbigkeit der Erinnerungen und Emotionen, fällt ihr ganz plötzlich wieder ein, wie gut sie es eigentlich hat. »Ich habe Erfahrungen gemacht, die manche in ihrem ganzen Leben nicht machen. Und das mit dreiundvierzig. Ich habe noch fünfundzwanzig Jahre Berufsleben vor mir und alle Möglichkeiten für die Zukunft. Entscheidend ist es, mit Stolz zurückzublicken. Ich kann außergewöhnlich zufrieden sein.«

Der Tag X

»Du kannst nie tiefer fallen als in Gottes Hand.«

Margot Käßmann

Du kannst nie tiefer fallen als in Gottes Hand. Die Überschrift des formvollendeten Rücktritts. Und einer der Sätze, mit denen Margot Käßmann eine Popularität erreichte, die sie bis hin zur Kandidatin für das Bundespräsidentenamt erhob.

Maria Jepsen lacht kurz auf bei der Erwähnung der berühmten Liedzeile und ihrer noch berühmteren Weggefährtin. Natürlich kennt sie Margot Käßmann gut. Und dann wird ihr Lachen stumm. Sie schätzen einander. Als erste protestantische Bischöfin des Landes hat sie den Weg für Margot Käßmann geebnet, viele Kämpfe ausgefochten, die für die Nachfolgerin nur noch in moderaten Nachwehen bemerkbar waren, so dass die sich um die großen Zusammenhänge kümmern konnte. Um Afghanistan zum Beispiel, die Lage am Hindukusch. Sie sagt das ohne Argwohn trotz der unterschiedlichen Beachtung ihrer beiden »Fälle«. Dass Margot Käßmann sich etwas traut, sich einmischt, das findet sie gut. So wie sie es selbst auch immer gemacht hat, wenn auch mit weitaus geringerer öffentlicher Aufmerksamkeit. Die lebensermutigenden Bestseller ihrer Kollegin hat sie allerdings nicht gelesen. Das ist nichts für sie. Aber es sei schon stimmig, sich auf diese Weise zu Wort zu melden, »wenn man ein ausgeprägtes Wahrnehmungsbedürfnis hat«.

Da ist sie anders. In Maria Jepsens Haus in Husum ist alles

still. Nur eine alte Wanduhr unterbricht im Halbstundenrhythmus die Unterhaltung. Und mit etwas größerem Abstand ihr Mann, der fürsorglich den Stand in der Kaffeekanne und beiläufig der Gesprächsatmosphäre überprüft. Maria Jepsen spricht leise, erstaunlich für eine Frau, die so lange gezwungen war, sich Gehör zu verschaffen. Die Lautstärke, mit der der Missbrauchsskandal in ihrem Sprengel sie zum Rücktritt gezwungen hat, scheint unwirklich an diesem Ort.

Es braucht noch ein behutsames Herantasten und zahlreiche Wanduhrenschläge, bis wir über das Beben sprechen, das auch Maria Jepsens Leben erschütterte. Wir überbrücken diese Distanz zur Tragödie ohne sprachlose Pausen, erzählenswerte Ereignisse gibt es in ihrer Laufbahn genug. Sie war die erste Frau, die in dieses Amt gewählt wurde. Nicht nur in Deutschland, sondern auf der ganzen Welt. Eine epochale Entscheidung für eine patriarchal geführte Kirche. Umso erstaunlicher in Anbetracht der zarten, beschützenswert wirkenden Frau, die mir gegenübersitzt.

Kurioserweise ist auch ihre Wahl zur Bischöfin mit Rücktritten verbunden. Da lacht sie wieder, diesmal bleibt die Heiterkeit für den Rest der Episode und erzählt putzmunter vom Widerstand, der sich formierte, als ihre Kandidatur »ruchbar« wurde. Eine Riege konservativer Betonköpfe drohte mit Austritt, falls man sich tatsächlich erlaube, eine Frau in dieses Amt zu befördern, und versuchte damit eine gesinnungskonforme Lösung zu erpressen. Medien seien instrumentalisiert worden, diese »Bedrohung« abzuwenden, Boykotte für das Wahlprozedere wurden angedroht. Maria Jepsen fühlte sich zusätzlich motiviert, den männlichen Favoriten herauszufordern, »wir Frauen kneifen nicht«, vielmehr aufmüpfig als siegesgewiss. Beteiligte sagen, sie hielt an diesem Tag in der proppevollen Hamburger Hauptkirche St. Michaelis die Rede ihres Lebens. Sie selbst stapelt tiefer, aber sie habe sich in dieser Situation durchaus angestachelt gefühlt von der siegesgewissen Ansprache des adäquateren Aspiranten. Die Kirchenfrau ist durch viele Kämpfe gestählt, als sie das Duell mit dem übermächtigen Gegner mit gewinnendem Übermut annimmt. Die Kraft, die ihre Worte entfachen, entsteht aus ihrer Präsenz, aus ihrer Überzeugungskraft, dieser Kirche eine liberalere, offenere Ausrichtung geben zu können. Entgegen aller Erwartungen, vor allem ihrer eigenen, wird sie schon im ersten Wahlgang gewählt und erlebt den »ergreifendsten Moment meiner beruflichen Laufbahn«.

An ihre Reaktion in dem Augenblick, als das Auszählungsergebnis »durchsickerte«, erinnert sich Maria Jepsen in allen Facetten. Sie habe ein sehr gutes Gedächtnis. Dessen muss sie sich selbst an dieser Stelle kurz versichern, denn ihr Gedächtnis ist ein entscheidender Faktor in ihrer Geschichte. »Erst ist mir ein bisschen schlecht geworden und dann bin ich dem Fahrer des Bischofs um den Hals gefallen«, erinnert sie sich an ihre überwältigende Sprachlosigkeit. »Es war wie im Film, Blumen flogen von der Empore.« Frauen aus ganz Norddeutschland haben ihr gemeinsam fünf Segensteppiche gebastelt und feierten damit den überfälligen Schritt hin zur protestantischen Gleichberechtigung. Dann sang man ihr ein Lied, und sie empfand ungetrübtes Glück, als sie ihren Blick über die elektrisierte Synode und in die segensreiche Zukunft ihrer Kirche schweifen ließ. Die Worte, sagt sie aufgekratzt, fand sie erst wieder, als sie am Abend in eine Live-Schaltung der *Tagesschau* über dieses international beachtete Ereignis sprechen sollte.

Sie hätte den Michel gern wieder gefüllt, als sie sich aus ihrem Amt verabschieden musste. Aber das ehrwürdige Wahrzeichen der Hansestadt wurde ihr an diesem Tag verwehrt. Er sei belegt, ließ man sie wissen, Terminüberschneidungen, bedauerlicherweise. Sie hat es anders interpretiert.

Maria Jepsen hat dieses Ende nicht gewollt, und verstehen kann sie es bis heute nicht. Sie hat die Verantwortung übernommen für einen Vorfall, für den sie sich nicht verantwortlich fühlt. Anders als Margot Käßmann hat sie keinen persönlichen Fehler begangen. »Ich habe den Kopf hingehalten für meine Kirche«, sagt sie mit dem Versuch, die Bitternis in ihrer Stimme zu unterdrücken. Aber sie tut sich schwer, die unterschiedlichen Einordnungen zu akzeptieren. Ihr Rücktritt wurde nicht laut gefordert, aber auch nicht öffentlich bedauert. Eine angeschwipste Autofahrt, das kann sich jeder vorstellen und macht das Urteil dementsprechend milde, den Delinquenten menschlich in den Augen der Ankläger. Und zum belebenden Element vieler Kaffeetischpläusche.

Ihr Fall ist schwieriger. Auch subtiler. Zum ersten Mal erfährt Maria Jepsen durch den offenen Brief eines Opfers von dem Jahrzehnte zurückliegenden Missbrauchsvorwurf gegen einen Pastor in ihrem Sprengel. Sie kannte ähnliche Vorkommnisse. Seit sie Bischöfin ist, wurde sie immer wieder mit dieser dunklen Seite ihrer Kirche konfrontiert. Weil sie eine Frau ist, glaubt sie, und weil es den Opfern deshalb leichter fiel, sich zu zeigen. Sie hat versucht, die stummen Anklägerinnen zu unterstützen, zur Aussage zu bewegen, um eine gerechte Strafe und die Chance auf Heilung zu erreichen. Aber die Scham der Frauen war oft größer. Und Maria Jepsens Engagement einmal mehr einsam.

So wie in den Jahren zuvor, als der Kampf zu ihrem Alltag gehörte, gegen all die Missbilligungen und Intrigen aus dem reaktionären Teil der Kirche. Gegen die Ablehnung, die sie begleitete, wenn sie sich für eine offenere Ausrichtung ihrer Kirche einsetzte. Gegen hinterhältige Schurkenstücke und offene Widerstände wegen ihres Engagements für Randgruppen. Sie ließ sich nicht entmutigen. In ihrem Protestantismus sollte jeder ein Zuhause haben: »Ich war genauso oft in der Handelskammer wie bei den Obdachlosen und anderen Außenseitern der Gesellschaft.« Für eine Öffnung im Umgang mit verdruckster Homosexualität hat sie gestritten und die Gefahren einer anhaltenden Tabuisierung aufgezeigt. Auch wenn sie dafür drangsaliert wurde. Sie sei härter geworden mit der Zeit und dickfelliger. Irgendwann sagte ein Kollege zu ihr, sie sei der einzige Mann in kirchlicher Leitungsfunktion. Sie hat das nicht sofort verstanden. Jetzt grinst sie wohlwissend über diese Anekdote und kostet mit einer gedankenvollen Pause aus, dass damit die Wertschätzung dafür gemeint war, dass sie sich nicht brechen lässt.

Nachdem der offene Brief sie erreichte, hat sie sofort das verantwortliche Kirchenamt unterrichtet und darauf gedrängt, den Fall zügig aufzuklären und Konsequenzen zu ziehen. Es sollte eine Arbeitsgruppe gebildet werden. Alles lief schleppend. »Aber ich war nicht weisungsbefugt«, erklärt sie ihren gehemmten Umgang mit der zögerlichen Aufarbeitung. Die Bedeutung des Verbrechens für das Leben der Opfer war ihr sofort bewusst, als sie davon erfuhr. Das Potential des Briefes, ihre eigene Karriere zu zerstören, hat sie indes nicht erkannt: »Ich hatte alles getan, was in meiner Macht stand, ich fühlte mich nicht persönlich angeklagt.«

Das nächste Mal wird sie mit der Sache zwei Monate später konfrontiert, als der offene Brief in einer Hamburger Tageszeitung abgedruckt ist. Von da an wird es zu ihrer ganz persönlichen Angelegenheit.

Maria Jepsen habe von der Vorgeschichte des Pastors wie auch vom konkreten Missbrauchsfall gewusst, versicherte die Anklägerin, die Schwester eines Opfers, nun sinngemäß an Eides statt. Am Rande einer Veranstaltung habe sie die Bischöfin angesprochen. Nun sind wir mitten in der Geschichte um Verantwortung und Verantwortlichkeit und mit der Annäherung schrumpft ihr Ausdruck. Sie verzichtet jetzt auf jede Gestik und schnörkelhafte Beschreibung für die anhaltende Ungläubigkeit. Ihre Sätze sind Subjekt, Prädikat, Objekt. So, als habe der Fall keine Federung verdient. Und sie wirkt, als habe sie in all den Monaten der Verarbeitung keine Seelenfederung gefunden: »Als ich von der sinngemäßen eidesstattlichen Versicherung las, wusste ich: Jetzt bin ich dran.«

Verantwortung zu übernehmen, umso mehr in angemessener Form und zum rechten Zeitpunkt, ist eine Chance, der öffentlichen Zurschaustellung zu entgehen oder die Umkehrung vom Täter zum Opfer zu bewirken und gar kolossale Beliebtheit zu erreichen. Die persönliche Konsequenz wird in der Ausweglosigkeit zur integritätsrettenden Notwendigkeit. Im Innersten tobt die Auseinandersetzung unabhängig vom Abgangsapplaus weiter, wenn die Übernahme der Verantwortung nicht aus dem Gefühl der Verantwortlichkeit heraus entsteht. Wie bei Maria Jepsen. Vielleicht empfindet auch Margot Käßmann ihren Fauxpas erst in der Skandalisierung rücktrittswürdig, nicht aber in seiner Ursache. Und auch im gefeiertsten Rücktritt bleibt man am Ende allein mit der Leere, dem Verlust des Amtes, des Lebensinhaltes, der gewohnten Lebensumstände.

Sehr selten gibt es die unfreiwillige Ablösung, die mit dem Eingeständnis eigenen Fehlverhaltens, persönlicher Fehlentscheidungen, nachlassender Leistung oder überfordernder Anforderungen einhergeht. Häufig nagt die Introspektion weiter, wenn die Volksseele längst befriedet ist, weil sie die Klärung bekommen hat, die sie zu ihrer Beruhigung braucht, oder weil ein neues Thema in den Vordergrund gerückt ist.

An die Ansprache der jungen Frau am Rande einer Veranstaltung viele Jahre zuvor erinnert sich Maria Jepsen nicht. Vage nur rekonstruiert sie den flüchtigen Zuruf der zuständigen Pröbstin, einige Zeit später. Der Pastor sei auffällig im Kontakt mit Frauen, seine Eskapaden in Ahrensburg bekannt, das habe man ihr zugetragen. »Aber bei meinen Nachforschungen hat sich kein konkreter Hinweis ergeben.« Darauf hat sie vertraut.

Ob sie hartnäckiger hätte sein müssen, entschiedener Ergebnisse fordern? »Im Nachhinein gewiss«, gibt sie ohne Verzagtheit zu. Aber sie hat sich doch immer so intensiv beschäftigt mit dem Personal und vor allem mit den knapp tausend Pastoren in ihrem Hoheitsgebiet, die sogar bei ihr »antreten mussten«, ehe sie sich scheiden lassen durften. Umfassende Dossiers hat sie höchstselbst geführt. Aber diesen einen Pastor, den kannte sie nicht.

Dass andere in ihrer Kirche nicht annähernd so beflissen waren, vor allem diejenigen, die es hätten sein müssen, ihrer Aufklärungspflicht nicht nachgekommen sind, das macht sie zornig. Das Wissen darum vermag die wiederkehrenden, nagenden Fragen nicht zu vertreiben. Über die Gründe der Nachlässigkeiten will sie nicht spekulieren. Und schiebt verdrossen nach: »Vielleicht war es einfach Schlampigkeit.«

Die Vehemenz der Vorwürfe ihr gegenüber wird ihr erst im Gespräch mit Journalisten und durch den rauen Ton der Interviews bewusst. Sie suchte nach der eigenen Schuld und nach Solidarität in ihrem Umfeld. Und fand beides nicht. »Ich war tagelang in der Bredouille, aber ich spürte niemanden, der hinter mir stand.« Dass es die Angst vor der eigenen Rechenschaft war, die die Verantwortlichen zum Schweigen und Verdrücken veranlasste, kann sie nicht tröstlich stimmen. Sie hat Rückgrat erwartet, Haltung und Reue von denjenigen, die schuldig waren. So, wie es auch ihre Glaubensschrift fordert. Aber alle wuschen ihre Hände in Unschuld.

Zu der internen Isolation kam die mediale »Hexenjagd«. Die Opfer verlangten nach einem Schuldeingeständnis, die Öffentlichkeit nach personifizierter Buße. Klärung, die den Zorn dämpft und quälende Fragen beantwortet. Wenn Maria Jepsen sich in den Erinnerungen dieser Tage verliert, vermittelt der Eindruck, ihr Martyrium habe unendlich lange gedauert, ein Bild vom Ausmaß ihrer inneren Pein. In der Beschreibung vieler Szenen ringt sie mit ihrem Anspruch an Stolz und Würde und der spürbar brodelnden, unchristlichen Wut. In keinem Gespräch nennt sie einen Namen, niemals findet sie einen Abnehmer für die diffuse Schuld. Die Freisprechung, die sie mit ihrem Rücktritt für ihre Institution zu leisten glaubte, bleibt ihr die Institution bis heute schuldig. Auch, weil die damaligen Personalvorgänge noch immer nicht aufgeklärt sind. Das zumindest hatte sie erwartet, als nach ihrem Rücktritt endlich eine Kommission zur Aufarbeitung der Geschehnisse gegründet wurde: »Das war ein kleiner Glücksmoment.« Vielleicht hätte dann alles auch für sie noch einen Nutzen gehabt. Wenn auch keinen Sinn.

Der Alltag sollte weitergehen in diesen ehrabschneidenden Tagen. So fuhr die Kirchenfrau pflichtgemäß zur Einweihung einer Friedhofswiese, ausgerechnet in Ahrensburg. Ihr Beraterkreis erwartete eine Demonstration der Opfergruppe und riet ihr, die Veranstaltung abzusagen. Aber Maria Jepsen stellte sich, so wie sie es gewohnt war. Sie sprach über die Schuld ihrer Kirche und über die Scham. »Dieses Zeichen war mir wichtig.«

Auf ein Zeichen aus ihrer Verwaltung wartete sie vergeblich. Die Krisenstäbe, sagt sie, hätten sie zu diesem Zeitpunkt längst aufgegeben und setzt damit wenig überzeugt voraus, dass es zu einer Zeit den Versuch ihrer Rettung gegeben hat. Tatsächlich sind es die eigenen Leuten, die sie auf die Heftigkeit der Attacken, sogar der anonymen im Internet, aufmerksam machen. Und auf die Anfechtbarkeit ihrer Integrität. Ihr wertvollstes Gut.

Die Unentrinnbarkeit des Endes wurde ihr vollends bewusst, als sie, wie so viele Male zuvor, im Michel predigen sollte. Und erstmals Angst davor hatte: »Ich habe mich vor Protesten gefürchtet, ich fühlte mich nicht mehr imstande, auf der Kanzel zu stehen.« Diesmal boten die Kirchenvorsteher der Bischöfin Hilfe an. Geleitschutz, falls es zu Ausschreitungen kommen sollte. Sie fand das absurd. Ein Kirchenhaus als Ort der Randale, eine Bischöfin von Ordnern eskortiert. In diesen Stunden entschließt sie sich zum Rücktritt. Den Gottesdienst hielt sie trotzdem. Vor einem friedlichen Auditorium in ihrer Kirche: »Die Leute waren nett, fast alle Touristen.«

Sie besprach sich einzig mit ihrem Mann und ließ sich in ihrer Entscheidung bestärken. Er schaute über den finalen Text der Abschiedserklärung, den ersten aus der gemeinsamen Feder, dessen Inhalt ihr falsch erscheint. Zwei Jahre hätte sie ihre Aufgabe gern noch erfüllt, dann sollte ohnehin Schluss sein. Aber davor wollte sie den Übergang zur neuen Nordkirche mitgestalten, ein Ziel, auf das sie jahrelang hingearbeitet hatte.

Am nächsten Morgen beim Frühstück schauten sie die Rede gemeinsam noch mal an, aber es blieb beim ersten Entwurf.

Dann ging sie erst mal zum Zahnarzt, die Wurzelschmerzen waren erheblich und eine intensive Behandlung dringend notwendig. Die Schelte der Ärztin ob der gewohnten Terminknappheit kam ihr wie ein schlechter Scherz vor. »Ich dachte nur: Bald werde ich eine Menge Zeit haben.« Gesagt hat sie nichts und die fürsorgliche Tirade über sich ergehen lassen.

Am Nachmittag des Rücktrittstages absolvierte Maria Jepsen noch eine Sitzung. »Von zwei Uhr bis halb vier«, erinnert sie sich in verschwommenen Bildern an handyspielende Kollegen und die finale Demütigung, die sie dabei empfunden hat. Dann geht sie zur Pressekonferenz und verkündet ihren Abschied. Nüchtern, ohne stilbildende Elemente. So, wie sie ist.

Auch von den Tränen danach erzählt sie mit einer gehaltenen Distanz. Zwei Tage lang ist sie kaum auf die Straße gegangen, weil sie Furcht hatte, vor der Spiegelung der Schande im Blick der Menschen. Am dritten Tag war Sonntag, und sie fuhr nach Lübeck zum Gottesdienst, um Trost zu finden und eine Chance auf Unentdecktheit. Und um sich zu verabschieden von einem Gotteshaus, das ihr viel bedeutet hat. Sie sah eine Bekannte im Dom, die Tränen in den Augen hatte, und glaubte für einige Sekunden, der Gefühlsausdruck gelte ihr: »Aber dann habe ich gemerkt, dass sie mich gar nicht erkannt hat.«

Für ihre Abschiedspredigt hat sie, nachdem die Hauptkirche verwehrt bleibt, eine kleine Kirche, sie sagt ihre liebste, im Hamburger Szenestadtteil St. Georg ausgewählt. Einen Ort, der womöglich besser zur eigenwilligen Interpretation ihrer Rolle passt. Inmitten einer pulsierenden Gemeinde, die alle Menschen, auch Außenseiter, willkommen heißt. Der Gottesdienst platzte aus allen Nähten, die Reihe der Laudatoren war illuster, die Lobreden würdevoll. Für die Prozession der opulenten Verabschiedungsgemeinschaft von der Kirche zur anschließenden Feier in die Hamburger Kunsthalle wurde die Straße gesperrt. Diesen Geleitschutz hat sie gerne angenommen.

Der emotionale Geleitschutz von Ron Sommer waren Hunderte demonstrierende Telekom-Angestellte. Noch am Morgen seines Showdowns ist er unschlüssig aufgewacht. Hin- und hergerissen zwischen den untrüglichen Zeichen der Lossagung von Teilen des Aufsichtsgremiums, das an diesem Tag über seine Zukunft entscheiden sollte, und der bewegenden Solidarität seiner Mitarbeiter. Und von den unterschiedlichen Temperamenten in seinem familiären Kriegsrat. Sein Aufsichtsratsvorsitzender legte ihm den Rückzug nahe, zu unsicher sei eine neue Mehrheit. Die Politik, sein ursprünglicher Auftraggeber, wandte sich synchron zum fallenden Aktienkurs von ihm ab. Auch diejenigen, die verzückt das gemeinsame Fotomotiv gesucht hatten, am Tag der gefeierten T-Aktien-Zuteilung. Er lächelt sacht, wenn er an die machtpolitischen Purzelbäume dieser Tage denkt. Nun war die T-Aktie keine Erfolgsstory mehr und drei Millionen verprellte Anleger ein erhebliches Wählerpotential.

Nach monatelangen Streitereien um Fehlentwicklungen und Verantwortlichkeiten, Spekulationen um Nachfolgekandidaten und motivationszersetzenden Gerüchten brauchte es endlich die Klärung der Schuldfrage, den medienwirksamen Kotau.

Ron Sommer war noch nicht bereit. Er hatte einen genauen Plan im Kopf für die geordnete Übergabe »seines Babys«. Drei Jahre wollte er noch weitermachen, unterdessen seinen Nachfolger vorbereiten und diesem dann, als Aufsichtsratsvorsitzender, bei allen Wachstumsschmerzen unterstützend zur Seite stehen. Beim Gedanken an die unvollendete Aufgabe seines Bauplans und die Umstände, die dazu führten, verliert der Mann, dem man eine unvergleichliche Gabe der Domestizierung seiner Gefühle und Gesichtsregungen nachsagt, für Sekunden die bemerkenswerte Lässigkeit und bäumt sich kämpferisch in seinem Gartenstuhl auf. Er glaubt noch immer, dass er es hätte drehen können, vielleicht war sogar noch eine Mehrheit drin, im zerstrittenen Aufsichtsrat. Die Leute demonstrierend auf der Straße zu sehen, das sei unglaublich gewesen, erzählt er aufgewühlt von der Dialektik dieser Tage. Seine Leute reagierten mit wütenden Transparenten auf die Rücktrittsgerüchte, der Börsenkurs mit Freudensprüngen. »Meine Gegner wollten Krieg und meine Mitarbeiter haben erwartet, dass ich ihn führe.« Die Vorwürfe, er habe die Gewerkschaften und seine Belegschaft mit sanierungseinschränkenden Zugeständnissen in seinem Sinne gefügig und gegenüber seinen Gegnern aufsässig gemacht, kennt er natürlich. Und hält sie für einen obstrusen Bestandteil einer »lausigen Diffamierungsstrategie«.

Die Entscheidung hat ihn geplagt, er wollte das Richtige tun, für die Familie, für das Unternehmen, für sich. Und sich nicht aus den falschen Gründen vom Hof jagen lassen. Er sagt nicht mehr, wie in früheren Interviews, dass er sich als Opfer des schröderschen Wahlkampfes sieht. Weil Gerhard Schröder »eigentlich immer ganz fair« mit ihm umgegangen ist seither und weil er sich ohnehin nicht als Opfer sehen mag. Aber er weiß genau, wo seine Gegner waren.

Er hat noch mal seine Söhne angerufen, so, wie es in ihrer eingeschworenen Familienbande üblich ist. »Der eine sagte: ›Hau in den Sack und lass uns nach Amerika gehen‹, der andere wollte, dass ich kämpfe und gewinne.« Die Meinung seiner Frau kannte er schon seit Wochen. Den Entschluss zum Hinwerfen hat er dann allein gefasst, ohne weitere Rücksprache mit Beratern oder Kollegen.

Dem Moment der Entscheidung geht zumeist ein zäher Prozess voraus, währenddessen alle Argumente bewegt und gewogen, alle Handlungsszenarien durchgespielt und viele, oftmals zu viele Ratgeber zu Wort gekommen sind. Die unumstößliche Erkenntnis wird jedoch meistens allein gewonnen, in der Zurückgezogenheit, der Entschleunigung, der Selbstzentrierung. Und oft in einem überraschenden, manchmal verborgenen Moment. So, wie die Entdeckung der Furcht auf der Kanzel mit dem Gefühl fragiler Glaubwürdigkeit, antastbar und ohne innere Sicherheit. Wie die Begegnung mit der verschlossenen Tür, die Kraft der Symbolik und deren Unüberwindbarkeit. Das Gefühl der Fremdheit beim Gang zur vertrauten Schanze. Es gibt unzählige Beispiele dieser Momente, die außerhalb der Beratungszirkel stattfinden, manchmal lange außerhalb des eigenen Bewusstseins.

Das Finale allein zu bestimmen und zu gestalten bewahrt einen Rest Würde. Die Autonomie der Entscheidung entspricht der Einsamkeit bei der folgenden Bewältigung der Konsequenzen. Die Verbündeten bleiben zurück, arrangieren sich im System oder gehen später unbeachtet, wenn die Bindung an die Ehemaligen zu eng gewesen oder ein Philosophiewandel für sie nicht gangbar ist.

Für manchen hat die Inszenierung des Abgangs eine ganz besondere Bedeutung. Roland Koch hatte an diesem Tag großen Spaß und feixt noch heute beim Gedanken daran, wie er den Ablauf samt Reaktionen minutiös mit seinem engsten Berater geplant hat: »Die erste dpa-Meldung hatten wir auf 9.40h taxiert, um 9.43h ist sie gekommen.« Es liege in der Logik seines Lebens, das Ende zu kennen, sagt er salbungsvoll. Beinahe auf die Minute. Sich selbst einen Brief zum Tag des Rücktrittes zu schreiben, so wie er es von Kollegen kennt, um sich der eigenen Lebenstauglichkeit ohne Amt zu versichern, das brauchte es für ihn nicht. Dass sich der Übergang dermaßen reibungslos darstellte, sei allerdings ein Glücksfall gewesen, wenn auch keine Überraschung. Der Markt hatte ihm schon direkt nach der verlorenen Wahl zwei Jahre zuvor signalisiert, dass es lukrative Gelegenheiten gibt für einen wie ihn. Diese Perspektive hat sein anerzogenes Unabhängigkeitsgefühl zusätzlich gestärkt. Er kannte die Schicksale derer, die keine Option sahen für einen Wechsel zum richtigen Zeitpunkt, und wusste, er würde keiner von ihnen sein.

Ole von Beust hatte den Tag lange vorher festgelegt. Seine Demission mit der Abstimmung über die Schulreform zu verbinden war ein letzter Akt politischen Kalküls. Das Prozedere selbst schildert er unaufgeregt, so wie auch der ganze Tag gewesen sei. Die Rede hat er allein geschrieben und niemandem gezeigt. Sein Abgang sollte sein Abgang sein. Es gab auch keine zwei Varianten, eine siegestaumelige und eine zerknirschte, angepasst an den Ausgang des Bürgerentscheids. Sein Ende war über das bloße Ergebnis längst erhaben. Über den gebührenden Raum und das rechte Licht hat er sich aber schon Gedanken gemacht. Er habe ein besseres und ein schlechteres Profil, glaubt er.

Hartmut Mehdorn nutzte die Genugtuung glorreicher Bilanzzahlen, um auf Wiedersehen zu sagen, und ging mit einem unausgesprochenen, »das habt ihr jetzt davon«.

Unumstritten sind Rücktritte, deren Umstände eindeutig sind. Wenn die Kompetenz oder Integrität des Gehenden unaushaltbar in Zweifel gezogen ist. Die Mystifizierung des Abgangs entsteht aus dessen Fragwürdigkeit. Oftmals sind es Frauen, die zur eigenen Ehrenrettung zu raschen oder gar voreiligen Konsequenzen neigen. Sowohl im Fall von Margot Käßmann wie auch in der Entschiedenheit von Maria Jepsen bleibt berechtigte Skepsis, ob der Schlussstrich notwendig, ob männliche Verhaltensmuster entsprechend gewesen wären. Und die Bewertung von außen. Maria Jepsen beantwortet diese Frage unumwunden: »Frauen sind gradliniger, Männer sitzen viele Dinge stoisch aus.«

Ron Sommer wollte die Entscheidung herbeiführen, ehe andere sie für ihn treffen. Als er vor den Aufsichtsrat trat, war das Redemanuskript schon vorbereitet, aus dem er kurz darauf seinen Abschied verkündete. Er habe sich »der Realität zu stellen, dass der Aufsichtsrat des Konzerns nicht mehr uneingeschränkt zu mir und der von mir verantworteten Strategie für das Unternehmen steht«. Wenige Worte waren es nur, der Versuch, die innere Berührung mit Sachlichkeit und Reduktion äußerlich unbewegt zu übergehen. Er blicke mit einem »subjektiven Gefühl der Befriedigung« auf seine Telekom-Zeit zurück und hofft, das werde sich mit einigem Abstand auch objektiv bestätigen.

Glaubt er nun, mehr als zehn Jahre nach dem Rücktritt, dass sich diese Hoffnung erfüllt hat? Zumindest schaue man abwägender darauf, sagt er mit der Bereitschaft zu abschließender Friedfertigkeit, beachte auch die ehemals umstrittenen Aktivitäten, die sich im Nachhinein als richtig herausgestellt haben.

Seine Telekom hat lange keinen rechten Umgang mit ihm gefunden. Zum zehnjährigen Jubiläum der Privatisierung wusste sein Nachfolger nicht, ob er den Wegbereiter einladen solle. Er rief Ron Sommer an, um sein Dilemma zu erklären. So recht könne er nicht einschätzen, ob es gut wäre, würde er da erscheinen. Aber er möchte sich auch nicht dafür erklären müssen, seinen Vorgänger nicht eingeladen zu haben. Ob er nicht einfach sagen könne, er sei verhindert? Ron Sommer neigt verständnislos den Kopf bei dieser Groteske, die er für eine Demonstration fehlenden Formats hält. Er ist hingegangen zur Feier, auch wenn er Feiern ansonsten lieber ausgelassen hat. Gerhard Schröder hat ihm gedankt für seinen Beitrag zu einer einzigartigen deutschen Unternehmensgeschichte. In der Rede seines Nachfolgers kam sein Name nicht vor.

Auch Ron Sommer nennt den Namen seines Nachfolgers nicht, vielleicht der höchste ihm mögliche Ausdruck von Verachtung. Ein Nachfolger, der das Falsche tut, ist schwer zu ertragen. Schwerer noch als einer, der alles richtig macht. Wobei natürlich auch eine gefeierte Neuausrichtung das eigene Ego berührt, bekennt er sich ehrlich zu einem zumeist verschwiegenen, zutiefst menschlichen Gefühl. An den Namen des abgerückten Aufsichtsratsvorsitzenden, der diesen Part so anders interpretierte, als er es jetzt tut, erinnert er sich erst nach einigem konzentrierten Nachdenken. Die Blackbox der Enttäuschungen ist verschlossen, wenn auch nicht allzu fest. Beschäftigt ist er mit der Telekom bis heute, aber der Versuchung, sich einzumischen, erliegt er nicht.

Seine Wortwahl ist ebenso engagiert wie seine Gestik, wenn er auf dem Pfad seiner ganz persönlichen Karriere die hiesige Managementkultur im Allgemeinen abwatscht. Er sei ein Polarisierer gewesen wie beinahe alle Entscheider. »Entscheidungskraft macht Gegnerschaft«, reimt er unerwartet schenkelklopferisch. Und: »Ein Nagel, der aus der Wand rausschaut, wird eben reingeklopft. Die meisten bevorzugen Mittelmaß und Risikolosigkeit. Bewegung macht Angst, fürs Nichtbewegen wird man in Deutschland nicht bestraft.« Er reiht nun Sätze aneinander, die beinahe alle Machthaber des Landes im Brustton der Überzeugung unterschreiben würden. Aber mächtig habe er sich nicht gefühlt. Eher verantwortungsbewusst. Spätestens seit ihm sein Vorgänger, als er Sony-Chef wurde, mit auf den Weg gab: »Von nun an wird man auf jedes Ihrer Worte achten.«

Dass jetzt vor allem die Handwerker auf seine Worte achten, stört ihn nicht. Er ist ausgelastet mit seinen Aufsichtsrats- und Beratungsmandaten. Und jetzt wäre er ohnehin zu alt für eine große Vorstandsaufgabe: »Meine Söhne wissen inzwischen so viel mehr als ich.« Erfolg ist nicht beliebig reproduzierbar. Insbesondere bei der enormen Veränderungsgeschwindigkeit dieser Tage. Der Glamour der Macht habe ihn ohnehin nie gereizt. »Und eine junge Freundin brauche ich auch nicht.«

Er ist dankbar für die verlässliche Lebenshilfe seiner Familie, vor allem seiner Frau, die ihm nach dem Telekom-Ausscheiden erst mal ein »Down-to-Earth-Programm« verordnet hat. U-Bahn sollte er fahren, nicht mehr auf seinen Fahrer warten, Koffer einchecken, statt über das Rollfeld zum Flieger gebracht zu werden. Er hat bestanden, wackelig zunächst, aber alles in allem leichter als gedacht. »Ich bin auch vorher schon mal in die U-Bahn umgestiegen, wenn mein Fahrer im Stau feststeckte«, frohlockt er zwinkernd über die seltenen Ausflüge in die ansonsten weiträumig abgeschottete Lebensrealität.

Sie sind gemeinsam für eine Zeit nach Amerika gegangen,

um Abstand zu finden, er und seine Familie. Er hat den Piloten-
schein gemacht, das war schon immer sein Traum. Aber er hat
kein besonderes Talent zum Fliegen. Er versuchte, sein Golf-
handicap zu verbessern, ohne den richtigen Schwung zu finden. Das sei die Zeit gewesen, in der er zu hadern begann, mit
sich und der Welt. »Ein Unternehmen konnte ich nicht führen, nicht fliegen, nicht Golf spielen, da wurde ich übellaunig.«

Lange schon hat er seinen Frieden gemacht mit den miss-
ratenen Put-Versuchen. Er beschäftigt sich mit Kunst, vorzugs-
weise mit jungen russischen Malern. Und er wird den Hausbau
vollenden.

Jetzt aber mahnt ihn seine Frau zum Aufbruch, die Verabredung in Düsseldorf wartet. Beim Verriegeln des Anwesens
halten beide inne. Ob nun alle Bauarbeiter das Grundstück
verlassen haben oder ob womöglich noch einer unbemerkt in
den zahllosen Räumen werkelt? In der Unübersichtlichkeit
der Gesamtbaustelle gibt es dann doch eine Analogie zur Telekom seiner Zeit.

Ron Sommer hat den Übergang bewältigt und Ausgeglichenheit gefunden, auch wenn es keine angemessene Aufgabe für
ihn gab. Er ist Manager, das ist seine größte Begabung. Für
viele Gefallene bleibt die Suche nach einer neuen Berufung
die leidvollste Aufgabe. Umso mehr, wenn die alte unvollendet
zurückgelassen wurde. Wenn die Unvollkommenheit Zweifel
an der eigenen Fähigkeit durch die unbestimmte Phase der
Neuorientierung trägt.

Rücktritte und Rausschmisse hat er viele erlebt, beschrieben,
kommentiert und manche sogar befördert in seiner Zeit als
Chefredakteur des *Spiegels*. Ob er den Blick darauf verändert
hat, seit diesem speziellen, in sein Bewusstsein betonierten
Essen, während dessen ihm bei der Vorspeisensuppe mit seinem Herausgeber klar wurde, dass seine eigene Entlassung
spätestens beim Dessert besiegelt sein würde? »In dieser Situation sicher nicht«, rekapituliert Hans Werner Kilz das folgen-

reichste Menü seiner Journalistenkarriere, »da wusste ich nicht, wie mir geschah.« Aber später, nachdem der wochenlange »Fight zwischen zwei Männern« endgültig mit dem Sieg des Machtvolleren zu Ende gegangen war, da gab es diese Gedanken. Das Kaleidoskop derer, die er hat gehen sehen. Solcher, die sich an ihn wandten, in der Hoffnung, die Geschichte zu drehen, die ihnen den Garaus machen würde. Diejenigen, die von einem Moment auf den anderen ihre Lebensaufgabe los waren. Jetzt war er auch einer von ihnen.

Am Tag nach der angekündigten Absetzung wollte er mit ein paar Freunden kochen und ging dafür einkaufen in einem Hamburger Feinkostgeschäft, irgendwie Normalität simulieren nach dem Einschlag. Kulinarische Zerstreuung. »Dann sah ich mein Konterfei, das mich von all den ausliegenden Zeitungen anschaute. Und musste weg.« Das sei komisch gewesen, sehr komisch. Plötzlich stand er vor und nicht hinter den Buchstaben. Ohne Schutz. Die Titelseiten waren zu seinem ganz persönlichen Spiegel geworden.

Hans Werner Kilz ist ein jovialer Mann mit lebhaften Augen und mit von Tausenden Lebenslächeln gefurchten Grübchen. Mit einem einnehmenden rheinhessischen Dialekt parliert er über die Komplexität europäischer Finanzpolitik ebenso salopp und gestenreich wie über die optimalen Voraussetzungen vielversprechender Olivenernte und die missratene Kaderplanung seines Lieblingsfußballvereins.

Am liebsten aber spricht er über den *Spiegel*. Das hat sich auch beinahe zwanzig Jahre nach seinem Abschied nicht geändert. »Na ja«, sagt er und zieht dabei das Ja in die Länge, als läge darin schon die gesamte Erklärung. »Sie müssen wissen, diese Zeit, die ist unauslöschlich für mich.« Er meint damit nicht das skurrile Ende beim Kündigungsmahl, das er in weiser Voraussicht schon nach der Suppe verlassen hat, sondern vielmehr das knappe Vierteljahrhundert zuvor, das ihn als Journalist und als Menschen ausgebildet hat.

Beeindruckt und ehrfurchtsvoll war er damals, als er, der

»kleine Pimpf aus der Provinz mit dem präsidialen Auftritt«
von der Mainzer Allgemeinen Zeitung dem Ruf des großen
Nachrichtenmagazins folgte. Eigentlich immer ein bisschen zu
unbedarft für den nächsten Karriereschritt. Im Deutschland-
ressort fühlte er sich so getriezt, dass er krank wurde: »Drei
Geschichten in einer Woche sollte ich liefern, das habe ich
nicht geschafft, auch nicht mit Vitaminspritzen.« Wie in einem
Strafregiment sei es zugegangen, in diesem »elitären, testoste-
ronprallen Männerverein«. Dann hat er sich zum Mitspielen
entschlossen. Obwohl ihm der eigene Aufstieg ebenso wenig
geheuer gewesen ist wie der spiegelsystemische Zynismus. »Als
ich stellvertretender Leiter des Deutschlandressorts wurde,
dachte ich: so ein Schuh und so ein Fuß.« Er unterstreicht
diese Selbsteinschätzung effektvoll, indem er seine Arme zunächst in maximalmöglicher Weite ausbreitet und dann die
Handflächen auf die Größe eines Kinderfußes zusammen-
führt. Aber er sei eben eine Spielernatur, wischt er das Aufblitzen grüblerischer Schwere mit einem Satz vom Tisch.

Ein Spieler sei er, ja, aber kein Hasardeur, das sagte er auch
Rudolf Augstein, als der ihm zum ersten Mal die Position des
Chefredakteurs antrug. »Ich war damals gerade mal vierzig,
erst zwei Jahre Ressortleiter und ein kleiner Fisch in diesem
Haifischbecken.« Der Herausgeber hielt ihn danach für einen
Zauderer, nur bedingt einsatzbereit als zentrale Figur in sei-
nem großen Medienmachtspiel. Aber er warf ihm dennoch zu,
er solle mal ein bisschen intensiver den Wirtschaftsteil und das
Feuilleton lesen. »Da wusste ich, der kommt auf mich zurück.«

Er beschreibt diese besondere Form der Personalführung
mit einer Mischung aus Bewunderung und Erschaudern. Immer befangen sei er gewesen, in Anwesenheit des unberechen-
baren *Spiegel*-Gründers und dessen perfiden Strategien, »alle
unter Druck zu halten«. Aber irgendwie auch angerührt von
der Einsamkeit, die er mitfühlte, wenn »der Alte« ihn dann
und wann zu einer Suppe einlud, weil er mit jemandem reden
wollte. Diese seltenen Zeichen der Wertschätzung, die er sich

durch couragierte Berichterstattung und renommeeträchtige Enthüllungen wie der Flick-Parteispendenaffäre verdiente.

Irgendwann hat er sich bereit gefühlt, Chefredakteur zu sein, auch wenn er im privaten Kreis über die eigene Berufung scherzte und noch heute mit »seinen Manschetten« kokettiert. Trotzdem habe er das wohl ganz gut gemacht, resümiert er mit hoheitlicher Flapsigkeit und schenkt Weißwein nach. Er könnte Abende füllen mit den Geschichten aus dieser Zeit. Mit den Begegnungen mit den großen Charakterköpfen. Helmut Kohl zum Beispiel, der *Spiegel*-Hasser, mit dem ihn eine »landsmannschaftliche Schiene« verband. Zwanzig Kilometer voneinander entfernt sind sie aufgewachsen, da versteht man sich. Also hat der Kanzler die zementierten Ressentiments über Bord geworfen und Kekse und ein »staubiges Fläschchen« aus dem Schrank geholt. Nicht ohne vorher die Anzugschuhe gegen ausgelatschte Sandalen zu tauschen, erinnert sich Hans Werner Kilz an eine der liebenswerteren Marotten des Staatsmannes. Kohl habe ihm imponiert mit seiner Machtbeflissenheit und seinem trockenen Pfälzer Humor. Doch nicht lange nach dem Aufbau der zarten Bande hat ihn des Kanzlers berühmter und gefürchteter Bannstrahl getroffen. »Respice finem«, sagte der ihm noch bei einem spätabendlichen Anruf und beendete mit dem Gespräch auch die fragile Beziehung. Eigentlich wegen einer Kleinigkeit, erinnert sich der abservierte Landsmann, die Geschichte sei beinahe zu banal, um sie zu erzählen. »Aber der Kohl hat alle wie Marionetten behandelt, wer ihm nicht mehr gefiel, wurde aussortiert.«

Hans Werner Kilz mochte den Umgang mit den Mächtigen, und er hat es genossen, auf eine Weise ebenbürtig zu sein. Gefiel er sich auch darin? »Sie müssen wissen«, holt er mit seiner charakteristischen, zeitgewinnenden Satzeinstiegsformel aus, auf die jeweils ein kurzes, bedeutungsbetonendes Schweigen folgt, »die Funktion des *Spiegel*-Chefredakteurs verleiht nun mal eine gewisse Stellung.« Entscheidend sei, dass man sich als Mensch von der Bedeutung distanzieren könne, die die Funk-

195

tion innehat. Das sei ihm weitestgehend gelungen, glaubt er. Und rückt sich dann selbst zurecht: »Na ja, vielleicht nicht immer.«

Schön fand er zum Beispiel, wenn er zu jemandem sagen konnte: »Du bist gut, du bekommst mehr Geld«. Aber er habe natürlich auch eine enorme Verantwortung getragen. Für aufsehenerregende Aufmacher wie im Falle Uwe Barschel, dem ehemaligen schleswig-holsteinischen Ministerpräsidenten, dessen Todesumstände noch heute nicht vollständig aufgeklärt sind. »Da fragt man sich schon mal, haben wir den jetzt in den Tod geschrieben?« Aber allzu lange hat er sich mit dieser Frage auch wieder nicht gequält. Er hat ja nur die vorhandenen Informationen abgebildet. So wie auch in Bad Kleinen, als bei einem Schusswechsel zwischen Bundesgrenzschutz und einem RAF-Paar der Terrorist ums Leben kam. Durch Selbsttötung war die offizielle Version. Durch die Kugel eines GSG-9-Beamten, flüsterte ein Informant des Bundesgrenzschutzes, der an diesem Einsatz teilnahm, dem *Spiegel*. Der hatte seinen konspirativen Zeugenbericht auf Tonband gesprochen und, als der Titel »Die Hinrichtung« bereits im Andruck war, sämtliche Aussagen zurückgezogen. Hans Werner Kilz entschied, die Geschichte trotzdem zu machen, in absoluter Gewissheit, »wenn das schiefgeht, bin ich nicht mehr Chef«. »Der Todesschuss« hieß die abgeschwächte Reportage, die nicht ihn, sondern den Bundesinnenminister das Amt kostete.

Ein paar kryptische Mails habe er damals von Rudolf Augstein bekommen, solche, deren Text »jede Interpretation zuließ«. Glückwünsche für die reputationsfördernde Geschichte, wenn es gutgeht, und Vorzeichen einer Kündigung im negativen Falle. An diese Form des Briefwechsels hat er sich mit der Zeit gewöhnt. Und auch an die Flüge in der Privatmaschine nach Sylt, wo er seinem Chef regelmäßig Rechenschaft ablegen sollte über waghalsige Recherchen oder konspirative Quellen.

Der Medienmann kichert bei der Erinnerung an diese vertrauten Scharmützel mit dem Herausgeber. Aber er habe dessen Spiele nicht mitgespielt. »Meine Verantwortung für das Blatt war mir wichtiger als Taktik.« Vielleicht habe ihm auch das Gespür gefehlt für Irrationalitäten auf diesem Niveau. Unbedarft hat er einen Kommentar Augsteins nach hinten ins Feuilleton gestellt und einen anderen bevorzugt, den er für wichtiger hielt. Der finale Fauxpas und das Ende des erratischen Wohlwollens des Herausgebers, der diese Sache zum Anlass nahm, die fortgeschrittene Entfremdung – »wir waren etwas auseinandergelebt« – in eine schmuddelige Scheidung münden zu lassen.

Über Wochen habe Augstein dann im Hintergrund eine Mehrheit für den Rauswurf organisiert, entsinnt sich Hans Werner Kilz der Dramaturgie seiner Entlassung. Selbst die Aufgabe aller Ämter drohte der den zaudernden Wahlmännern an, so sie nicht gefügig in seinem Sinne stimmten. Und dann sagte Hellmuth Karasek im *Heute Journal*, »›der *Spiegel* ohne Augstein ist wie die Katholische Kirche ohne den Papst‹«, amüsiert sich Kilz über diese redaktionsintern längst umstrittene Paraphrase. Er machte seinen Job unterdessen pflichtschuldig weiter, moderierte angeschlagen Konferenzen und schaute seinen Fellen beim Davonschwimmen zu. Spannende Tage seien das gewesen, voller Adrenalin und mit einem »ungeheuren Geist«. Das legendenreiche *Spiegel*-Haus brodelte, Streik stand in Rede, Unterschriftensammlungen kursierten. Er fand das irgendwie surreal, fühlte sich trotz allen Aufbäumens orientierungslos und entwurzelt.

Hans Werner Kilz erzählt das alles ganz aufgeräumt, aber auch mit einer Intensität, die die Besonderheit dieser journalistischen Amour fou unübersehbar macht. Er würde heute nicht so darüber sprechen können, wenn es die *Süddeutsche Zeitung* nicht gegeben hätte, da gibt er sich keiner Illusion hin. Wenn er sich nicht als Chefredakteur der renommierten Tageszeitung eine erhebliche Reputation erarbeitet hätte. Über jeden Zweifel erhaben. Über die eigenen Zweifel erhoben.

An einem Samstag im Fußballstadion bekam er die Nachricht, dass nun einer aus dem Entscheidungsgremium umgefallen sei, Augstein seine notwendige Mehrheit erzwungen hatte. Er hat das Spiel zu Ende geschaut, wie es ausgegangen ist, weiß er nicht mehr. Das passiert ihm selten. Aber dass er eine Menge Wut im Bauch hatte, das kann er originalgetreu abrufen. Wut auf seinen Förderer, über dessen Willkür, über diese schonungslose Machtdemonstration.

Er ist direkt mit seiner Familie in den Urlaub nach Vermont gefahren, um Abstand zu gewinnen. Eine Menge Holz habe er gehackt, gegen den unverwüstlichen Zorn, gegen demütigende Schlagzeilen, »Kilz kaputt«, die nun ihm selbst galten. Und gegen die peinigende Frage: »Was soll jetzt noch kommen?« Er ist froh, dass er eine Antwort gefunden hat, denn er weiß, dass es auch anders hätte ausgehen können. »Wenn starke Männer fallen, kommen sie nicht mehr auf die Beine«, konterkariert er das strapazierte Bild unverwundbarer Manneskraft. Freunde haben ihm geholfen, eine Dozentenstelle in Harvard und vor allem Antje Vollmer, »der Engel der gestrauchelten Kerle«. Mit der geschätzten Ratgeberin hat er ein Buch geschrieben und viele Gespräche geführt. Auch, als der *Spiegel* viele Jahre später noch mal über einen Abgesandten anklopfte, um ihn zur Rückkehr zu bewegen. »Man geht nicht zurück, hat sie mir gesagt, und dass ich niemandem mehr etwas vorführen müsse.«

Er sei ohnehin identischer gewesen mit der *Süddeutschen Zeitung* als mit dem *Spiegel*, das hat ihm auch seine Frau immer gesagt. »Stimmt schon«, nickt er und vertieft sich in den Dialog mit sich selbst. Aber er ist eben auch reifer gewesen, härter durch die rustikale *Spiegel*-Schule. Vielleicht hätte er sonst auch abgewunken, nachdem die *Süddeutsche* Redaktion zunächst gegen seine Nominierung aufbegehrte, »weil ein *Spiegel*-Mann nicht SZ-Chef werden könne«. Er hat sich dem Kampf gestellt, auch wenn es hart war, nach allem, was er erlebt hatte. »Wen das nicht berührt, der muss ein Zombie sein.«

Hans Werner Kilz ist Hans Werner Kilz geblieben. Ein sanfter Diktator sei er als Chefredakteur gewesen, sagen Kollegen. Einer, mit einer Mischung aus Konsequenz und Behutsamkeit, sagt er. Einer jedenfalls, der bedingungslos für seine Redaktion einstand. Die *Süddeutsche* war ein Glücksfall für ihn. Und er für sie, versichern solche, die es wissen müssen. Seine gegenwärtige Ausgeglichenheit bekennt er, die sei dieser wunderbaren Fügung zu verdanken, dass er »die SZ zu einer noch besseren deutschen Zeitung machen konnte.« Daran werde er heute gemessen. Die Aufgabe war vollendet, deshalb ist er ohne Wehmut in den Ruhestand gegangen. Ruhestand wiederholt er und witzelt: »Ich bin noch ziemlich aktiv, in jeder Hinsicht.« Die Medienbranche hat Platz für nachdenkliche Haudegen wie ihn, deshalb hat er eine Vielzahl von Funktionen und Mandaten in Aufsichtsräten und Beratungsgremien inne. Er will auch weiterhin schreiben, das Buch hat er schon im Kopf. Aber der Hauptdarsteller der Biographie windet sich noch. Also lässt er das erst mal für später liegen. Und vielleicht wird sein Lieblingsfußballclub doch irgendwann anfragen, wenn das Präsidentenamt mal wieder frei ist. Ergriffen von aufflackerndem Übermut angesichts dieser verheißungsvollen Idee, juchzt er laut auf: »Das wär doch wirklich mal was.«

Ob ihm aufgefallen ist, dass wir ziemlich lange über den *Spiegel* gesprochen haben? »Nicht über Fußball?«, fragt er treuherzig. »Na ja, Sie müssen wissen, wenn man eine Aufgabe unvollendet verlässt, bleibt immer etwas offen.«

Und als er sich konzentriert beim Gedanken daran, was er vermisst, seit er nicht mehr in einflussreicher Position ist, da fällt ihm folgerichtig auch eine Sache aus der *Spiegel*-Zeit ein: Ein rotes Sofa habe er gehabt, ganz weiches Leder, sein »einziges Zeichen von Status«, betont er. »Aber wer darin saß, der wusste, er sitzt beim Chefredakteur.« Das hätte er gern mitgenommen.

Das Leben danach

»Nach dem Spiel ist vor dem Spiel.«

Sepp Herberger

Heather Jurgensen hatte keine Vorstellung von ihrem neuen Leben. Sie hat ihr ganzes Leben lang getanzt. Ballett ist ein Fulltime-Job. Einer, der nicht endet, wenn der Trainingssaal verlassen, der Applaus nach der Vorstellung verklungen ist. Ballett ist eine Berufung und eine Lebensform. Sie hat nie etwas anderes getan, seit sie sieben Jahre alt ist, und sich nicht damit beschäftigt, dass der Körper einer Tänzerin zwangsläufig das Ende vorgibt. Unerbittlich und unverhandelbar.

Sie fasst den Entschluss aufzuhören an einem Wintermorgen, an den sie sich nicht mehr so genau erinnert. Wie viele meiner Gesprächspartner sich nicht mehr erinnern können oder wollen an die Tage, die die Weichen zur Veränderung stellen. Gerade dann, wenn diese Momente mit extremen Erlebnissen verbunden sind, funktioniert die erlösende Verdrängung. Manche nennen es ihren Blackout, andere beschreiben die Szenen nur verschwommen, bemüht, dem Moment die Bedeutung zu rauben. Und ab und an ist auch der Versuch der Legendenbildung augenfällig.

Die finale Entscheidung wird oft einsam getroffen, wenn die Indizien des unvermeidbaren Endes ausreichend lange eingesammelt sind. Auf den zehrenden, unterschiedlich langen Prozess der unverstellten Bewusstseinsbildung, nach unzähligen Gesprächen, Einflüssen von außen, Impulsen der Ratgeber folgt eine Rückkehr zum eigenen Kern, eine Konzentration auf die ganz persönliche Wirklichkeit.

Auch Heather Jurgensen entschied das Aufhören ganz für sich allein. Ohne zu wissen, was danach kommt, »weil ich nicht wollte, dass ein Choreograph oder die Leute in der Vorstellung sagen, dass es nicht mehr gut aussieht, wie ich tanze«. Niemand hat je gesagt, ihr Tanz sähe nicht gut aus, sie war der Star eines glänzenden Ensembles. Achtzehn Jahre lang die Primaballerina. Aber sie wollte es selbst sein, die bestimmt, wann es zu Ende ist.

Die Amerikanerin ist eine zurückhaltende, beinahe scheue Frau, die langsam spricht und jedes ihrer Worte sorgsam abwägt. Sie entschuldigt sich für ihr Deutsch, ohne während unseres Gesprächs eine einzige Vokabel falsch zu verwenden. Mit der gleichen Präzision, mit der sie artikuliert, hat sie getanzt in John Neumeiers bejubeltem Hamburger Ballett.

Jetzt sitzt sie hier in einem kleinen Raum in der Oper in Kiel, wringt die Hände wie ein verschwitztes Handtuch nach einer anstrengenden Trainingseinheit und füllt den Ort mit der gleichen stolzen Anmut aus wie früher all ihre großen Frauenfiguren.

Sie sei nervös, sagt sie direkt zum Einstieg, ohne dass es dieses Hinweises bedurft hätte. Die Premiere des Kieler Balletts steht unmittelbar bevor, und sie ist die stellvertretende Ballettdirektorin dieses Opernhauses. Ihr Mann, ebenfalls ein ehemaliger Balletttänzer, ist der Chef-Choreograph. Die Truppe ist neu zusammengestellt, es musste schnell gehen. »Der Nussknacker« wird in wenigen Tagen aufgeführt. Das Kieler Publikum ist kulturbegierig und erwartungsvoll.

Auch wenn ihre Anspannung die Freude ein wenig unterdrückt, verhehlt Heather Jurgensen nicht, dass sie ihr Glück kaum fassen kann, nun hier zu sein, an einem Ort, an den sie gehört, nach allem, was sie erlebt hat.

Nach ihrer Ankündigung, Neumeiers Company zu verlassen, musste sie die Saison noch ein halbes Jahr zu Ende tanzen. Zeit genug, sich von ihrem Publikum und ihren Figuren zu verabschieden. »Das war eine schwere Zeit, alles, was ich tat, tat ich irgendwie zum letzten Mal.« Sie sagte viele Male auf Wiedersehen, zu Cinderella, der Kameliendame, zu Nina, Olivia oder Tamara, den Heldinnen Tschechows, Shakespeares und Nijinskys. Immer mit dem Wissen, dass es keines geben kann.

Welche Möglichkeiten sie haben würde in der Zeit danach, das wusste sie nicht. Sie hatte keine Angst vor dem Ende. Aber umso mehr vor dem, was nach dem Ende kommen sollte. Davor, dass es nichts geben würde, was sie auf eine vergleichbare Weise fasziniert. Vor allem nichts, wovon sie glaubt, dass sie es auf eine vergleichbare Weise können wird.

Sie hat sich erst mal selbständig gemacht, weil man ihr beim Arbeitsamt sagte, das sei der beste Weg und sie keinen anderen sah. Sie half einem befreundeten Finanzberater, stundenweise. Nachmittags verkaufte sie im Laden eines Bekannten französische Delikatessen. Sie war sich nicht zu schade für diese Arbeit, aber sie hat immer gelitten unter dem Gefühl, sie habe »so wenig anzubieten«. »Ich hatte keine Softskills, keinen Abschluss, konnte nicht tippen, und fühlte mich nutzlos«, erzählt sie ohne Rührseligkeit. »Früher haben wir in der Garderobe oft gescherzt, dass wir später mal einen kleinen Laden haben würden«, wenn sie mal wieder genervt waren von der Strenge des Choreographen oder den schmerzenden Sehnen. »Aber die Realität ist anders, man vermisst so vieles.« Am allermeisten sagt sie, fehlte ihr das Zusammensein mit der Gruppe. Die Sicherheit und die Geborgenheit eines festen Ensembles. Berechenbare Beziehungen. Die geteilte Obsession als Wagenburg.

Den Applaus, die Verehrung des Publikums vermisst sie nicht. Balletttänzer sind es gewohnt, für einen Abend Glück zu bringen, mit ihrer Intensität zu verzaubern und wieder in die Anonymität zurückzutanzen. »Es hat mich nie gestört, nicht auf der Straße angesprochen zu werden, nicht berühmt zu sein«, beschreibt sie die Besonderheit der flüchtigen Bewunderung ihrer Kunst. »Es war mir sogar ganz recht so. Auch auf der Bühne war es mir viel leichter, mich bloß zu zeigen und nicht entblößt zu fühlen, weil ich mich komplett in andere Gestalten hineingelebt habe, diese Metamorphose habe ich geliebt.«

Die Gelegenheit, in andere Figuren zu fliehen, auch vor der eigenen Unsicherheit, danach sehnt sie sich noch heute manchmal. Ab und zu tut sie es zu Hause, dann spielt sie die Cinderella doch noch mal für ihren kleinen Sohn. Er weiß es natürlich nicht, aber er hat sie gerettet aus dem Gefühl der Wertlosigkeit und der Wehmut, wenn ihr Mann am Abend von seinem Tag mit der Kompanie erzählte. »Als ich schwanger wurde, habe ich wieder eine Aufgabe gefunden.« Und eine Antwort auf die ständigen Fragen danach, was sie jetzt anfangen soll mit ihrem Leben nach dem Ballett. Sie hat es oft als Belastung empfunden, nichts zu sagen zu wissen, und die Zurückhaltung, die sie plötzlich in der Begegnung mancher Menschen mit ihr wahrzunehmen glaubte, persönlich genommen. Dann hat sie solche Aufeinandertreffen lieber vermieden.

Doch auch als sie schwanger wurde, blieben ihre Zukunftsängste: »Ich wusste nicht, wie wir leben sollen, aber ich habe versucht, meine Sorgen von meinem ungeborenen Baby und meinem Mann fernzuhalten.« Sie ist schwimmen gegangen, gegen die Verzweiflung, hat Musik gehört. Selbst zum Tanzen im Wohnzimmer musste sie sich zwingen in dieser Zeit, von der sie sagt, es sei ihr Tiefpunkt gewesen, und keinen singulären Moment meint, sondern ein monatelanges Tal mit vielen tiefen Punkten.

Ihre Situation ist kein Einzelschicksal, sie kennzeichnet die Phase des Karriereendes vieler professioneller Tänzer und Sportler, die nie etwas anderes getan haben und später keine Orientierung außerhalb der gewohnten, lebensstabilisierenden Gemeinschaft finden.

Im *Spiegel* erscheint in dieser Zeit ein Artikel über das spezifische Ausbildungsvakuum von Berufstänzern und berufenen

Tänzern wie Heather Jurgensen und findet in Riga eine Leserin, eine Professorin, die ihr daraufhin einen Studienplatz an der dortigen Kunstakademie anbietet, auch wenn ihr die Master-Qualifikation dafür fehlt.

Sie ist Amerikanerin und muss zunächst auf dem Globus nach der lettischen Hauptstadt suchen. Dann packt sie ihre Sachen und ihren Sohn, beginnt ein Studium in einer fremden Welt und findet eine neue Gruppe, zu der sie sich zugehörig fühlt, auch wenn ihre Kommilitonen gerade erst von der Schule kommen und viele Jahre jünger sind als sie.

Häufig erfordert die Ankunft im neuen Lebensabschnitt einen Umweg, eine Zeit der Klärung, eine Windung, die nicht sofort als Entwicklungsstufe erkennbar ist. Im Rückblick wird diese Phase oft als wertvoll beschrieben, auch in der Verklärung nach deren Überwindung.

Peter Kabel ist nach Indien gegangen. Er folgte keinem Ruf, erwartete kein herzliches Willkommen. Er wollte einfach Abstand nach dem Zusammenbruch seiner Lebensleistung, aufreibenden strafrechtlichen Auseinandersetzungen und der ungewollten Trennung von seiner damaligen Lebensgefährtin. Beim Roten Kreuz und »den üblich verdächtigen« Hilfsorganisationen hat er versucht, eine Aufgabe und neuen Sinn zu finden. »Aber man konnte mich nicht gebrauchen mit vierzig«, erzählt er von den deprimierenden Erfahrungen seiner engagierten Aufstehversuche.

Weil er sich schon lange intensiv mit Yoga beschäftigte, wählte er Indien aus für seine Katharsis. Nicht um Tempelanlagen anzuschauen, bekräftigt er seine existentielle Not: »Ich wollte mich unbedingt wieder in irgendetwas einfädeln.« In einem Ayurveda-Camp trifft er einen Yoga-Lehrer, der ihn zu einer Missionsstation schickt, tausende Kilometer entfernt. Er fuhr hin, aber der verantwortliche Vater Dominic war gerade auf Mission, wurde jedoch ein paar Tage später zurückerwartet. »Ich habe einfach ausgeharrt«, sagt er, gefühlt eine lange Zeit. Eine anspruchsvolle Übung für einen, der es gewohnt war, sich mit seiner Aktionsgeschwindigkeit permanent selbst zu überholen.

Vater Dominic hatte auch keine Verwendung für ihn, empfahl ihn aber einer Bekannten, die gerade ein kleines Unternehmen gegründet hatte und nun krank geworden war. Die Frau müsse operiert werden, »das war das Einzige, was ich wusste«. Er ist dann ins kalte Wasser gesprungen und hat das Unternehmen ein paar Monate gemanagt. »So, wie ich es gelernt hatte, das war in jeder Hinsicht herausfordernd«, schildert er selbstzufrieden, und zum ersten Mal in unseren Gesprächen lässt er ungebremste Fröhlichkeit zu.

Er habe nicht viel an Zuhause gedacht in diesen Monaten. An seinen Sohn natürlich. Aber nicht mehr an die Akten, durch die er sich ein Jahr gewühlt hatte, um die Vorwürfe des Betruges zu entkräften, nach dem schlimmsten unter den vielen schlimmen Tagen. Dem 7. September 2001. Er ist am frühen Morgen schon zu einem Termin unterwegs, als seine Putzfrau anruft. Es seien Menschen draußen, die hineinwollen. Sie hatte Angst, verrammelte die Tür, bis er an seinem Haus ankam, vor dem ihn zwei Mannschaftswagen der Polizei und eine Armada der Staatsanwaltschaft empfingen. »Eine Hausdurchsuchung, Menschen mit Pistolen, die in meine Privatheit eindrangen, gleichzeitig in meine Büros und mein Ferienhaus, das war unvorstellbar«, reiht er die Schrecken dieses Tages aneinander, die ein bis heute unaufgelöstes Trauma hinterlassen haben. Der absolute Tiefpunkt.

Zeitungsgeschichten gab es dazu: »zusammenphantasiert, wirklich hässlich.« Ehemalige Mitarbeiter hätten Geld dafür bekommen, dass sie sagen, »ich sei ein Schweinehund«. Die Versteigerung der Designermöbel aus der Insolvenzmasse wurde darin beschrieben, um ein prätentiöses Bild zu zeichnen. Sie brauchten nunmal eine Menge Tische, als Kabel New Media unaufhaltsam prosperierte. Schneller als herkömmliche geliefert werden konnten. Also habe er welche anfertigen lassen. Zweckmäßig. Seiner sei der gleiche gewesen wie der aller Mitarbeiter. Aber das taugte wohl nicht zur Bebilderung des fulminanten Absturzes eines New-Economy-Stars.

Er will zurück zu den Monaten in Indien und zu unbelasteter Lebendigkeit. Montägliche Teamsitzungen hat er einberufen in seinem Praxisseminar fernöstlicher Managementkultur. »Es dauerte Tage, bis ich eine Tafel hatte, um den Wochenplan und die verteilten Aufgaben aufzuschreiben.« Wegen der Feuchtigkeit habe sich die Aufschrift im Verlauf der Woche nach und nach aufgelöst. Die europäische Vorstellung von Präzision sei während der Woche verrutscht, freut er sich an der plakativen Sinnbildlichkeit. Er ist noch heute berüchtigt für seine strenge Führung, erzählt er einigermaßen stolz. Vieles, was er initiiert hat, besteht noch immer. Er genießt es, etwas hinterlassen zu haben.

»Diese Zeit«, hält er eine Sekunde inne und verzichtet dabei auf jede verstärkende Pose, »hat mir das Leben gerettet.«

Heather Jurgensen verlässt Riga mit einem Abschluss und einer vagen Perspektive, aber die konkreten Sorgen verziehen sich erst, als der Anruf des Kieler Opernhauses kommt. Auch jetzt kann sie noch nicht sagen, wie die nächsten Jahre aussehen werden, der Vertrag ist zeitlich begrenzt. Aber sie ist zusammen mit ihrer Familie, und sie beschäftigt sich wieder mit Tanz. Die Chefrolle zu spielen fällt ihr anfangs noch schwerer als alle Rollen vorher. Sie möchte den Tänzern auch Ratgeberin sein und dabei weitergeben, was sie mitgenommen hat, vor allem aus der Zeit nach dem Ballett. »Ich habe vieles gelernt, vor allem Empathie und das Bewusstsein dafür, dass Leute, die in einer schwierigen Phase sind, Unterstützung brauchen.« In Deutschland, sagt sie, ist es schwer, eine Lücke im Lebenslauf zu erklären.

Ob sie sich besser kennengelernt hat in dieser Zeit? »Ja, auch durch die Momente, in denen ich mich nicht wiedererkannt habe.« Sie hat verinnerlicht, dass sie Kraft hat, auch wenn sie ihre eigene Persönlichkeit tanzt. Und fühlt sich stärker dadurch, nun zu wissen, welche »Lifesavingmechanisums I have«.

Die Premiere des »Nussknackers« bekommt warmen Applaus.

Die Möglichkeit des Verarbeitens ist immer verbunden mit der Art des Abgangs und der Härte des öffentlichen Urteils. Heather Jurgensen ist unbeobachtet geblieben. Während ihrer Karriere und beim Stolpern über die herausfordernden Begleiter ihrer Krise. Es gibt keinen sichtbaren Makel, der ihre Zukunftsängste verstärkt. Ihre finale Aufführung war eine Huldigung. »Es war unglaublich berührend, so viel Liebe im Raum.« Und nach der letzten Verbeugung wurden Blumensträuße geworfen, gebunden mit den Namen ihrer berühmtesten Frauenfiguren. Andere bewirft man bei ihrem Abgang mit Schmutz.

Die ehemalige Bundesverbraucherschutzministerin Andrea Fischer sagte nach ihrem von Parteifreunden erzwungenen Rücktritt und schmachvollen kollegialen und medialen Grausamkeiten im Dokumentarfilm »Schlachtfeld Politik«: »Ich habe danach keine großartige Karriere mehr gemacht, weil die Erfahrung meines Ausstieges mir mein Selbstbewusstsein genommen hat.« Ihre Depression hielt zwei Jahre an.

Bei unfreiwilligen Abschieden bleibt die Offenkundigkeit des Scheiterns der tiefste Stachel. Das Gefühl, nicht genügt zu haben, vor den Augen aller abgestempelt zu sein. Oftmals geht dem Abgang ein schleichender, entwürdigender Prozess voraus. Verletzungen, die auch bleiben, wenn der Übergang in ein neues Leben gelingt. Wenn die Unschuld erst mal verloren ist, gibt es keine Rückkehr hinter den Punkt der negativen Erfahrung. Für manche verhindern einschneidende Erlebnisse einen Neuanfang auf belastetem Boden. Für andere ist ein Schritt aus der Öffentlichkeit notwendig, ein Verschwinden in der Masse. Alle erleben eine Veränderung im Kontakt mit

Menschen und der eigenen Verletzlichkeit. Eine Erschütterung ihres Grundvertrauens.

Neben den seelischen Verarbeitungsaufgaben sind die Substitution dessen, was Leidenschaft und Lebensinhalt war, und die Akzeptanz der Veränderung die größte Herausforderung.

Abhängig davon, an welcher Stelle der Laufbahn das Scheitern passiert und ob der weitere Verlauf eine Rehabilitation ermöglicht, gestalten sich der friedvolle Rückblick und die konstruktive Auseinandersetzung. Es ist auch eine Frage des Lebensalters, wie groß die Chance auf eine seelenrenovierte Fortsetzung der Laufbahn an ähnlicher oder ganz anderer Stelle ist. Andrea Fischer war jung genug für den Neustart, sie versuchte sich mit Wirtschaftsjobs und TV-Moderationen, aber sie fand lange keine Aufgabe, die den Verlust kompensierte, die Erfahrungen zu verarbeiten half.

Je größer die Popularität und die Bedeutung, desto unantastbarer die Verschmelzung zwischen Person und Funktion. Und auch mit dem Gesamtwerk der Karriere und den Umständen des Abgangs.

Manchmal reicht eine Aussage, um zum unverwechselbaren Assoziationsbegriff zu werden. Roland Koch hat seine Ankündigung der »brutalstmöglichen Aufklärung« der CDU-Parteispendenaffäre ein einziges Mal in einem Live-Interview des *Heute Journals* gemacht. Und damit dazu eingeladen, eine Metapher für unausgefüllte Worthülsen mit seinem Label zu versehen.

Huub Stevens, Fußballtrainer des FC Schalke 04, beklagte kürzlich in einem Interview, er habe exakt einmal gesagt, »die Null muss stehen« und das sei tausendfach nachgeschrieben und zur Grundlage seiner Trainerphilosophie stilisiert worden.

Josef Ackermann reichte ein leichtsinniges Victory-Zeichen, um seither als selbstgerechter Großprotz gezeichnet zu werden, wann immer unverantwortliches Handeln eine charakteristische Visualisierung braucht.

Aber ist es die gnadenlose Verkürzung der Protagonisten auf eine einzige, manchmal unbedachte Handlung, ohne Chance auf nachträgliche Korrektur? Oder ist es vielmehr die Sequenz, die zur Etikettierung des Habitus und der Persönlichkeit taugt? Die Szene eines Charakters. Das Symbol einer Biographie.

Björn Engholm kennt all diese Stigmatisierungen. Er hat nicht mit rabaukigen Formulierungen oder fehlendem Taktgefühl für die Schlagzeilen seines politischen Lebens gesorgt. Für ihn hat das ein anderer erledigt.

Der ehemalige schleswig-holsteinische Ministerpräsident war mein erster Gesprächspartner für dieses Buch. Die Anbahnung gestaltete sich ermutigend einfach, wir verabredeten uns kurzfristig in seinem Stammlokal in Lübeck. Aus einer Mischung aus Nervosität und Ehrfurcht hatte ich für die etwa einstündige Fahrt komfortable zweieinhalb Stunden Anreisezeit vorgesehen, um mich nach der Ankunft bei einem entspannenden Glas Rotwein für die Begegnung zu beruhigen. So war der Plan. Die Realität war eine wegen eines Oldtimer-Rennens gesperrte Autobahn. Eine Mobilnummer gab es nicht und damit keine Möglichkeit, meine unvermeidliche einstündige Verspätung anzukündigen. Als ich verschwitzt und verzagt im Lokal eintraf, allein um mich zu versichern, dass ich mindestens diese Begegnung fulminant vermasselt hatte, empfing mich ein einsamer Gast, wohlig in sich versammelt, seine markenbildende Pfeife rauchend.

Björn Engholm ist eine beeindruckende Erscheinung, nicht nur wegen seiner Größe und der raumfüllenden Distinguiertheit. Lässig schrumpft er meinen Lapsus zur Lappalie und versucht mir großmütig die Zerknirschtheit zu nehmen. »Das passiert schon mal, damit kann ja keiner rechnen.« Es sei ja auch schön, wenn er auf diese Weise mal Zeit zum Innehalten geschenkt bekomme.

Er hat nämlich noch viele Termine, einer mit seiner Seniorität ist gefragt, aber er macht nur noch das, was er will. Schwer vorzustellen, wenn man ihn so erlebt in seiner kultivierten Unabhängigkeit, dass das mal anders gewesen sein könnte. Dass er jahrzehntelang Teil eines knallharten, fremdbestimmten Machtsystems gewesen ist.

Musik und insbesondere Jazz, er spricht Jazz deutsch aus, mit der markanten Betonung des Doppel-z, interessieren ihn jetzt besonders. Überhaupt Kultur. Eine Schande sei es, wie schnöde die öffentlich-rechtlichen Sender alles, was eine gewisse Klasse hat, verschmähten. Darüber könnte er sich jetzt so richtig echauffieren. Aber stattdessen bestellt er erst mal ein Glas Wein. Die Kellnerin weiß schon welchen.

Apropos Fernsehen: Er geht nur noch selten hin, obwohl er oft angefragt wird, zu diesem und jenem. Kürzlich habe er doch tatsächlich rausbekommen, dass dem Oskar Lafontaine für eine Talkshowteilnahme eine höhere Gage angeboten wurde als ihm. Da hat er abgesagt. Natürlich nicht wegen des Geldes. Aber er sei nun wirklich nicht weniger wert als sein ehemaliger Parteigenosse. »Das«, schimpft er, »ist kein guter Stil.«

Stil ist auch eines seiner Lieblingsthemen, von denen wir im Laufe der Begegnungen noch so manche identifizieren werden, und so ereifert er sich unversehens im Umkehrschluss und prangert die »grassierenden Stillosigkeiten« im Allgemeinen und am konkreten Beispiel an. Kleidung, Auftritt, Manieren müssen stimmen, das sei für jeden Menschen erste Bürgerpflicht. Politiker brauchen noch dazu Inhalt, Aura und Charme, zumindest die, die erfolgreich sein wollen. Charakterisiert er sich da gerade selbst? Vielleicht eher seine großen Vorbilder Willy Brandt und Helmut Schmidt. Aber er habe schon versucht, in deren Richtung zu gehen. Kann er diesen Idealtypus heute finden, unter seinen Nachfolgern? Dafür braucht er einen ausgiebigen Zug an der Pfeife, währenddessen er gedanklich durch die politische Landschaft flaniert. Die Dauer der Abschweifung verheißt nichts Gutes für seine Branche.

Aber doch, Frau Lagarde, die gefällt ihm, »die hat Klasse«. Und natürlich Barack Obama. In Deutschland? Thomas de Maizière, beginnt er aufzuzählen, »der ist ein bisschen preußisch, aber sehr glaubwürdig«, und Hannelore Kraft, die findet er angenehm unaufgeregt. Seinetwegen könnte sie auch gern Kanzlerin werden. Und diese junge Frau, Manuela Schwesig, »die hat was«. Vor allem aber fallen ihm Negativbeispiele ein. Solche, die viel Staub aufwirbeln, »aber noch nie einen bedeutenden Satz gesagt haben«.

Björn Engholm mag sich gern leiden in der Rolle des Grandseigneurs der Sozialdemokratie, auch wenn er sich von den praktizierenden Sozis lieber fernhält. Er kann keinen Ethos erkennen in der Politik, das ist nicht leicht für einen bekennenden Kantianer. Also hält er eine gepflegte Distanz und diskutiert seine Positionen in launigen Runden mit Freunden, vor allem aus der Kultur. Und seit kurzem via Facebook, erzählt er mir komplizenschaftlich von seiner neuentdeckten Freizeitbeschäftigung. Viertausendfünfhundert Freunde hat er schon und das innerhalb von nur acht Wochen. Jeden Tag schaue er rein, und jeder, der sich meldet, bekommt drei nette Zeilen. Einmal in der Woche will er sich mit einem relevanten politischen Thema zu Wort melden, aber heute hat er sich mit einem wahren Kenner über Beethoven-Interpretationen ausgetauscht, das sei »ganz reizend« gewesen, freut er sich. Und fügt angesichts meiner übersichtlichen Begeisterung hinzu: »Ich weiß schon, das ist Quatsch, aber es ist so was wie Gehirntraining, gut für den Verstand.«

Der ehemalige SPD-Vorsitzende und designierte Bundeskanzler macht sich die Welt gern wie sie ihm gefällt. Seine nonchalante Ausgeglichenheit ist ansteckend, und es bedarf einiger Zeit, um die Treppe hinabzusteigen, in die dunklen Tage seiner Politikerlaufbahn, die ihre Schatten bis heute werfen.

Er sei ein Kind der 60er gewesen, sein Antrieb war kein geringerer, als die Welt zu verändern. Weniger exaltiert und provokativ als die nachfolgende 68er-Generation, aber voller Überzeugung für staatliche Kontrolle und soziale Gerechtigkeit. In die Politikerlaufbahn ist er so reingeschlittert: »Ich habe mich nicht eine Sekunde aktiv um meine Karriere gekümmert, ich wurde immer gefragt.« Oder geschickt. Irgendwann kam sein Chef Herbert Wehner und sagte: »Du bist ab morgen Arbeitskreisvorsitzender.« Er versuchte zu intervenieren: »Herbert, ich kann das nicht.« »Ab morgen«, schloss Wehner den apodiktischen Dialog. Wenig später machte ihn Helmut Schmidt zum Staatssekretär. Diesmal sparte er sich den zögerlichen Einwand. »Schmidt ließ keine Zweifel zu.« Er mochte diese Tage der parteipolitischen Mittelbank: »Ich war von Herzen Parlamentarier.« Und auch die spätere Zeit als Bildungsminister habe er sehr genossen.

In diesen Jahren hat seine Ausbildung stattgefunden. Von Schmidt lernte er das Regieren, von Brandt, die Welt im Auge zu behalten. Beide haben immer versucht »die Latte so weit runterzulegen, dass möglichst viele mit drüberspringen konnten«. »Ohne dabei ihre Ziele aus dem Auge zu verlieren«, schwärmt er von den großen Impulsgebern der Sozialdemokratie. Ob ihm die Größe der Fußstapfen eine Last gewesen ist, als er selbst kurz vor der Kanzlerschaft stand? Da widmet er sich wieder für einen Moment seiner Pfeife, der treuen Komplizin. Er glaubt, er hätte ein guter Kanzler sein können, antwortet er bedächtig. Aber den Weg dahin, den hätte er nicht geschafft. »Ich hatte keine Kanzler-DNA«, ist seine Übersetzung für eine Dünnhäutigkeit, die ihm damals häufig zur Last gelegt wurde.

Kanzler-DNA, das ist für ihn die Bereitschaft, machttaktische Erwägungen im Bedarfsfall über Inhalte zu stellen. Die mediale Klaviatur zu spielen und dabei die eigenen Überzeugungen über den Haufen zu werfen: »Sie müssen in jedes Mikrophon beißen.« Das wollte er nicht. Da hätte er erst mal die Pfeife aus dem Mund nehmen müssen, die so unumstößlich zu ihm gehört wie der Grundsatz: »Handle so, dass aus deinem Handeln niemand Schaden nimmt.« Stimmt das denn auch für ihn, auch für seine Zeit in Machtpositionen? Er hoffe schon, zumindest wissentlich habe er niemandem geschadet. Und dann relativiert er seinen Maßstab mit der elegantestmöglichen Freisprechung: »Ich bin ein ethisch fundierter Mensch, aber meine Moral darf nicht jeden Tag hinterfragt werden.«

Warum er eigentlich keine Biographie geschrieben hat, frage ich ihn irgendwann während dieses schwindelerregenden Parforceritts durch seine philosophische Doktrin und seine schwergewichtige politische Sozialisation. Er habe einfach zu wenig Material gesammelt, sagt er lapidar. Aber er habe auch nicht wieder und wieder über diese bösartige Geschichte sprechen wollen. Über diesen Barschel.

Dieser Barschel. Das Brandzeichen seiner Karriere. Der Name einer Affäre, die so viel größer war als die Landespolitik im beschaulichen Schleswig-Holstein und doch nur die unselige Lebensgeschichte eines machtbesessenen Mannes.

Es war von Anfang an nicht leicht, als Ministerpräsidentenkandidat aus Bonn nach Lübeck zurückzukehren. Dorthin, wo er geboren wurde und heute »der zweitberühmteste Mann nach Günter Grass« ist. Nach vierzig CDU-regierten Jahren war alles »rabenschwarz«, was er vorgefunden hat, die Angriffe gegen ihn von Beginn an so massiv und persönlich, dass seine Familie ihn darum bat, wieder nach Bonn zurückzugehen. Er sei zwei Jahre durchs Land gezogen, um diese Phalanx zu knacken. Mit störrischem Durchhaltevermögen und manchmal auch wackeligen Knien schruppte er die Hallen und Veranstaltungen von Flensburg bis Pinneberg. Besuchte sogar die Hochburgen der CDU wie den Landesbauernverband: »Ich bekam keinen Applaus nach der Rede, aber später standen fünfzig Leute mit mir an der Theke«, schmunzelt er bei der Erinnerung an die unverdrossene Eroberung seines Heimatlandes. Er spürte, dass die Menschen ihn mögen, das entschädigte ihn dafür, dass die Attacken und Gerüchte immer infamer wurden. Offizielle CDU-Wahlbroschüren seien gedruckt worden, die ihm feudale Auslandsreisen und Maniküre auf Staatskosten

213

unterstellten. »Man wollte mich entfremden von meiner Basis.« Er sagt »man«, wenn er über diese politische Kabale spricht, und meint damit eine Instanz, die größer war als sein direkter politischer Widersacher.

Er hat Uwe Barschel nie über den Weg getraut. Schon bei der ersten Begegnung unter vier Augen habe der ihn mit verwegenen Verbrüderungsversuchen irritiert. Er werde eine Lösung finden, damit Engholm materiell aufgefangen sei beim Wechsel vom Bundesminister zum Oppositionsführer, so er die Wahl verliert, was Barschel selbstgewiss implizierte. »Danach habe ich es vermieden, jemals wieder allein mit ihm im Raum zu sein«, empört sich Björn Engholm noch nachträglich über den wohlfeilen Einwicklungsversuch des Kontrahenten. Und über dessen Hang zu Grenzüberschreitungen: »Er hatte sich also bereits mit meinen Finanzen beschäftigt.«

Es schaudert ihn bei der Vorstellung eines Machtwillens, der bereit ist, andere zu vernichten. Und auch sich selbst. Menschen seien das, die nichts anderes haben. Er hat sich dann nicht mehr gewundert, als er erstmals von den Gerüchten erfuhr, dass Barschel ihn auf die schlimmstmögliche Weise zu entwürdigen versuchte. Als dieser in der berühmten Pressekonferenz kurz vor seinem Tod mit seinem Ehrenwort der Nation seine Unschuld zu versichern versuchte, »wussten wir, dass es eine Lüge ist«.

Nun sind wir im Keller seiner Karriere, und es fällt ihm nicht leicht, angemessene Beschreibungen dafür zu finden, wie sehr ihn die Untrennbarkeit seines Namens mit dem Stempel »Barschel-Affäre« noch immer quält. Er versucht es zunächst abgeklärt medizinisch: »Der Mensch ist imstande, sich zu anästhesieren«, und schiebt dann doch ohne Betäubung nach: »Dieser Mann hat mich meines Lebenswerkes beraubt, das ist gemein.«

Sein Lebenswerk ist das eines Politikers, der dreißig Jahre gewirkt und dabei Zeitgeschichte mitgeschrieben hat. »Ein bisschen wenigstens.« Er hat Frauen- und Bildungspolitik gefördert und die Ostsee als Handelszone geöffnet, als die Mauer

214

noch lange nicht gefallen war. Das sind Dinge, die bleiben. Daran kann auch dieser Barschel nichts ändern.

»Life is life«, stößt er dann aus, um dieses Kapitel fatalistisch abzurunden. Davor noch die Bitte um einen weiteren Kellermoment. Ob er auch Fehler gemacht habe in dieser Zeit? »Klar«, räumt er offensiv ein, »viele.« Kanzlerkandidat und Parteivorsitzender zu werden, »das war dumm«. Er steigt rasch ein paar Stufen hinauf. Glücklich sei er gewesen bis dahin, habe vor allem positive Erfahrungen gemacht. »Erfolg belebt ungemein.« Politik ist doch ein stetiges Suchen nach Lösungen, ein Handel mit den Menschen und ihren Interessen. Aufnehmen, zuhören. »Man fängt mit einem Brot an und endet beim Brötchen«, so ist sein Verständnis von politischen Prozessen und Demokratie. Dem Anstieg seiner Sympathiewerte konnte er zusehen, Gegner gab es nur noch bei der CDU. »Das putzt richtig«, zitiert er Thomas Mann und unterstreicht seine vielbeschriebene Genussfähigkeit. Sein Fahrer hat oft vor der Kneipe gehalten am Abend, bei seiner geselligen Lieblingswirtin Helga, »der Königin der Nacht«. Meist an guten Tagen, von denen es viele gab in den rosigen Zeiten der Landesregierung. An den schlechten ist er lieber ins Bett gegangen.

Er weiß auch nicht mehr, warum er sich in den Parteivorsitz hat treiben lassen. So ein verflixter Parteiloyalismus sei das gewesen. Gerhard Schröder war noch nicht so weit, Oskar Lafontaine gerade durch das Attentat geschwächt. Da sollte er es machen. »Ich bin nie ein Parteimensch gewesen, die Widerstände, die sich aus der Parteimaschinerie ergaben, habe ich völlig unterschätzt.«

Vermutlich wäre er dennoch Kanzler geworden, hätte es nicht diesen verfluchten Moment im Untersuchungsausschuss gegeben. Die Umfragen waren konstant zu seinen Gunsten, als neue Recherchen zur Barschel-Affäre zutage brachten, dass Björn Engholm lange vor der Wahl über die Machenschaften des Gegners informiert gewesen war. Die Nachricht, dass sein

engster Mitarbeiter dem Kronzeugen der Affäre an einem Rast-
platz Geld übergeben hatte, brachte die Geschichte erneut ins
Rollen und seine Kanzlerschaft ins Wanken.

Warum er vor dem Ausschuss gesagt hat, er habe nicht von
der Intrige gewusst, daran kann er sich nicht erinnern. Alles
ging so schnell. Und überhaupt lag der ganze Fall schon fünf
Jahre zurück. Es sei ein Fehler gewesen, sicher. Eine Unachtsamkeit vielmehr. Aber doch nicht vergleichbar mit all dem,
was Barschel ihm angetan hat. »Wo ist denn da die Verhältnismäßigkeit?« Jetzt fällt es ihm schwer, seine Gelassenheit beizu-
behalten, und auch die Pfeife dient ihm nicht mehr als Flucht-
helferin. Er weiß, er hätte zugeben müssen, dass er von den
Angriffen wusste. Aber dass er deshalb vom Opfer zum Täter
gemacht werden sollte, das hat ihn tief getroffen. Er nennt es
eine »geringfügige Unwahrheit«, einfach »eine Winzigkeit,
über die ich nicht nachgedacht habe«. Dass die »Winzigkeit«
seine politische Karriere beenden, ihn zwingen würde, als
Kanzlerkandidat, Parteivorsitzender und Ministerpräsident zu-
rückzutreten, das habe er niemals geahnt. »Sonst hätte ich ja
anders geantwortet.«

Björn Engholm ist ein charmanter Plauderer, und so nutzt
er jede Gelegenheit, um wieder ein paar Stufen aus dem Keller
nach oben zu steigen. Eine kleine Plänkelei mit der zugewand-
ten Kellnerin, ein fürsorglicher Blick auf mein Weinglas, das
möglicherweise Nachschub braucht, oder das Überprüfen der
Funktionstüchtigkeit des Diktiergerätes bringen ihn wieder
auf sicheres Terrain. Die Narben seiner Zäsur und vor allem
deren Umstände sind weit unter der Oberfläche, und er hat es
in all den Jahren geschafft, sie dort zu belassen. Im Bewusstsein ihrer Existenz, doch ohne Zynismus oder Trübsal daraus
zu entwickeln.

Schnell hatte er verstanden, dass die Falschaussage eine Dimension bekommt, die er nicht mehr zu beherrschen imstande ist. »Die Zeit nach der Äußerung vor dem Ausschuss
war haarig«. Die unvermeidlichen Konsequenzen, und das ist

die einzige Situation in unseren Gesprächen, in der Bitterkeit spürbar wird, verdeutlichten ihm die eigenen Leute. Er hätte gekämpft, auch als er vehement in der Kritik stand, um die »Sache in Ordnung zu bringen«, und für die richtige, gerechte Einordnung. Aber seine Parteifreunde gaben ihm unmissverständliche Zeichen, dass er mit ihrer Unterstützung nicht rechnen könne. »Wie ich später erfuhr, war das Kabinett schon längst neu besetzt, bevor ich überhaupt weg war«, schüttelt er angewidert den Kopf.

Er hat nicht lange nachgedacht, nach dem Erkenntnismoment musste der Schritt innerhalb von vierundzwanzig Stunden folgen, um der Handelnde zu bleiben. Gesprochen hat er nur mit seinen Freunden außerhalb der Politik, die haben ihm allesamt zugeraten zu seiner ohnehin entschiedenen Entscheidung: »Wenn man verloren hat, wirft man das Handtuch.«

Mit edlen Boxmetaphern und dem Anspruch an einen stilvollen Abgang gelingt es ihm, sich für den Tag des Rücktrittes noch einmal zu mobilisieren. Wobei die Mobilisierung vielmehr eine Stabilisierung gewesen sei. Eine kraftraubende zudem. Er verhehlt nicht, dass er kurz darauf erst mal ins Bodenlose gefallen ist, als er seine Existenz aufgab, »ohne Ahnung, was morgen passiert«. Also habe er versucht, den Kopf anzuschalten und das Herz aus. Funktioniert hat das nur mäßig, gibt er zu. »Aber den Versuch war es wert.«

Der Politiker hat keine Erklärung gefunden für das Verhalten seiner Genossen, das er bis heute als die schlimmste Enttäuschung seines Lebens bezeichnet. Der Rammbock der öffentlichen Kritik sei er gewesen, längst am Boden, als so mancher ihn noch mit Füßen getreten habe, der bis dahin Freund oder gar Günstling war. Das kann der Lutheraner in ihm nicht verzeihen.

Zu Helga ist er gegangen, der treuen Seele, in der Stunde der Not, nach der gefassten Verabschiedung im überfüllten Saal der Bundespressekonferenz in Bonn. Der *Spiegel* berichtete schon einen Tag vorher von seinem Aus, gestützt auf eine Indiskretion, die aus dem eigenen Haus kam. Wenigstens diesen Rest der Selbstbestimmung hätte man ihm noch lassen können, sagt er unversöhnlich. Bis morgens um sieben haben sie getrunken, er und seine Freunde. Dann seien sie zum Frühstück in die nächste Kneipe gezogen.

Bis er die Befreiung spürte, hat es noch eine Zeit gedauert. Er ist ins Hessische gefahren zu einem Freund, in dessen abgeschiedenes Forsthaus. Der hat drei Tage lang Leute eingeladen und allen verboten, über Politik zu sprechen. »Er hat mich über die Runden gebracht.« Irgendwann setzte so etwas wie Erleichterung ein, nicht mehr in die Maschinerie zu müssen: »Die Chance auf ein zweites Leben.« Aber zwei Jahre lang begleiteten sie ihn dann doch, die Geister des Abschiedes, die Unsicherheiten des zweiten Lebens, die Fragen nach der Verlässlichkeit der unbekannten Realität. »Mindestens«, gibt er zu. Geholfen haben ihm seine Kumpels aus der Kunstszene, die ihn als Redner zu Ausstellungseröffnungen geladen und ihm somit Bedeutung gegeben haben, auch außerhalb der Funktion. Auf die Unterstützung seiner Sozis für ihren einstigen Helden wartete er Jahre vergeblich. »Die haben sich einen Dreck gekümmert.« Heute dreht er sich um, wenn er diesen Leuten begegnet.

Björn Engholm ist auch deshalb nie der Versuchung erlegen, zurückzukehren in die Politik, auch wenn er »unheimlich gern« Ministerpräsident gewesen ist. Aber es hat auch keinen ernstzunehmenden Antrag gegeben, von dem er sich hätte hinreißen lassen können, da ist er ganz ehrlich. Und eine Führungsaufgabe in der Wirtschaft zu übernehmen, wie viele seiner Kollegen, erschien ihm gänzlich absurd: »Da hätte ich mich auch wieder vor irgendeinen Karren spannen lassen müssen.« Als er nach seinem Ausscheiden aus der Politik einen umstrittenen Beratungsjob annahm – »als Baustein zum Aufbau einer neuen Existenz« –, empörten sich vor allem diejenigen, die seine vorherige beschädigt hatten. Das hat ihn kolossal geärgert. Er wollte frei sein. Also hat er sich eingerichtet mit einem exquisiten Weinkeller und »viel zu vielen Ehrenämtern«. Mit seinem Feuereifer für die Kultur, die in seinem Sinne nicht nur bildende Kunst, sondern auch Stil und Umgangsformen in der Gesellschaft meint.

Der Beinah-Kanzler genießt die Vorzüge des selbstbestimmten Lebens und die Freiheit, auch nein zu sagen. Nicht nur dann, wenn er in eine Talkshow gehen soll, für ein kleineres Honorar als ehemalige Kollegen. Das nagt so an ihm, dass er es ein zweites Mal erzählt, um dann ins Grundsätzliche überzuleiten, zu den machtpolitischen Zwängen: »Früher hätte ich überlegen müssen, wie viel Reichweite geht mir mit einer Absage verloren.« Überhaupt, heute kennen die Politiker allesamt die Reichweiten jedes Mediums auswendig. Aber er will nicht schimpfen, er ist kein notorischer Grantler und zur nachträglichen Glorifizierung mag er auch nicht neigen. »Wir hatten es früher leichter, Politik zu machen.«

Ob ihm denn so gar nichts fehlt aus der Zeit in machtvollen Positionen, frage ich ihn zum Abschluss, in Erwartung einer Absage an jede Form von Wehmut. »Doch, doch«, bekennt er sofort mit einem unausweichlichen Anflug von Bedauern: »Die Leute aus meinem Team, meine engsten Mitarbeiter, mit denen ich alles teilen und am Abend noch einen Wein trinken konnte.« Geselligkeit, die keiner Einladung bedarf, geteilte Krisen, zwanglose Bindungen. Auch das Büro, fügt er hinzu, der Briefverkehr wird ja nicht weniger, das sei schon manchmal lästig. Er habe überlegt, eine »patente Assistentin« einzustellen. Vielleicht später mal.

Manches nervt ihn auch daran, an Bedeutung verloren zu haben. Als dritter oder vierter in einer Diskussion das Rederecht zu bekommen, da ist es schwer, die Linie vorzugeben. Er ist eben ein »Bestimmer«, es tut ihm »ein bisschen weh, einer unter zehn zu sein«.

Oder wenn er sich bei der Landfrauen-Debatte vom amtierenden Ministerpräsidenten die Butter vom Brot nehmen lassen muss, weil der plötzlich auftaucht, »mit seiner Provinzfürstenattitüde«, dem Rang zufolge zuerst spricht und das Zelt für sich einnimmt. Da ist es dann schon schwieriger, ohne die Aura des Amtes, und »wenn man eher jemand ist, der nicht automatisiert über jeden Kopf streichelt«. Aber die Landfrauen waren dennoch begeistert.

Jetzt sprudelt es nur so aus ihm heraus. Ja, es hat sich natürlich alles extrem verändert. Am meisten vermisst er die Personenschützer, reizende Leute seien das gewesen. Besonders die Polizistin. Blond, adrett. Natürlich war sie immer in Zivil gekleidet, ganz fesch »und alle haben gesagt, guck mal an, der Engholm«. Na ja, aber für die Polizisten ist es wohl besser, jetzt wieder einem geregelten Dienst nachzugehen. Immer stundenlang auf ihn zu warten, vor dem Landtag oder bei irgendwelchen repräsentativen Terminen, das sei nun auch lästig gewesen. Wenn sie ihn vor Helgas Kneipe abgesetzt hatten, dann immerhin durften sie nach Hause fahren.

So, sagt er und bestellt den wirklich letzten Wein. »Jetzt erzählen Sie mir mal Ihre Geschichte.«

Die habe ich ihm inzwischen erzählt, in einer der folgenden Begegnungen. Zumindest den Teil, der bislang abgeschlossen ist. Aber sie gehen weiter, die Entwicklungen und Veränderungen. Meine und die jedes Einzelnen. Heute wird jeder der Gesprächspartner an einem anderen Persönlichkeitspunkt stehen als am Tag des größten Erfolges, an dem des Scheiterns, der Enttäuschung, dem der Loslösung, der Befreiung, oder einfach in der Begegnung mit sich selbst.

Hartmut Mehdorn ist schwer erreichbar in diesen Tagen. Er ringt nach Kräften um die Sanierung der Fluggesellschaft Air Berlin, die Turbulenzen sind noch stürmischer geworden. Verstärkt durch gravierende Patzer von anderen. Die verspätete Eröffnung des neuen Berliner Flughafens ist für sein Unternehmen eine Katastrophe. Wieder so eine verhängnisvolle Friktion, die seinen Auftrag torpediert. Er ist dennoch ungewohnt zurückhaltend mit seinen Schuldzuweisungen, für seine

Verhältnisse zumindest. Auch wenn die Politik, die ihn als Bahn-Chef so schnöde im Regen hat stehen lassen, diesmal selbst im Fokus der Kritik steht. Er will nicht als Revanchist gelten. Außerdem hat er mit seinem Auftrag genug zu tun. Das ursprünglich anberaumte Übergangsjahr ist lange vergangen, die Suche nach einem Nachfolger läuft. Für die Zeit nach Ablauf seines Vertrages Ende 2013. Die Gerüchte, der arabische Großaktionär fordere eine frühere Ablösung, schüttelt er scheinbar unbeeindruckt ab. Für die Lösung dieses diffizilen Dilemmas braucht es einen erfahrenen Mann am Steuer. Einen wie Hartmut Mehdorn, der früher als leichter Jungmann um die Deutsche Meisterschaft gerudert ist. Damals fuhr er im Zweier, angewiesen auf die Leistungsstärke des Partners. Sein Kampf um die Zukunft von Air Berlin ist eine One-Man-Show. Wie es ihm dabei geht, ob er den neuerlichen Auftrag trotz aller Widrigkeiten noch immer als Herausforderung ansieht, ob er froh ist über die Kompensation und die Chance, ein neues Zeichen zu setzen, ob ihn Zweifel umgeben, oder ob er sich insgeheim längst wünscht, endgültig zu seiner Frau und dem Bücherstapel heimzukehren, ist nicht in Erfahrung zu bringen. Die kämpferisch-kauzige Standardantwort ist: »Es geht mir gut.« Frauenfragen nach Gefühlen sind in Zeiten der Krise noch weniger willkommen. Vielleicht gibt es jemanden, der hinter die Fassade schauen kann. Der ihn erreicht, in den seltenen Nischen, in denen er erreichbar ist, wie es sein ehemaliger Mitarbeiter formuliert, wenn er von den wenigen persönlichen Momenten während der siebenjährigen Zusammenarbeit spricht. »Blaue Stunde habe ich die Begegnungen genannt, in denen der Chef nicht Bahn-Chef, sondern einfach Hartmut Mehdorn gewesen ist.«

Er spricht mit Hochachtung von diesen Raritäten, die zu den bleibendsten Eindrücken der Zusammenarbeit gehören. Seinen Vorgesetzten habe er immer geschätzt für das hohe Maß an Verlässlichkeit und Loyalität. Angerufen hat Hartmut Mehdorn ihn, als er bei der Bahn gehen musste, und noch einige Male seither, um zu hören, ob alles in Ordnung ist. »Wir hatten wirklich ein enges Vertrauensverhältnis, aber eine Nähe, um sagen zu können, wie es ihm jetzt gerade geht, hat er nie zugelassen.«

Nachtrag: Hartmut Mehdorn hat den Vorstandsvorsitz inzwischen abgegeben und ist in den Aufsichtsrat zurückgekehrt.

Den Rücktritt von Horst Köhler hat sie als Bestätigung empfunden, das sagt Gesine Schwan ganz frei heraus. Die fehlende Begeisterung für den vorvorletzten Bundespräsidenten hat sie nicht nur mit ihrer zweiten Kandidatur, sondern auch mit unmissverständlichen Worten deutlich gemacht. »Gegen einen großen Bundespräsidenten wäre ich nicht angetreten.« Zur darauffolgenden Posse um Christian Wulff, mit all den begleitenden Scharmützeln, verdreht sie wortreich die Augen. Inzwischen ärgert sie sich nicht mehr über die Entwürdigungen des Bundespräsidentenamtes. Vielleicht noch manchmal über die fehlenden Impulse, die man mit diesem Amt einer reformbedürftigen Gesellschaft zu geben imstande wäre. Sie versucht mit ihrer privaten Schule, der Viadrina School of Governance, eine Instanz zu schaffen, die gesellschaftliche Themen setzt und Lösungen anbietet. Gerade organisiert sie einen Trialog zum Thema Energiewende und erneuerbare Energien. Dass sie manchmal keine Termine bekommt bei den großen »Playern« aus Wirtschaft und Politik, kann ihr die Laune verderben. Ansonsten, glaubt sie, haben ihr die beiden Kandidaturen geholfen, Bekanntheit für sich und damit ihre Initiativen zu erreichen. »Auch wenn es zwischendurch sehr weh getan hat, dafür war es jeden Tag wert.«

Die Termine und Auftritte sind kaum weniger geworden seit der heißen Phase der Kandidatur, aber drum herum geht alles jetzt ein bisschen ruhiger zu. Sie genießt die Zeit mit ihrem Mann Peter Eigen, wenn er denn mal da ist, er strotzt wie sie vor Energie. Gerade initiiert er in Kenia für Transparency International ein großes Antikorruptionsprojekt. Das hätte er auch gemacht, wenn sie Bundespräsidentin geworden wäre, so hatten sie sich das vorgestellt. Jetzt ist es anders. Und auch gut. Die klassischen Insignien der Bedeutung spielten für sie ohnehin keine Rolle: »Ich fahre am liebsten mit der Bahn und schwimme gern ohne Personenschützer am Morgen meine Runden im Schlachtensee.«

Ole von Beust ist häufig im Bus anzutreffen. Gut, dass er sich als Bürgermeister für den Ausbau des Nahverkehrs stark gemacht hat. Dann sitzt er da, oft in die Kommunikation mit seinem Mobiltelefon versunken. Ob er auch so viele SMS schreibt wie die Kanzlerin, die als Virtuosin der Kurzzeichenpolitik gilt und Rekorde setzt in Schnelligkeit und Versendungsanzahl? »Nein«, grinst er und reicht zum Beweis sein Handy, das aus der ersten Generation mobiler Telekommunikation zu stammen scheint. Er weiß gar nicht, was man damit so alles machen kann, außer telefonieren. Kurznachrichten, ja, die könne er inzwischen auch. Von der Kanzlerin allerdings hat er lange keine bekommen. Auch nicht, nachdem sie ihren Umweltminister Norbert Röttgen rausgeschmissen hat und damit von Beusts Lieblingsministerium frei wurde. Er mag nicht darauf gewartet haben, dazu hat er zu viel Spaß an seinem neuen Leben. Er reist viel, vor allem für die Lampenfirma, die er mit zwei Freunden aufgebaut hat. Um Aufträge an Land zu ziehen, das macht ihm Freude. Hier ist er wieder Zauberer und kann Menschen überzeugen. Und so richtig Geld verdienen, das gefällt ihm an der Wirtschaft. In der Stadt ist es ruhig um ihn geworden, er ist noch in der Zwischenphase. Der aktuelle Amtsinhaber genießt bislang den wohlgesonnenen Kredit des Anfangs, und die Rolle des Elder Statesman ist in Hamburg mit dem umtriebigen Altbundeskanzler Helmut Schmidt unantastbar besetzt. Ole von Beust hat sich keine Illusionen gemacht: »Wer raus ist, ist raus«, sagt er ungerührt. Und: »Ich habe nie gedacht: einmal Bürgermeister, immer Bürgermeister.« Ganz ohne Wehmut gehe er am Rathaus vorbei oder freue sich daran, über den schmucken Jungfernstieg zu schlendern. Und den Neuen Wall, die rausgeputzte Einkaufsstraße der Stadt. Darauf ist er stolz. Das sah früher alles anders aus. Seine ganz persönlichen Mitbringsel aus der Zeit der Stadtregentschaft sind vor allem Begegnungen mit Menschen. Beeindruckende Leute hat er kennengelernt, Mario Adorf, einen seiner Helden, den er vorher nur aus dem Fernsehen kannte. Einige Hollywoodstars und auch Könige, die allesamt ganz normal sind. Nur die Entourage mache großes Bohai. Mit Königin Silvia von Schweden tauschte er Kochrezepte aus, schwedisch gekocht hat er bisher jedoch nie. Freundschaften, resümiert er, sind dabei keine geblieben. »Die habe ich aber auch nicht gesucht.« Und auch wenn er die Monarchin nett fand und die Begegnung überraschend tief, lebt es sich auch gut ohne gekrönte Häupter.

Auch dieses Gefühl teilt er mit seinem Freund Roland Koch, den gleichfalls keine Rückkehrsehnsucht zu plagen scheint. Die Menschen, ja, die seien ein absoluter Gewinn seiner Ministerpräsidentenzeit gewesen. Dem Dalai Lama wäre er sonst wohl nie begegnet und auch nicht Udo Jürgens. Diese Freundschaften und Bekanntschaften und die unzähligen Reisen durch die ganze Welt haben seinen Lebenshorizont erweitert. Jetzt ist er meistens in Mannheim, das ist auch in Ordnung. Er hat sich neue Lebenskreise erschlossen, ein bisschen befreit aus den Fesseln seines Images. Und von der permanenten Präsenz eifriger Personenschützer. Der einstige zukünftige Kanzler ist dankbar für die »Unabhängigkeit seines Egos« und dafür, dass er als Mensch Respekt genießt, auch ohne glamouröses Amt. Was er aber immer wieder feststellt, ist, dass die Menschen viel überraschter seien als er selbst über die Leichtigkeit, mit der ihm der Ausstieg gelungen ist. Er hat sich auch diesmal auf sich verlassen können.

Ein Ausstieg aus der Politik ist für seine Hessenduellantin Andrea Ypsilanti noch nicht denkbar, auch wenn sie weiterhin fremdelt mit ihrer Partei, die ihre Ankündigung, 2013 wieder als Abgeordnete für den Bundestag zu kandidieren, spärlich und bestenfalls höflich kommentierte. Eine tragende Rolle spielt sie nicht mehr, dazu gibt es zu viele, die sich von ihr abgewandt haben. »Ich polarisiere nach wie vor, spalte Versammlungen«, sagt sie irritiert über beide Extrempositionen. Aber sie mischt wieder mit. Gestärkt von Entwicklungen, die ihrer Programmatik entsprechen, hat sie gemeinsam mit der Vorsitzenden der Linken, Katja Kipping, das »Institut Solidarische Moderne« gegründet, eine Plattform für linksideologische Positionen.

Sie ist vorsichtiger geworden in der Begegnung mit Menschen und kritischer mit ihrem Bauchgefühl. Wenn sie jetzt in Fernsehsendungen auftritt, erkennt man eine zaghafte Souveränität beim Verhandeln ihrer Geschichte und gegenüber inquisitorischen Moderatoren. Sie hat gearbeitet an sich und Tag für Tag ein bisschen Abstand gefunden, auch wenn noch nicht alles wieder gut ist. Manchmal, und ganz insgeheim, wünscht sie sich noch immer ein anderes Leben, vielleicht irgendwo auf einem Ökohof. Da lacht sie über sich selbst, dieses kurze, wie ein Aufschrei wirkende laute Lachen. Ob sie noch mal plant, zurückzukehren in die erste Reihe? Dafür ist die Zeit wohl noch nicht reif. Und dass irgendwann ihre Geschichte noch mal neu geschrieben wird, das kann sie sich nicht vorstellen. »Wer hat denn schon ein Interesse daran?« Aber vielleicht verstehen inzwischen ein paar Menschen, wie unverhältnismäßig hart mit ihr umgegangen wurde. Das wäre doch schon mal was. »Ich war Projektionsfläche für vieles: neuer Politikstil, neuer Führungsstil, die Gender-Sache, die Linke …«, allesamt Themen, deren Skandalisierungspotential inzwischen überschaubar geworden ist. Sie kann das jetzt besser einordnen, einen intellektuellen Zugang finden. Aber dass sie ihrer Familie noch mal zumuten würde, so sehr im Fokus zu stehen, das glaubt sie nicht. Dazu ist sie zu sehr gebranntes Kind, und es brauchte zu lange, »das Pendel wieder in einen einigermaßen eingeschwungenen Zustand zu bringen«. Sie hat neue Bindungen gewonnen nach dem Einschnitt. Solche, die sich in Kenntnis ihrer Geschichte entwickelt haben und damit belastbar sind. Vor allem aber an Bindungsqualität zu denjenigen, »die mit mir durch diese Situation gegangen sind«. Das sind nicht allzu viele gewesen, und manchmal trauert sie noch um die, die sie verloren hat. Auch weil solche dabei waren, von denen sie anderes erwartet hatte. Da meldet sich wieder das Grummeln mit dem eigenen Bauchgefühl. Sie will offen bleiben, ruft sie sich zur Ordnung. Und auch weiterhin auf Menschen zugehen, die ihr im persönlichen Kontakt immer sagen, dass sie ganz anders sei, als sie gedacht hätten. Sie hadert kurz mit der Einprägsamkeit medial gesetzter Bilder. »Es gab tausende freundliche Fotos von mir, aber zur Illustration des Lügnerinnen-Bildes wurden nur solche mit verzerrtem Gesichtsausdruck benutzt. Oder solche, die mich allein zeigten, obwohl der Saal voll war.« Sie winkt ab und möchte aufhören, sich daran zu frustrieren. Bestimmt ist das ein wichtiger Schritt. Sie kann gut leben ohne ihr Foto in der Zeitung. Und auch ohne Macht, auch wenn das so oft und auf bösartige Weise angezweifelt wurde. Machtsymbolik sei sowieso nichts für Frauen, zumindest nicht in ihrer klassischen Form. Geschichten von Politikern und Managern, die nach dem Ausscheiden unfähig sind, ihren Lebensalltag zu gestalten, quittiert sie mit einem sanften Lächeln. Eine Familie neben dem Spitzenamt zu organisieren, ist eben noch mal eine andere Aufgabe. Auch wenn sie sich oft zerrissen gefühlt hat, in der Abwägung der Prioritäten und den mitunter so gegensätzlichen Anforderungen. In einem Moment durchsetzungsstarke Politikerin sein und im nächsten behutsame Mutter, dieser Wechsel sei manchmal etwas holprig gewesen, gibt sie zu. Mitunter habe sie auch eine häusliche Diskussion abgekürzt mit der unpädagogischen Entscheidungsbegründung: »Wir machen das jetzt so, weil ich deine Mutter bin.« Sie schmunzelt bei der Erinnerung an die seltenen familiären Auswüchse ihrer Überforderung. Das sei schon ein besonderes Thema für Frauen, dieses stetige Gefühl der Unvollkommenheit inmitten aller Ansprüche. Das ist jetzt natürlich alles wieder viel einfacher. Was sie vermisst aus der Zeit, als alles weniger einfach, aber dafür umso privilegierter war? Da antwortet sie wie aus der Pistole geschossen: »Den Fahrer«, diesen treuen Mann, der morgens so verlässlich auf sie wartete und sie durch jedes Unwetter des Tages hindurch am Abend wieder in ihr Refugium brachte. Das sei so schön bequem gewesen.

Eine Randnotiz: Die vier Abtrünnigen haben allesamt keine politischen Ämter mehr inne.

Den Fahrer, diese unscheinbare, scheinbar meistgeschätzte Insignie der Macht, hat auch Wolfgang Berghofer vermisst, nachdem ihm sein Dresdner Oberbürgermeisteramt wegvereinigt wurde. Er musste lernen, wieder selbst Auto zu fahren. Das sei natürlich nicht allzu kompliziert gewesen, aber er habe auch solche erlebt, die sich damit nicht mehr arrangieren konnten. Womöglich auch wegen der Symbolik. Aber so rückwärtsgewandt ist er nicht. Es sei ihm nicht schwergefallen, plötzlich wieder als Wolfgang Berghofer auf Leute zugehen zu müssen, nachdem er jahrelang mehr Schauspieler war als Politiker. Immer nur Hebel zu bedienen hatte. Aber eine Umstellung ist es schon. Vor allem, weil es ihm ansonsten oft scheint, als bliebe die Uhr stehen, wenn man mal ein bedeutungsvolles Amt hatte. Im Osten vor allem, dort wird er noch immer in sein altes Format gedrängt. »Du bist unsere Hoffnung«, sagten die Leute damals. Die Hoffnung auf Freiheit. Er hat es den Mächtigen gesagt, 1989 in Davos, als Kohl und Modrow noch anderes vorzugeben versuchten: »Wenn das Kapital nicht zu uns kommt, gehen unsere Leute zum Kapital.« Er machte es seinem Volk dann vor.

Heute ist der studierte Historiker Vorsitzender eines Verbandes für berufliche Altersversorgung mit einem glanzlosen Büro am Märkischen Ufer in Berlin. Und arbeitet erfolgreich als Berater. Termine bekommt er auch dort, wo er vielleicht abblitzen würde, hätte er nicht den Stempel deutscher Geschichte auf seiner Visitenkarte. So hat eben alles seine guten und schlechten Seiten.

Er liest dann und wann öffentlich aus seiner Biographie »Meine Dresdner Jahre« und erinnert sich trotz allem gern an diese Zeit. Er sei nun mal ein Macher, und es gab eine Menge zu machen in der dahingammelnden sozialistischen Vorzeigestadt. Da habe er schon einiges geleistet. »Auch wenn es in ganz Dresden nur noch zwölf Dachdecker gab für Tausende marode Dächer. Und keine Ziegel.«

Irgendwann, Anfang der neunziger Jahre, hatte er einen kleinen Rückfall: »Da habe ich manchmal nachgedacht, wie es wäre, dieses Amt noch mal zu haben, mit ganz anderen ökonomischen Möglichkeiten.« Aber nein, bremst er sich schnell, die Demokratie treibe auch absurde Blüten, diese »ständigen Debatten um des Kaisers Bart«, die seien nichts mehr für ihn.

Peter Kabel möchte gerne wieder einsteigen, auch unliebsame Diskussionen führen, wenn er nur einen Platz fände in diesem nachtragenden People Business, dessen liebstes Kind er einmal war. Er will zeigen, dass er mehr ist als der Luftschlossmanager, als der er am Ende dastand. »Einer, der auch 'ne dunkle Seite hat.« Das klebt an ihm. Erkannt wird er noch immer häufig, Symbolgesichter prägen sich ein. Einige wissen, dass er »tolle Sachen gemacht hat«, begegnen ihm mit Neugierde oder mit Neid. Dass viele Menschen Geld verloren haben durch seine Pleite, ist ihm bewusst, und er bedauert es für jeden Einzelnen. »Viele haben aber auch einen Haufen Geld mit mir verdient.« Wenn der eine verliert, gewinnt der andere. Dass man es nicht vorhersehen kann, zumindest nicht immer, ist nichts für jemanden wie ihn, der die Dinge gern kontrolliert. Oftmals nimmt er Bezug auf unsere vorherigen Gespräche, versichert sich damit, dass seine Worte richtig verstanden wurden. Fehldeutungen gab es in den vergangenen Jahren genug, findet er. Das macht ihn vorsichtig. Obwohl er jetzt frei ist. Zehn Jahre nach der Insolvenz von Kabel New Media wurde die letzte von zwanzig anhängigen Klagen abgewiesen. Zum »Ende seiner Gefangenschaft« hat er eine kleine Feier gegeben. Nicht mehr ständig habe er sich mit den Vorwürfen beschäftigt, »da stumpft man ab über die Jahre«. Aber der Abschluss sei schon ein erlösender psychologischer Moment gewesen. Er sagt, Kabel New Media sei jetzt ausgestanden. Der größte Erfolg seines beruflichen Lebens ausgestanden. Jede Akte hat er gelesen, jeden Geschäftsvorgang in Schweden oder andernorts außerhalb seines unmittelbaren Einflussbereiches analysiert, um die Anklagen zu widerlegen. Und auch, um sich ein Bild von sich selbst zu machen. Bei so extremen Einflüssen von außen »weiß man irgendwann gar nicht mehr, wer man eigentlich ist«. Die Kriminalisierung habe an ihm genagt. »Fürchterlich, wahnsinnig, schrecklich« sei es gewesen: »Ich will integer sein. Ich bin einer, der nicht mal über eine rote Ampel fährt.« Und dann war er einer, der jahrelang strafrechtlich beschuldigt wurde, ein Betrüger zu sein.

Für eine Anklage hat es nicht gereicht, das Verfahren wurde gegen eine »geringfügige Zahlung« eingestellt. Die Verurteilung allerdings hat auf anderen Ebenen stattgefunden. Das ein oder andere Mal sei er im Gespräch gewesen für einen wirklich guten Job im Vorstand eines großen Unternehmens. Dann habe man ihm stets zu verstehen gegeben, dass das nichts wird mit seiner Geschichte. Das hat er sogar verstanden: »Ein solches Verfahren ist ein Stigma, das hält jeden davon ab, einen anzufassen.« Und dabei sei er jetzt noch viel wertvoller für den Arbeitsmarkt, mit all den lehrreichen Erlebnissen und Einblicken. Auch durch die in den Abgrund.

Diese Sache bewältigt zu haben, das hat ihn zu einem anderen Menschen gemacht, davon ist er überzeugt. Demut hat er gelernt und Dinge zu ertragen, die er nicht ändern kann. Er warte nicht täglich auf einen »Anruf aus Hollywood« sagt er trotzig, immerhin ist er seit 1996 ordentlicher Professor für Kommunikation und Mediendesign. Er berät Unternehmen, investiert in Start-ups und versucht seine Erfahrungen auf diese Weise sinnvoll einzubringen. Auch die schlechten. Und gerade schaut er mal wieder bei seinen indischen Lebensrettern vorbei, er hilft dabei, die Organisation »digital voranzubringen.« Schön sei das, weniger exponiert und angreifbar. Aber er traut sich nach wie vor zu, die große Bühne zu bespielen.

Sein immerhin dreijähriges Intermezzo bei einer renommierten Werbeagentur ist nicht das Richtige gewesen, zu viele Alphatiere. Aber er macht weiter, er läuft nicht vor seinem Ruf davon. »Wie sollte ich das denn meinen Kindern erklären?« Vielleicht müsse er erst mal aufräumen mit dem Gerücht, er sei unsagbar reich. »Da denken natürlich alle, der macht sich die Hände nicht mehr schmutzig: Ich kann ja keine Annonce schalten mit meinem tatsächlichen Kontostand.« Aber die Staatsanwaltschaft Hamburg, phantasiert er dann, die sei ihm eigentlich eine ganzseitige Anzeige schuldig, in der sie ihre fünfjährige ergebnislose Ermittlung bedauert und Peter Kabel rehabilitiert. Dann könnte er vielleicht wieder an Recht und Gerechtigkeit glauben. »Ich habe nichts getan, außer mit einem Unternehmen zu scheitern, das ich vorher mit meinen Ideen zum Erfolg geführt habe.«

Hera Lind, so heißt sie noch immer. Es ist nun mal ihr Name, seit sich Herlind Wartenberg zu Beginn ihrer Autorinnenkarriere dieses Synonym zugelegt hat. Doch diese Frau, der in den neunziger Jahren die Herzen, Anhängerinnen und Angebote aus allen Richtungen zuflogen und die darüber »ein bisschen abgehoben hat«, die kennt sie heute eigentlich selbst nicht mehr.

Sie hat weitergeschrieben, über all die Widrigkeiten der vergangenen Jahre hinweg. Zwei Bücher im Jahr, solche, über die sie beim Texten so herzhaft lacht, dass ihre Kinder daran den selbstversonnenen Schreibfluss hinter der verschlossenen Tür erkennen. »Männer sind wie Schuhe«, heißt ihr aktuelles Werk. Den Titel hat ihr der erste Liebeskummer ihrer Tochter beschert. Sie lacht auch beim Erzählen dieser Episode laut und lang, überhaupt lacht sie sehr viel. Selbst wenn sie über die fremde Hera Lind spricht, »die mit den intellektuellen Problemzonen«, unterbricht sie sich mit schallender Heiterkeit. Dass sie mit vierzig in die Pubertät gekommen sei, witzelt sie dann. Weil sie in der Pubertät eher wie vierzig sein sollte in ihrem streng katholischen Elternhaus. Musikalische Abendandacht statt Disconächte, Rudolf Schock anstelle der Beatles. »Die kannte ich gar nicht.« Dafür habe sie klassischen Gesang studieren dürfen, »das war ein Geschenk«. Und zehn Jahre hauptberuflich als Sängerin gearbeitet. Wenn auch immer im Schatten der noch schöner singenden Mutter. Vielleicht kommt daher ihr schlimmes Lampenfieber. Zu singen traut sie sich nur noch im Duett mit ihrer besten Freundin, einer Opernsängerin. Wie neulich bei einer Beerdigung, »das war bewegend«.

Unlängst ist sie mal wieder in der Bestsellerliste gewesen mit einem ihrer Bücher. Vielleicht klappt es auch mit dem lustigen »Männer sind wie Schuhe«-Titel. Oder mit dem nächsten, das bald erscheint. Aber das ist ihr eigentlich nicht mehr so wichtig, sie weiß, dass es eine verlässliche Anhängergemeinde gibt, die sich nicht verschrecken lässt von den alten Geschichten.

Am allerliebsten ist Hera Lind mit ihren Kindern zusammen. Mit ihren beiden Töchtern lebt sie in einer fröhlichen WG, samt Männern, Schuhen und Liebeskummer. Ihr Ehemann ist nach wie vor acht Monate im Jahr auf See. An seiner Abwesenheit bleibt der Bruch in ihrem Leben noch immer sichtbar. Salzburg ist ihr Schutzraum, seit sie in Deutschland zur »Rabenmutter Nummer 1« erkoren wurde. Und längst ihr Zuhause. Fern von den Fotografen auf den Nebendächern ihres Hauses, dessen Tür sie – als Superweib – so bereitwillig für alle geöffnet hatte. Fern von den Reportern vor dem Kindergarten ihrer Töchter. Und den Missbilligungen, die ihren Fall eskortierten. Ihr Mann musste den Kontinent wechseln, um eine neue Chance bei einem unvoreingenommenen Arbeitgeber zu finden.

Material eigentlich für ein ganz eigenes Buch, zumal sie jetzt häufiger wahre Geschichten aufschreibt. Aber ein Drama würde es wohl nicht werden.

»Es geht mir gut, sehr gut«, übertönt Udo Röbel am anderen Ende der Leitung die monotonen Staubsaugergeräusche. Na ja, ein paar Kümmernisse gibt es schon. Die Expansionsbemühungen seiner Lieblingsmusikkneipe, die sieht er mit Skepsis, »da wird der Markenkern verwässert«. Und sein neuer Roman, »Der rote Reiter«, das ist auch so eine Sache. Ein richtig gutes Buch sei das geworden, vielleicht sein bestes. Besonders stolz ist er auf das historische Material, das er für die elektronische Ausgabe zusammengetragen hat. Das erste deutsche *App-Book* ist es zudem. Dass es trotzdem kaum jemand mitbekommt, das ärgert ihn: »Ich kriege einfach keine Rezensionen, nicht mal schlechte.« Sein Name und seine Vergangenheit sind das Handicap seines aktuellen Lebens. Und dabei könnte es ihm so gut gehen. Aber die Bildungsbürger, die Romanleser, für die ist der Name Röbel noch immer ein Hemmnis, glaubt er. Und die ehemaligen Journalisten-Kollegen, »die wollen sich nicht zu Erfüllungsgehilfen machen«. Also halten sie lieber Abstand.

Vor Jahren, als er zu schreiben begann, nach seinem endgültigen Ausstieg bei Springer, da ist es eine Kompensation gewesen. Als plötzlich niemand mehr anrief, »null«, sagt er, und er sich den Enthusiasmus fürs Bücherschreiben »ein bisschen einreden musste«. Im stillen Kämmerlein sei dann die Begeisterung verstörend runtergeglüht. Aber die ruhige Zeit hat ihm gutgetan nach dem jahrelangen Wettstreit um die beste Story. Eine Fortsetzung im Medienbereich konnte es ohnehin nicht geben. Ein Röbel könne nicht den *Spiegel* oder den *Stern* machen. »Und Frauentitel und Wellness sind nicht meine Baustelle.«

Er ist einverstanden mit seinem Leben, »auch wenn es ein paar Dellen hat«. Eigentlich habe er schon unverschämtes Glück gehabt. »Und wahnsinnigen Erfolg, für einen kleinen

Kerl aus Hassloch«, posaunt er mit ironischer Selbstüberhöhung: »Ich bin bestimmt der berühmteste Sohn des Dorfes.«

Er genießt das Schreiben und auch die Entscheidung, nicht mehr Teil des Fischschwarms zu sein. Gerhard Schröder hat ihn schon lange nicht mehr angerufen und auch nicht all die Minister, die »Gegelten«, die ihm früher gern nah sein wollten. »Time goes by. Wem oder was soll ich nachtrauern? Mein Dienstwagen war ein Kombi, um meine Familie unterzubringen, und einen Fahrer hatte ich sowieso nie.« Der wäre ihm eine Belastung gewesen: »Nach einer halben Stunde im Zwick hätte ich ein schlechtes Gewissen gehabt und gesagt: ›Junge, komm rein und trink einen mit.‹«

Alles »in Butter« also, wenn nur diese blickfangenden Flecken auf seinem Polohemd nicht wären. Dieses Gladbeck, das seinen Namen beschwert wie Sebnitz seine Seele. Überhaupt wird immer vergessen, dass er es war, der den General Kießling rehabilitierte. Nach ehrabschneidenden Gerüchten über dessen vermeintliche Umtriebe in der Kölner Schwulenszene. »Ich habe einem Mann die Ehre zurückgegeben.« Dafür hat er eine Auszeichnung bekommen. Darauf ist er stolz. Und das gehört genauso in seinen Lebenslauf wie Gladbeck. Auch wenn seine Recherchen am Anfang anders intendiert waren. Aber er war eben ein richtig guter Reporter.

Das habe ihm auch der Vorsitzende des Landgerichtes bestätigt, erzählt er, als brauche diese These einen Zeugen. Bei einer Polizeitagung, im Rahmen derer wieder mal über die Geiselnahme und die Schuldfragen diskutiert wurde. Er hat wie immer ungeschönt die Ereignisse rekonstruiert, als der Vorsitzende ihn unterbrach: »Herr Röbel, niemand kennt die Abläufe rund um Gladbeck so gut wie ich, und ich kann Ihnen sagen, ohne Sie wäre es zu einem Blutbad gekommen.« Das war seine innere Freisprechung. Dass es auch eine äußere geben kann, daran glaubt er inzwischen nicht mehr.

»Sven braucht noch eine Weile, er übt gerade am Simulator«, vertröstet mich sein sonnengemütiger Manager Axel Watter und versucht mir unterdessen mit jungenhaftem Elan die Technik eines Rennwagens zu erklären. So habe er das auch mit Sven Hannawald gemacht, als er vor einigen Jahren dessen Faszination für den Rennsport weckte und ihm damit in seiner tiefsten Krise einen neuen Lebensanker zuwarf. »Der Sven hatte überhaupt keine Ahnung von Autos, der musste alles von der Pike auf lernen, wie eine Handwerkslehre.« Fordernd sei das gewesen, bekennt sein Schützling nach Beendigung des schweißtreibenden Trockentrainings. Oft auch überfordernd. Zermürbend langsam nur waren Fortschritte erkennbar. Vertrackt für einen wie ihn, der mit allem, was er tut, immer besser werden will. Am besten schnell. Dass er den versierten Rennkollegen oft mit straßenverkehrstauglichem Sicherheitsabstand hinterherfuhr, hat ihn weniger gewurmt als die zähe Suche nach der Symbiose mit seinem Chassis.

Inzwischen haben sie sich angenähert, er ist zufrieden, sogar mit den Ergebnissen. Überhaupt fällt ihm so manches jetzt leichter als während seiner ersten Karriere. Zu gewinnen sei auch eine Bürde, sagt er, »weil jeder Erfolg die Erwartung des nächsten nach sich zieht«. Die Fähigkeit zum Genuss ist ihm darüber komplett verlorengegangen. Aber das war schon in Ordnung, er weiß ja, wofür er es getan hat. Jetzt sei er viel lockerer, sagt er. Und zeigt stolz auf sein Rennfahrer-Equipment. Einen neuen Laptop hat er sich gerade extra gekauft, um seine Trainings- und Rennverläufe auszuwerten. Er legt seine Runden über die der schnellsten Fahrer und analysiert, woran es noch fehlt, wann er zu früh aufs Gas gegangen ist oder die Lenkbewegung zu hektisch war. Rennsport ist eine Wissenschaft. Noch viel mehr als Skispringen, und damit auch eine Falle für Perfektionisten. Der Metallkoffer, in dem er seine Unterlagen immer bei sich trägt, sei angeordnet wie bei der Bundeswehr, frotzelt der Manager. Sven Hannawald sei einer der anspruchsvollsten Athleten unter seinen Fittichen, mit dem stetigen Bedürfnis nach Entwicklung und dieser nimmermüden Lernbegierde.

Auf einer Sprungschanze möchte er nicht mehr stehen, er vermisst es nicht. Verstörend sei es am Anfang gewesen, nicht mehr zu tun, was er am besten kann. Aber er kommt gut damit klar, in dem, was er tut, nicht mehr der Beste zu sein. Seine Beliebtheit ist ungebrochen, auch wenn weniger über ihn geschrieben wird. Und wenn, dann zumeist im Zusammenhang mit seiner Krankheit oder Magersuchtgerüchten um seine schöne Freundin, die er bald heiraten will.

Manchmal blättert er inzwischen durch die Zeitungsartikel von früher. Und dann liest er von einem, der bei einer Vierschanzentournee alle vier Springen gewonnen hat. Vier Siege bedeutet viermal mindestens nahe an der Perfektion. Das ist eine einzigartige Leistung. Ein Supertyp muss das gewesen sein.

Ihr sei bange gewesen vor unserer erneuten Begegnung, gesteht Maria Jepsen, die Frau, die so kühn durch die Instanzen und über die reaktionären Demarkationslinien der protestantischen Kirche geschritten ist. Auch ihr Mann habe gesagt, es sei besser, sich nicht wieder mit »dem Thema« zu beschäftigen und aufzuwühlen, wie an so vielen Tagen seit ihrem Rücktritt. Eigentlich mag sie nicht mehr öffentlich Stellung nehmen. Andere sollen reden, das erwartet sie zumindest. Sie spricht jetzt lieber mit den Opfern des Missbrauchsskandals, mit dem Sprecher der Gruppe hat sie sich mehrfach getroffen. Viele Betroffene haben ihr längst deutlich gemacht, dass sie keine persönliche Verantwortung bei der Bischöfin sehen. Ihre Kirche bleibt ihr das noch immer schuldig.

Ruhestand sei eigentlich schön, sagt die farbenfroh gekleidete Frau in ihrem farbenprächtigen Garten. Gearbeitet habe sie auch genug in den vergangenen vierzig Jahren. Tüchtigkeit ist eine Tugend. Jetzt fühlt sie sich wie im Dauerurlaub, frischt jeden Morgen zwei oder drei Stunden ihr Griechisch und Hebräisch auf, liest Texte im Original. Heute hat ihr eine Vokabel gefehlt, das hat sie mächtig gewurmt. Bei Luther fand sie am Ende eine Herleitung. Aber ob die Übersetzung so stimmt? »Sei's drum.« Sie hat ihre eigene Deutung.

Immer häufiger, gibt sie schelmisch zu, daddelt sie jetzt am Computer. Sie schreibt jetzt Mails, das hat vorher ihre Sekretärin gemacht. Von der Eroberung des Computers berichtet sie so stolz wie ein Kind vom Seepferdchen-Schwimmabzeichen. In diesen Momenten wirkt sie sehr jung und lebendig. Manchmal spielt sie auch ein bisschen, aber nur Strategiespiele. »Nicht mehr Rollenspiele wie als Bischöfin.« Auch wenn sie diese Rolle mit Leib und Seele gespielt hat. »Aber als Mensch habe ich andere Seiten.« Jetzt sei sie »nur« Maria Jepsen. Und wenn sie gefragt wird, ob sie mit dem abgegebenen Titel angesprochen werden will, dann sagt sie meistens höflich nein. Sie muss auch nicht in der ersten Reihe sitzen. Die Dienstwohnung mitten in Hamburg, die hat sie gemocht, aber ihr rotes Holzhaus in Husum ist mindestens genauso schön. Sie sitzt oft im Strandkorb hinter dem Haus und liest oder sinniert.

Am liebsten aber reist sie durch die Welt, gerade ist sie in St. Petersburg gewesen. Dort wird sie noch immer als Bischöfin gesehen. Dort kennt niemand ihren Makel. Hierzulande glaubt sie, sähen die Menschen in ihr die »Missbrauchsbischöfin«, zumindest diejenigen aus ihrer eigenen Organisation, die sie drängten, sofort nach dem Ausscheiden auch alle ihre Bundesämter abzugeben. »Alles musste so schnell gehen, das war unwürdig.« »Tabula rasa« habe man mit ihr gemacht. Als könne man den Stachel der Schuld auf diese Weise entfernen.

Mit der Verarbeitung ist sie inzwischen weiter. Ihr Stachel der Enttäuschung lockert sich. Aber wenn sie darüber spricht, so wie jetzt, spürt sie schon, dass sie noch wund ist. An den anderen Tagen hat sie die Verletzungen gut verbunden. Auch weil sie viel Zuspruch bekommt. Viel mehr sogar als früher. Da wurde sie oft angepöbelt wegen ihrer radikalen Positionen im Sinne der Mitmenschlichkeit.

Andere haben sich entfernt, auch solche, von denen sie Besseres erwartet hätte. Mitgefühl vor allem. »Man ist schnell von den Listen runter«, sagt sie, das habe sie früher anders gemacht. Aber das sei wohl der Unterschied zwischen einer Institution und einem Menschen. Die Institution blickt nach vorne, sieht die Opfer nicht. Das sei dumm. Vergänglichkeit.

An diesem Abend eröffnet sie eine Sommerkirchenveranstaltung auf Eiderstedt. Das Schönste daran sei, dass »die Sache« in der Ankündigung mit keinem Wort erwähnt wurde. Eine Zeitung nannte sie sogar »die beliebte ehemalige Bischöfin«. Es werden viele Menschen erwartet. »Vielleicht wegen des Orgelkonzertes«, trickst die Hauptdarstellerin des Abends wohlwissend.

Am kommenden 1. August wird sie mit ihrem Mann anstoßen. Da wäre ihr eigentlicher Ruhestand fällig gewesen. So, wie sie am Jahrestag des Rücktrittes ein Glas Sekt mit ihrem Mann getrunken hat. Präzise um 17 Uhr, dem Zeitpunkt der Abschiedspressekonferenz. Wenn die Wanduhr schlägt. Darauf kann sie sich verlassen.

Der Bau ist abgeschlossen, »bis auf ein paar Kleinigkeiten«. Nach vier Jahren und einigen verwegenen architektonischen Interventionen schaut Ron Sommer zufrieden auf das vollendete Großprojekt. Er sucht die Abgeschiedenheit hinter hohen Mauern. Aber er genießt auch, dass es jetzt keine zwischenmenschlichen Mauern mehr sind. Er mag den alltäglichen Kontakt mit den Leuten, die Möglichkeit der Nahbarkeit und die, selbst darüber zu entscheiden. Ohne Hysterie und vorgegebene Einordnungen.

Er hat gelernt, was ihm wirklich wichtig ist, und vor allem, für wen er wichtig ist in diesen Jahren ohne wahrnehmbaren Einfluss und öffentliche Präsenz.

Seine Emphase für digitale Kommunikation lebt er in seinen Beratungs- und Aufsichtsratsmandaten weiterhin aus, aber eine große Vorstandsaufgabe, die sucht er nicht mehr: »Dafür bin ich zu alt.« Er will unterstützen, begleiten, sein Wissen dort einbringen, wo es gebraucht wird. Und ansonsten das Leben genießen. Hartmut Mehdorn, den schätzt er, auch für seinen unverwüstlichen Antrieb, »aber hätte er mich vorher gefragt, ob er den Job bei Air Berlin übernehmen soll, ich hätte gesagt ›spinnst du eigentlich?‹«. Nicht weil er an dessen Fähigkeiten zweifelt. Vielmehr weil er allzu gut weiß, wie wenig Raum bleibt zum Genuss, gerade in den Zeiten der Krise.

Ob er diesen Antrieb nicht kennt, nie die Motivation verspürt, es noch mal allen zu zeigen? Der retrospektiven Aufwertung seiner Telekom-Ära nachzuhelfen, mit einem aktuellen Erfolg? »Nein«, sagt er so rigide, als sei er aufgefordert, in der Jogginghose aus dem Haus zu gehen. Er weiß selbst genau, wie seine Telekom-Zeit zu bewerten ist. Welche Fehler er gemacht hat. Welche Erfolge auf sein Konto gehen. Was für ein »Husarenritt« die Privatisierung war. Und lebt damit, dass die Betrachtung von außen eine andere ist.

Und wenn es ihn doch mal wieder kitzelt, für Sekunden nur, dann schaut er sich die Wand seines Büros ganz genau an. Dort hat seine Frau all die Zeitungskarikaturen aus seiner Telekom-Zeit sorgsam gerahmt und aufgehängt. Ein Mahnmal sozusagen. Es wirkt.

Der große Wagen fährt mit leichter Verspätung vor. Von drinnen winkt eine zierliche Frau, die im massiven Sitzpolster beinahe versinkt. Sie gibt mir ein ebenso beiläufiges wie unmissverständliches Zeichen zuzusteigen, parallel zu einem energischen Telefonat und der Sichtung wohlgeordneter Akten auf ihrem Schoß. Tanja Gönner ist in ihrem neuen Job angekommen, seit drei Tagen führt sie die Gesellschaft für Internationale Zusammenarbeit als Vorsitzende des Vorstandes an. Sie dirigiert mich schon mal in das ausgewählte Lokal, in dem das politische Berlin beim Pizzabrot sitzt. Sie braucht noch einige Minuten, um das Gespräch zu Ende zu führen.

Das Telefonat ist ein Überbleibsel aus ihrem vorherigen Leben. Oder dem vorvorherigen, als sie Ministerin war und weitreichende Entscheidungen traf, die sie gerade dem Gesprächspartner am Ende der Leitung souverän begründet. Das Leben dazwischen war eines, in dem sie weniger Entscheidungen getroffen hat, zumindest keine politischen. Und immer pünktlich zu Verabredungen kam. Viele Sportsendungen hat sie geschaut, in der Phase der erzwungenen Entschleunigung, zu Hause in ihrem kontemplativen Rückzugsort. Am liebsten Wintersport, aber auch gerne Fußball. Sie hat es gemocht, länger als sechs Stunden zu schlafen, auch mal zu joggen oder mit den Patenkindern in den Zirkus zu gehen.

Die Zurückweisungen ihrer Partei, die ihr diese Freiräume zur Selbst- und Beziehungspflege erst ermöglichten, die hat sie indes nicht gut ertragen. »Wir wurden abgewählt, aber nicht vertrieben«, sagte einer ihrer Kollegen nach dem desaströsen Wahlergebnis der CDU in ihrem Stammland Baden-Württemberg. Für Tanja Gönner mag sich das anders angefühlt haben. Schwamm drüber, Opposition ist ohnehin »ziemlich blöd«, und ihre Landesfraktion hat sich für eine andere Ausrichtung entschieden. Heute redet niemand mehr von ihren beiden gescheiterten Bewerbungen um den Fraktions- und Bezirksvorsitz. Manchmal kann ein Schritt zurück auch die Weihe zu etwas Größerem verleihen.

Tanja Gönner sitzt jetzt ganz entspannt auf der Terrasse, auf der sie mit dem versammelten CDU-Spitzenpersonal schon so manchen Coup gefeiert und sich gemeinsam mit ihren Kollegen aus politischen Bredouillen herausgewunden hat. Sie kann zufrieden sein mit den Entwicklungen dieser Tage. Bei ihrer Verabschiedung aus dem Landtag hat sie eine enorme Wertschätzung erfahren. Der Landtagspräsident lobte ihre Kompetenz und Rhetorik in salbungsvollen Worten. Medien bedauerten den Verlust der christdemokratischen Hoffnungsträgerin und huldigten dem Aufstieg zur Wirtschaftsmanagerin. »Hero, Zero, Hero« lautete eine der Schlagzeilen.

Sie würde mogeln, wenn sie so täte, als freue sie diese Resonanz nicht. Nach allem, was sie erlebt hat, um die Großschattenereignisse Stuttgart 21 und Fukushima oder ihren Erfahrungen mit kleingeistigen politischen Revanchefouls. Es ist schön mit diesem Rückenwind in eine neue Aufgabe zu starten. Auch weil er die Schmach verweht, die ihr nun immer seltener begegnet.

Viel gelernt hat sie aus dieser Zeit über die Zyklen von Macht und Bedeutung. Über Adoration und Abkehr. Manches mag sie sich aus dieser Lehrzeit bewahren, vor allem Bewusstheit, auch in der Hektik des Alltages. Achtsamer sein, auch weniger ungestüm, aber weiterhin überzeugt in der Sache. Sich nicht verbiegen lassen, der verlässliche Grundsatz all derer, die anecken, ist das eine. Aber vielleicht hilft ab und an auch mal eine elegantere Formulierung.

Dass diese Aufgabe nun weniger öffentlich ist als die vorherige, das stört sie nicht. Vermutlich kann sie dafür inhaltlich sogar viel mehr gestalten. Die Einladungen werden sich jedenfalls wieder stapeln und viele Anliegen erreichen sie schon jetzt. Sie ist wieder drin. Jenen, die sie nur geparkt sehen, für eine noch größere, politische Aufgabe, erteilt sie erstmal eine klare Absage: »Diese Aufgabe ist so vielfältig, dass ich darin lange eine Herausforderung finden werde.« Und noch: »Ich verspüre derzeit keine Sehnsucht nach der Rückkehr in die Politik.«

Die Sehnsucht nach ausgiebigen Fernsehnachmittagen, die kann sie sich schon vorstellen. Vor allem während der Olympischen Spiele. Aber wenn sie ganz ehrlich ist, dann ist sie doch lieber im Rennen als auf der Tribüne.

Neulich hat Thomas Hitzlsperger einen Computerkurs gemacht in einem Apple-Store in München. Über eine Stunde hat er da gesessen, inmitten all der Technikdesign-Freaks. Wie in einem Taubenschlag sei es zugegangen, aber erkannt oder gar angesprochen hat ihn niemand. Er erzählt es mit einem ungewissen Zögern, einer Mischung aus Freude und Schrecken: »Manchmal frage ich mich, warum kennt mich denn keiner mehr? Da denkt man dann schon, kuck mal, das ging schnell.« Vor fünf Jahren noch wäre das gänzlich unmöglich gewesen, damals nach der WM 2006, als er einer der deutschen Sommerhelden war. Vielleicht wäre es auch heute noch undenkbar, wenn er nicht ständig verletzt hätte zuschauen müssen bei seiner letzten Station in Wolfsburg, sondern das Spiel aus dem zentralen Mittelfeld gelenkt und mit seinen unwiderstehlichen Weitschüssen für Raunen im Publikum gesorgt hätte. Oder wenn West Ham United den 2:0-Vorsprung im entscheidenden Spiel nicht verspielt hätte und in der Premiere League geblieben wäre. Der Trainer bei Lazio Rom, dessen Wunschspieler er war, nicht entlassen worden wäre. Oder der VfB Stuttgart das ein oder andere Spiel mehr gewonnen hätte, mit ihm als Kapitän. Viele unglückliche Umstände habe es gegeben, sagt er in wohligem Einverständnis mit seiner ereignisreichen Geschichte.

Thomas Hitzlsperger sitzt jetzt in einem Café in Hamburg. In der nächsten Woche wird er nach Kalifornien fliegen. Ohne konkrete Pläne. Auch nicht für den Zeitpunkt der Rückkehr. Der zweiwöchige Urlaub in den USA hat seine Sehnsucht genährt, nach Freiheit und Unentdecktheit. Dort ist es selbstverständlich, dass ihn keiner kennt. Dort nagen keine Restzweifel, ob er allzu schnell in der Unsichtbarkeit verschwindet. Und ob er sich daran freuen darf. Er ist am Morgen aus München eingeflogen, um ein paar Freunde zu besuchen. Niemanden aus dem Fußballgeschäft.

Er wird sich fithalten in den USA, falls sich doch noch mal ein Verein melden wird. Den absoluten Schnitt traut er sich noch nicht zu. Zumindest die Möglichkeit eines Comebacks soll bestehen bleiben. Da ist einer, der sich an sein neues Leben herantastet, der seinem eigenen Mut noch nicht ganz und gar vertraut.

Was er nach seiner Rückkehr und dem endgültigen Karriereende machen wird, weiß er noch nicht. Er kann sich vieles vorstellen und manches mag ihm erst bewusst werden, wenn er

Zeit hat, sich selbst bewusst zu werden. Kolumnen schreiben, vielleicht mehr. Es könnte sein, dass dann sogar der eine oder andere Kollege aus der Premiere League mal etwas von ihm liest. »Manchmal haben selbst diejenigen nachgefragt, was ich lese, die vorher am lautesten über mein Faible für Literatur gelacht haben.« Und ab und an hat sogar einer zugegeben, auch ein Buch zu lesen, »meistens die Biographie von Paul Gascoigne«, scherzt er. Natürlich nur, wenn sie allein gewesen sind.

Ich habe ein Buch geschrieben. Es gab mir die Möglichkeit, den Fragen nachzugehen, die mir am Herzen liegen. Und es gab mir die Chance, besondere Menschen zu treffen, um mit ihnen über ihre Erfolge und Brüche zu sprechen. Ich konnte so Beobachtungen und Gedanken verdichten, die mich seit langer Zeit umtreiben. Vor allem aber ist es ein Buch, das mir zum treuen, fordernden, tröstenden und oftmals widerspenstigen Begleiter meines ganz persönlichen Veränderungsprozesses geworden ist.

Irgendwann plauderte ich in einer Radiosendung des Bayrischen Rundfunks über meine Liebe zur Sprache und Literatur. Kurz darauf rief mich eine Lektorin an, die zufällig im Auto zugehört hatte, und ermutigte mich in vielen nachfolgenden Gesprächen dazu, selbst zu schreiben. Ohne Themenvorgabe, offen für meine Ideen. Ich begann mich damit zu beschäftigen, zaghaft zunächst in den seltenen freien Stunden, aber mit wachsender Hinwendung zu all dem, was ich lange schon in mir bewegt habe.

Als das Ende meiner HSV-Vorstandszeit unausweichlich wurde, war ich mir längst sicher, dass ich dieses Buch tatsächlich schreiben will. Und jetzt konnte ich es auch. Nicht nur, weil ich die Zeit und die Freiheit dazu hatte, sondern vor allem, weil es meine eigene Geschichte gibt, die mir, wie ich im Verlauf der mehr als hundert Gespräche, die ich in den vergangenen einneinhalb Jahren für dieses Buch führte, verstanden habe, überhaupt erst möglich gemacht hat, den direkten Zugang zu den Interviewpartnern und zu deren Erfahrungen zu finden. Die neuralgischen Punkte zu sehen.

Dieses Buch, die Begegnungen und die Gespräche mit den zu Wort kommenden Menschen und auch die mit mir selbst haben meinen persönlichen Veränderungsprozess geprägt und gelenkt und mir als Handlauf durch eine einschneidende, oftmals wackelige Lebensphase gedient.

Bis zum Tag meines Ausscheidens als Vorstand hatte ich immer eine relative Kontrolle über das, was ich tat. Eine präzise Einschätzung davon, welche Rolle ich zu erfüllen habe, was ich kann und was nicht. Sowohl als Sportlerin als auch in meinen darauffolgenden beruflichen Stationen stützte mich eine beruhigende Sicherheit der konstant abrufbaren Leistung. Schreiben ist anders. Schreiben ist an jedem Tag ein Abenteuer. Schreiben entzieht sich der Kontrolle. Schreiben ist allein. Und Schreiben ist still.

Wenn ich mit den Menschen über die Zeit nach einem Einschnitt gesprochen habe, ging es oft um verlorenen Einfluss, abklingenden Ruhm, schwindenden Status. Das, was in den Augen der externen Betrachter das größte Leid verursachen muss. Aber ich habe gelernt, dass für viele, die einen Bruch erlebt haben, ganz andere Aspekte eine viel größere Rolle spielen.

Keiner erzählte mir vom schmerzenden Verlust funktionsbedingter VIP-Behandlung, Upgrades im Flugzeug, freier Tische in vollbesetzten Restaurants und glamouröser Einladungen. Auch die Trauer um den Verlust oder die Aufgabe konkreter Machtausübung, das Dirigieren von Menschen und Institutionen, positionsimmanenter Bedeutungsüberhöhung mag niemand zugeben. Ob das die Wahrheit ist, muss jeder für sich selbst beantworten. Manche Privilegien bleiben ohnehin über den Status hinaus erhalten, auch wenn der Wirkungsradius womöglich enger wird. Vielleicht, weil jeder auf eine Weise in Funktion bleibt, der mal ein herausragendes Amt bekleidet hat. So, wie Hartmut Mehdorn immer Bahn-Chef, Roland Koch immer Politiker und Sven Hannawald immer Skispringer bleibt. Weil die Reaktionen der Menschen nach einem Rücktritt, einem Scheitern, im persönlichen Kontakt viel freundlicher sind als die medialen Urteile. Trügerisch auch, weil plötzlich nur noch die Stimmen der Tröstenden und Wohlmeinenden hörbar sind, die Kritiker sich längst dem nächsten »Fall« zugewandt haben. Aber auch befreiend, weil gesellschaftliche Anerkennung zwar erhebend ist in der Phase der Zustimmung, aber die unvermeidliche öffentliche Kritik, die beinahe jeder Erfolgreiche in mindestens der Höhe erlebt, auf die die Latte des Zuspruchs gelegt wurde, irgendwann zur Last wird.

In den Geschichten meiner Gesprächspartner sind es vor allem die kleinen Verluste, die verlorengegangenen Bindungen, die menschlichen Enttäuschungen, die eigene Antastbarkeit, die inhaltliche Leere, die zu Traurigkeit oder Verdruss führen.

Wie leicht es mir war, vermeintliche Bedeutung zu verlieren, hat mich selbst überrascht. Schon einige Zeit vor meinem Ausstieg habe ich mich intensiv mit der Frage beschäftigt, was von der eigenen Persönlichkeit bleibt, wenn die Funktion wegfällt. Wie sehr ich schon mit der Rolle verschmolzen bin. Ob sich die Wahrnehmung von außen wandelt und wie ich mich selbst dabei erfahre. Antworten habe ich damals nicht gefunden, eher Vermutungen. Eine Hoffnung vielleicht, dass sich das, was ich intellektuell meist zu reflektieren imstande gewesen bin, wann die Funktion und wann ich selbst gemeint war, und die Distanz, die ich deshalb zu den verlockenden Täuschungen zu haben glaubte, sich auch im Ernstfall bestätigen würden. Doch nicht immer lindert das Bewusstsein die brachiale Unwucht der tatsächlichen Erfahrung.

Wie viele andere habe ich den Druck der stetigen Bewertung, der enormen Handlungsgetriebenheit erst im Nachhinein bewusst empfunden. In der Rolle verbarg er sich hinter seinen verschiedenen Masken, oft die der Begeisterung, die der Verantwortung, manchmal auch die des Pflichtbewusstseins.

Aber jeden Tag aufs Neue hatte er die Kraft, mich über die Belastung hinweg anzutreiben.

Vielmehr als getrauert um all das, was mir verlorenging, habe ich gerungen mit dem Zutrauen in das, was nun mein Inhalt sein sollte. Beinahe täglich habe ich mit meiner Überzeugung gerungen, nun einen anderen Weg zu gehen, fernab dessen, was mir Jahrzehnte vertraut war. Nicht dem Reflex nachzugeben, rasch auf vertrautes Terrain zurückzukehren. Das Gefühl zuzulassen, im reißenden Fluss zu schwimmen, die Baumstämme zu sehen, greifbar zu haben und doch vorbeitreiben zu lassen.

Die Annäherung an das Neue, Unbekannte, das Fehlen der vertrauten Mechanismen, eines beherrschbaren Umfeldes und die Berechenbarkeit der eigenen Fähigkeiten sind oft die größte Herausforderung. Besonders für diejenigen, die eine außergewöhnliche Begabung zu ihrem Beruf machen, die durch nichts anderes ersetzbar ist, wie Sportler oder Künstler. Eine Leistung, die sie in den Heldenstatus erhebt, ohne den sie wieder einfach nur Menschen sind.

Ich habe mich gefragt, ob es den Moment der Erkenntnis, die Entdeckung der unausweichlichen Veränderung, ein zweites Mal geben kann. Den Moment des Anfanges. Einen Anlass, an dem sich mit absoluter Sicherheit anfühlt, nun richtig zu sein, in einem neuen Lebensabschnitt. Möglicherweise gibt es ihn, vielleicht ist ihm so mancher meiner Gesprächspartner längst begegnet. Vielleicht werde auch ich ihm irgendwann begegnen.

Heute glaube ich eher, es wird so bleiben, wie es jetzt ist. Dass ich an jedem Tag froh und dankbar bin, für die neue Perspektive, für das Wachstum, das in der Veränderung liegt, für die Selbstbestimmtheit. Und immer wieder werde ich wohl auch in Zukunft etwas vermissen. Werde ich bei der Zeitungslektüre denken, diese Entscheidung hätte ich gern getroffen, diese Entwicklung gern gestaltet. Oder ich wäre einfach gern dabei gewesen, in dieser oder jener Situation. So, wie sich jeder Abschied anfühlt, wenn er etwas hinterlässt, was gut und wichtig gewesen ist. Mit einem liebevollen Rückblick und nostalgischer Verklärung in Augenblicken. Wie ich die Lagerfeuermentalität aus meiner Zeit als Fußballtorhüterin manchmal vermisse oder das Gemeinschaftsgefühl nach einem harten Spiel, ob gewonnen oder verloren.

Zurückkehren auf den Fußballplatz mochte ich jedoch nie.

Die Gesprächspartner

Wolfgang Berghofer
Früherer FDJ-Funktionär und SED-Politiker, von 1986 bis 1990
Oberbürgermeister von Dresden. Nach der Wiedervereinigung
ohne politisches Amt. Ist heute Vorsitzender eines Beitrags-
verbandes und selbständiger Unternehmensberater in Berlin.

Björn Engholm
SPD-Politiker, ehemaliger Ministerpräsident von Schleswig-
Holstein, SPD-Parteivorsitzender und Kanzlerkandidat. Rücktritt
von allen Ämtern nach Falschaussage im Untersuchungsausschuss
zur Barschel-Affäre. Keine Rückkehr in die aktive Politik.

Tanja Gönner
CDU-Politikerin, baden-württembergische Ministerin (Soziales,
Umwelt, Verkehr) a. D. Nach Verlust der Regierungsmehrheit
ihrer Partei in Baden-Württemberg und damit ihres Ministeriums
Ausstieg aus der Berufspolitik. Seit 2012 Vorstandsvorsitzende
der Gesellschaft für Internationale Zusammenarbeit (GIZ),
19 000 Mitarbeiter weltweit.

Sven Hannawald
Skispringer, Weltmeister, Olympiasieger, Vierschanzentournee-
Sieger. Er ist der einzige Springer, der bislang alle vier Springen
gewann. Beendete seine Karriere 2006 wegen einer Burnout-
Erkrankung. Fährt seit 2010 Autorennen in der GT Masterserie.

Thomas Hitzlsperger

Fußballprofi, Nationalspieler und Teilnehmer der WM 2006 und
EM 2008, Deutscher Meister mit dem VfB Stuttgart, zuletzt unter
Vertrag beim VfL Wolfsburg, Vertragsauflösung 2012 zwei Jahre
vor Vertragsende.

Maria Jepsen

Landesbischöfin a. D., weltweit erste evangelisch-lutherische
Frau in diesem Amt. Trat nach Bekanntwerden eines
Missbrauchsskandals in ihrem Sprengel 2010 nach achtzehn
Jahren als Bischöfin zurück.

Heather Jurgensen

Balletttänzerin, achtzehn Jahre erste Solistin des renommierten
Hamburger Ballett-Ensembles von John Neumeier. Nach Ende
ihrer Tanzkarriere 2007 zunächst ohne berufliche Perspektive.
Seit 2011 stellvertretende Ballett-Direktorin des Kieler Opernhauses.

Peter Kabel

Unternehmer, Mitgründer der Trendbüro GmbH, Vorstandsvorsitzender der Kabel New Media AG. Star der Internet-
Community. 2001 Insolvenz seines Unternehmens. Seit 1996
Professor für Kommunikationsdesign an der Hochschule
für Angewandte Wissenschaften in Hamburg.

Hans Werner Kilz

Journalist, bis 1994 Chefredakteur des Nachrichtenmagazins
Der Spiegel, danach bis zu seinem Ruhestand 2010 Chefredakteur
der *Süddeutschen Zeitung*. Seit 2011 Aufsichtsrat der M. DuMont-
Gruppe, Berater der Wochenzeitung *Die Zeit*.

Roland Koch

CDU-Politiker, bis 2010 hessischer Ministerpräsident, Rücktritt und Aufgabe aller parteipolitischen Funktionen, seit 2011 Vorstandsvorsitzender des Baukonzerns Bilfinger Berger.

Hera Lind

Sängerin, Schriftstellerin, Bestsellerautorin, TV-Moderatorin. Fünfzehn Millionen verkaufte Bücher. Geriet im Jahr 2000 nach medienwirksamer Trennung vom Vater ihrer Kinder in eine berufliche Krise, private Insolvenz. Weiterhin als Schriftstellerin tätig.

Hartmut Mehdorn

Wirtschaftsmanager, zehn Jahre Vorstandsvorsitzender der Deutschen Bahn AG. Rücktritt 2009 nach gescheitertem Börsengang im Zuge der internationalen Finanzkrise, von 2011 bis 2013 leitete er die Fluggesellschaft Air Berlin.

Udo Röbel

Journalist, *Bild*-Chefredakteur. Wurde 2001 abgelöst. Danach Chef von Bild.de. Als Journalist erlangte er Bekanntheit durch die Gladbecker Geiselnahme und die Kießling-Affäre. Inzwischen Romanautor.

Gesine Schwan

SPD-Politikerin, zweimalige Kandidatin für das Amt der Bundespräsidentin. 2004 Gegenkandidatin und 2009 Herausforderin von Horst Köhler. Heute Präsidentin der von ihr gegründeten Humboldt-Viadrina School of Governance.

Ron Sommer

Wirtschaftsmanager, Vorstandsvorsitzender der Telekom AG, führte das Unternehmen an die Börse. Rücktritt 2002 infolge des abgestürzten Börsenkurses. Hat heute verschiedene Aufsichtsrats- und Beratungsmandate bei Telekommunikationskonzernen inne.

Ole von Beust

CDU-Politiker, bis 2010 Erster Bürgermeister von Hamburg. Freiwilliger Rücktritt inmitten der Legislaturperiode. Arbeitet als Rechtsanwalt, freier Berater und Unternehmer.

Andrea Ypsilanti

SPD-Politikerin, 2008 Spitzenkandidatin im hessischen Wahlkampf, Herausforderin des damaligen Ministerpräsidenten Roland Koch. Nach gescheiterter Regierungsbildung Rückzug aus den Spitzenämtern ihrer Partei. Aktuell Landtagsabgeordnete in Hessen.

Anmerkung

Die Zitate und Gedanken stammen aus den Gesprächen, die in der Zeit von April 2011 bis August 2012 geführt wurden.

Darüber hinaus zitiere ich:

Renate Künast aus einem Radiointerview der RBB-Sendung Hörbar Rust mit Bettina Rust, Februar 2012

Heide Simonis aus einem Interview zum Thema »Die Intrige in der Politik« auf Deutschlandradio Kultur, Autorin Ulrike Köppchen, Juni 2012

Andrea Fischer aus der ARD-TV-Dokumentation »Schlachtfeld Politik« Autor: Stephan Lamby. März 2012

Danksagung

Zuallererst und vor allem möchte ich meinen Gesprächspartnerinnen und Gesprächspartnern danken, deren alleiniges
Verdienst das Zustandekommen dieses Buches ist. Die mich
haben sehen lassen, zu vertrauen bereit waren und den Mut zu
Überraschungen hatten.

Ein großer Dank an all die Menschen, die mir Wege bereitet,
Türen geöffnet und meine Gedanken gewogen und bereichert
haben.

Ich danke meinem Verlag, seinen Mitarbeiterinnen
und Mitarbeitern.

Danke Natalie für den Schubs, ohne dich wäre ich nicht
losgegangen.

Ich danke meinen Freundinnen und Freunden,
an deren Hand ich immer wieder scheitern mag.

Im Besonderen:
Monica und Rolf für den perfekten Schreibort.
Kerstin für den allerersten Blick.
Bernd für mindestens tausend Gespräche zu den Frage-
stellungen dieses Buches.
Ilka für liebevolle Zurechtrückungen.
Silva für Großschreibung. Und für jeden einzelnen Tag.

Bettina für gemeinsames Kleinsein, Großwerden, Kleinwerden, Großsein.

Und Roger. Für deine Größe und für die Begleitung bei meinem Wachstum. Vor allem für den Teil über mich hinaus.